Stefan Mey

DER KAMPF UM DAS INTERNET

Wie Wikipedia, Mastodon und Co. die Tech-Giganten herausfordern

C.H.Beck

Originalausgabe

www.chbeck.de
Umschlaggestaltung: geviert.com, Christian Otto
Umschlagabbildung: © Shutterstock
Satz: C.H.Beck.Media.Solutions, Nördlingen
Druck und Bindung: Pustet, Regensburg
Printed in Germany
ISBN 978 3 406 80722 0

myclimate

klimaneutral produziert
www.chbeck.de/nachhaltig

Inhalt

1

Einleitung

Warum es dieses Buch braucht

Eine andere digitale Welt ist möglich.

An einer freieren und freundlicheren Version des Internets arbeiten jeden Abend Tausende Menschen ehrenamtlich vor ihren Bildschirmen. An Stammtischen und auf Konferenzen, auf Mailinglisten und in Onlineforen diskutieren sie, wie sie besser und größer werden kann. Diese Welt gilt es zu entdecken.

Dass es Alternativen braucht, ist längst ein Allgemeinplatz. Es mangelt nicht an Problembeschreibungen zum Zustand der digitalen Realität: Die digitale Macht konzentriert sich bei wenigen IT-Konzernen. Mit ihren Datenschätzen können sich Alphabet (vormals Google), Amazon, Meta (vormals Facebook), Microsoft und Apple in die Leben beliebiger Einzelpersonen und Gruppen hineinzoomen. Geheimdienste nutzen diese Daten gern für eigene Zwecke.

Eine Änderung der Machtverhältnisse ist nicht in Sicht. Staatliche Regulierung läuft oft ins Leere. Und Wettbewerber, die die Strukturen aufbrechen könnten, werden im Fall der Fälle einfach aufgekauft. Die Probleme sind bekannt. Mangelware hingegen sind Lösungsvorschläge.

Dabei bietet das Netz selbst eine Lösung: die nichtkommerzielle digitale Gegenwelt. Zu der zählen etwa die Online-Enzyklopädie Wikipedia, der nichtkommerzielle Browser Firefox, der Messenger Signal und der Kurznachrichtendienst Mastodon, der Twitter (im Juli 2023 in «X» umbenannt) ähnelt.

Freie Inhalte, freie Plattformen, freie Programme und freie Betriebssysteme – das sind die Kernfelder der digitalen Gegenwelt. Um sich an dieser Welt zu beteiligen, muss man nicht Informatik studieren, kein Start-up gründen und kein Hacker sein. Wenige Klicks genügen, schon ist man Teil der digitalen Revolution.

Neben den bekannten Namen gibt es noch einen Kosmos anderer Projekte: das «WLAN für alle»-Netzwerk Freifunk beispielsweise, das Reiseportal Wikivoyage, die Bürosoftware LibreOffice, den universellen Mediaplayer VLC, die Enthüllungsplattform WikiLeaks, die Betriebssystem-Familie Linux, das Grafikprogramm GIMP oder den Mini-Computer Raspberry Pi. Hunderte solcher Projekte formen die Zivilgesellschaft im Internet. Sie sind die digitalen Gegenstücke von Greenpeace, den Tafeln oder Amnesty International.

Dieser Gegenentwurf tickt anders als das «Silicon-Valley-Internet» von Google & Co. Die Akteur*innen treibt die Freude an, der Menschheit etwas Nützliches zur Verfügung zu stellen – und nicht der Zwang, Gewinne zu erwirtschaften. Die Projekte legen transparent ihre Arbeitsweise offen. Zur DNA der digitalen Gegenwelt gehört Datensparsamkeit, die Inhalte, Dienste und Programme sind im doppelten Sinne kostenlos: Man muss sie weder mit Geld noch mit Daten bezahlen. Und man ist nicht nur passiver User, sondern kann oft aktiv mitbestimmen.

Während die Zentren der kommerziellen IT-Welt fast ausschließlich in den USA liegen, spielt für die digitale Gegenwelt Europa und besonders der deutschsprachige Raum eine große Rolle. Die Stiftung hinter der Bürosoftware LibreOffice etwa sitzt in Berlin, Mastodon wurde im thüringischen Jena entwickelt, hinter dem Android-Hack MicroG steht ein junger Informatiker aus Saarbrücken, und die Open Search Foundation rüttelt vom Starnberger See aus an der Suchmaschinen-Vormacht von Google.

Die digitale Gegenwelt ist ein buntes, dicht bewachsenes Ökosystem. Einige Projekte gibt es schon seit Jahrzehnten. Andere sind erst in den letzten Jahren hinzugekommen. Und wieder andere entstehen vielleicht gerade, während dieses Buch gelesen wird.

Wie funktioniert diese magische Welt, die die Macht von Google, Facebook und Apple herausfordert? Wer sind die wichtigsten Vertreter, und welche weniger bekannten Projekte gibt es zu entdecken? Die Zeit ist reif für eine Bestandsaufnahme. Deshalb gibt es dieses Buch.

Wegweiser ins Buch

Kapitel 2 versucht sich an einer Definition und an einer Typologie der digitalen Gegenwelt.

Als Nächstes schauen wir, wie sich die Projekte sozial organisieren. Die Zusammenarbeit in klassischen Unternehmen basiert auf klaren Machtstrukturen und Arbeitsverträgen. Was aber hält nichtkommerzielle Projekte zusammen, an denen Menschen größtenteils in ihrer Freizeit mitwirken?

Kapitel 4 erforscht, wie die Projekte wirtschaftlich funktionieren. Viel entsteht ehrenamtlich. Doch ganz ohne Geld geht es nicht immer. Wie finanziert die digitale Gegenwelt ihre Arbeit?

Zusammengehalten werden die Projekte durch ein Regelwerk von Lizenzen, die die Werte der digitalen Gegenwelt zementieren. Welche Rolle sie spielen und welche Kulturkämpfe es um die Lizenzen gibt, schauen wir uns im fünften Kapitel an.

Das sechste Kapitel nimmt den Umgang mit Daten unter die Lupe. Dass die Programme und Dienste Daten vermeiden und User nicht ausspähen, ist für viele Menschen ein wichtiges Motiv, sie zu nutzen. Bei manchen Projekten hakt es aber genau an diesem Punkt.

Zwischen die Kapitel sind Porträts der zehn wichtigsten Projekte gestreut. Den Anfang machen der Kurznachrichtendienst Mastodon und der Messenger Signal. Es folgen der Browser Firefox, der Kartendienst OpenStreetMap, Wikipedia, die Anonymisierungs- und Anti-Zensur-Software Tor, die «WLAN für alle»-Initiative Freifunk, die Bürosoftware LibreOffice, die Betriebssystem-Familie Linux sowie der Versuch verschiedener Initiativen, ein Google-freies Android-Betriebssystem bereitzustellen. Der Anhang enthält Interviews mit sechs Vertreter*innen der digitalen Gegenwelt, ein Glossar der wichtigsten Begriffe sowie 25 knappe Porträts weiterer wichtiger Projekte.

2

Was ist die digitale Gegenwelt?

Freie Inhalte, freie Plattformen, freie Programme

Die digitale Gegenwelt verweigert sich einer eindeutigen, knappen Definition. Dafür ist sie zu vielfältig und in sich zu widersprüchlich. Es gibt aber typische Merkmale.

Erstens entstehen digitale Gemeingüter: Inhalte, Programme oder Plattformen, die der Menschheit frei zur Verfügung gestellt werden. Diese Güter konkurrieren mit den kommerziellen Produkten der IT-Wirtschaft. Dass es sich um Gemeingüter handelt und sich dieser Status nicht ändert, dafür sorgen spezielle Vertragstexte, die «Open Source»- oder «Creative Commons»-Lizenzen. Sie regeln, dass jede*r die Software und Inhalte kostenlos und ohne Einschränkung nutzen kann. Im Falle von Software schreiben die Lizenzen vor, dass der Quellcode – die Bauanleitung einer Software – öffentlich einsehbar ist, was maximale Transparenz erzwingt. Das Programm darf weitergegeben, verändert und in abgewandelter Form wieder veröffentlicht werden.

Zweitens sind die Projekte typischerweise nichtkommerziell. Die verwendeten Rechtsformen sind die, die man aus der klassischen Zivilgesellschaft kennt: Vereine, Stiftungen oder gemeinnützige GmbHs. Manchmal handelt es sich auch um informelle Zusammenschlüsse, die nur durch die gemeinsame Arbeit und durch gemeinsame Werte zusammengehalten werden.

Außerdem werden die Güter kostenlos zur Verfügung gestellt. Auch Produkte der klassischen Digitalwirtschaft sind oft «Freeware» – allerdings nicht immer. Für das Bürosoftware-Paket Microsoft Office oder das Grafikprogramm Photoshop beispielsweise sind jeweils mehr als 100 Euro fällig. Die Alternativen LibreOffice und GIMP hingegen kosten nichts.

Zu den Kernwerten der digitalen Gegenwelt zählt viertens Datensparsamkeit. Man erzeugt und sammelt möglichst keine oder so wenig wie nötig persönliche Informationen während der Nutzung.

Schließlich bemühen sich die Projekte der digitalen Gegenwelt um eine faire Verteilung von Macht. Es soll keine Kommandostrukturen wie in Unternehmen geben, keine allmächtigen Einzelpersonen oder Cliquen, die in Eigenregie Entscheidungen durchsetzen können. Stattdessen binden die Projekte ihre jeweilige Community in unterschiedlichem Maße ein.

Diese fünf typischen Merkmale kennzeichnen die digitale Gegenwelt: das Bereitstellen von Gemeingütern unter freien Lizenzen, die nichtkommerzielle Ausrichtung, die kostenlose Abgabe der Güter, Datensparsamkeit sowie offene Strukturen.

Allerdings treffen diese Eigenschaften längst nicht auf alle Projekte zu. Bei genauerem Hinsehen sind nicht alle Projekte maximal datensparsam. Die Standardeinstellungen des Firefox-Browsers beispielsweise sehen vor, dass regelmäßig Nutzungsdaten an Google gehen. Und die Strukturen sind nicht immer maximal offen. Die Verhältnisse bei der Stiftung hinter dem Messenger Signal etwa ähneln eher einer Autokratie als einer Basisdemokratie. In seltenen Fällen kosten die Güter der digitalen Gegenwelt auch einmal Geld. Etwa, wenn Computer bereitgestellt werden und zumindest die physischen Herstellungskosten refinanziert werden müssen.

Zudem haben nicht alle Projekte einen nichtkommerziellen Hintergrund. Zu den wundersamen Phänomenen der digitalen Gegenwelt zählt, dass sie zwei unvereinbar wirkende Logiken in Einklang bringt: das Streben nach Gemeingütern und nach Profiten. Linux, eine Familie aus freien Betriebssystemen, ist eine der Säulen der digitalen Gegenwelt. Die Tausende Zeilen an Programmcode entstehen jedoch in einem Miteinander aus unbezahlter und bezahlter Arbeit.

Wirklich alle Projekte verbinden nur die ersten beiden Merkmale:

Die digitale Gegenwelt produziert Gemeingüter. Und freie Lizenzen sorgen dafür, dass diese dauerhaft der Allgemeinheit zur Verfügung stehen und nicht privatisiert werden können.

Typologie der digitalen Gegenwelt

Wie sieht diese Vielfalt aus, die sich so schwer in eine Definition pressen lässt? Welche Güter produziert die digitale Gegenwelt?

Freie Inhalte

Wikipedia hat den Umgang mit Wissen demokratisiert. Der Wissensschatz der Menschheit wird nicht mehr innerhalb von geschlossenen Zirkeln echter oder angeblicher Autoritäten zusammengetragen und gegen Gebühren bereitgestellt. Das Projekt lädt alle Menschen ein, ihre Zeit, ihr Wissen und ihren spezifischen Blick auf die Welt einzubringen. Und das so zusammengetragene Wissen steht der Welt kostenlos zur Verfügung.

Wikipedia ist die bekannteste und glamouröseste Vertreterin der digitalen Gegenwelt. Auf wikipedia.org entstehen freie Inhalte. Das ist eine der großen Kategorien der digitalen Gegenwelt, Zielsetzung ist stets die Erstellung oder Befreiung von Wissen.

OpenStreetMap arbeitet an einem anderen großen Menschheitsprojekt, einer gemeinschaftlich erstellten Weltkarte. In gedeckten Pastellfarben sind Straßen und Hausnummern eingezeichnet, Freiflächen, Flüsse und Grünflächen. Tausende Freiwillige erstellen die Karten, oft indem sie Luftbilder oder andere Vorlagen mit technischer Unterstützung abzeichnen. Angereichert wird das Material durch Beobachtungen in der eigenen Umgebung oder auf Reisen.

An der Befreiung von Wissen arbeitet auch WikiLeaks. Das Projekt gehört der Untergruppe der Schattenbibliotheken an. Nicht neue Inhalte entstehen, es werden existierende Dokumente frei verfügbar gemacht, und zwar gegen Widerstände, typischerweise gegen den Willen der jeweiligen «betroffenen» Institutionen.

WikiLeaks veröffentlichte interne Dokumente, die Missstände aufzeigen, oft Dokumente staatlicher Stellen. Diese «Leaks» werden von Insidern aus den Institutionen herausgeschmuggelt, an WikiLeaks geschickt und vom Projekt der Welt zugänglich gemacht.

Sci-Hub hebelt nicht die Grenzen behördlicher Geheimhaltungsvorschriften aus, sondern «befreit» (illegalerweise) die Ergebnisse wissenschaftlicher Arbeit. Will man das Paper einer Studie lesen, stößt man im Internet schnell auf die Bezahlschranke eines großen Wissenschaftsverlags. Gibt man den Link der Paywall hingegen in das Suchfeld von Sci-Hub ein, bekommt man die PDF wie von Zauberhand kostenlos zur Verfügung gestellt.

Freie Programme

Die zweite Kategorie der digitalen Gegenwelt sind Programme. Wenn wir uns ein technisches Gerät als einen Körper vorstellen, wären Programme die einzelnen Sinnesorgane oder Körperteile, über die man die Welt wahrnimmt, mit ihr kommuniziert und sich in ihr bewegt.

Die Webseite von Wikipedia, WikiLeaks oder OpenStreetMap kann man mit einem der großen kommerziellen Browser besuchen – oder mit Firefox, einer nichtkommerziellen Alternative. LibreOffice ist ein nichtkommerzielles Bürosoftware-Paket für PCs und besteht unter anderem aus einem Textprogramm, einem Tabellen- und einem Präsentationsprogramm. VLC ist ein Mediaplayer, der DVDs sowie alle Arten von Video- und Audiodateien abspielt.

Die Software von Firefox, LibreOffice und VLC installiert man auf dem eigenen Gerät. Eine andere Gruppe freier Programme richtet sich speziell an Menschen, die eine Webseite betreiben. Der Web-Baukasten WordPress ermöglicht es, mit wenigen Klicks einen eigenen Blog oder ein Onlinemagazin zu designen. Matomo erlaubt es, die Aktivitäten auf der eigenen Webseite zu analysieren, deutlich datensparsamer als beim sonst zumeist verwendeten Dienst Google Analytics.

Freie Plattformen

Plattformen sind digitale Räume, auf denen Menschen zusammenkommen, kommunizieren und Inhalte verbreiten. Das soziale Miteinander läuft oft über Meta, das Mutterunternehmen des sozialen Netzwerks Facebook, des Messengers WhatsApp und des Bilder-Netzwerks Instagram.

Mit Signal spielt auch ein nichtkommerzieller Akteur ganz oben in der Liga der Plattformen. Der Messenger wird mittlerweile von mehr als 100 Millionen Menschen genutzt.

Der im thüringischen Jena entwickelte Kurznachrichtendienst Mastodon ist eine Alternative zu Twitter (X), funktioniert technisch jedoch komplett anders. Man meldet sich nicht bei einem zentralen Akteur an. Stattdessen hat man die Wahl zwischen Dutzenden kleinen Anbietern, die nahtlos miteinander kommunizieren und eine gemeinsame große Plattform bilden.

Mastodon ist der prominenteste Vertreter des Fediverse, eines Netzwerks technisch ähnlicher Plattformen, die oft die großen kommerziellen Produkte imitieren. Mastodon erinnert an Twitter (X), auf PeerTube kann man im YouTube-Stil Videos veröffentlichen, Pixelfed ist ein Bildernetzwerk à la Instagram, und Friendica ermöglicht lange Textnachrichten im Stil von Facebook.

Freie Betriebssysteme

Wenn Programme die einzelnen Sinnesorgane und Körperteile sind, sind Betriebssysteme die Gehirne technischer Geräte. Sie legen die Spielregeln fest und bekommen alles mit, was auf einem Gerät passiert. Üblicherweise installiert man dieses besondere Stück Software nicht selbst, es wird beim Kauf eines PCs oder Smartphones mitgeliefert. Auf PCs läuft (fast immer) entweder Windows von Microsoft oder macOS von Apple, auf Smartphones iOS von Apple oder Android von Google.

Für PCs gibt es eine nichtkommerzielle Alternative, die Betriebssystem-Großfamilie Linux. Sie besteht aus Hunderten miteinander verwandter Systeme.

Ein Umstieg bei Smartphones gestaltet sich schwieriger. Es gibt zur Zeit kein voll funktionsfähiges, Laien-taugliches, unabhängiges Smartphone-Betriebssystem. Was es allerdings gibt, sind Versuche, das theoretisch freie, aber in der Praxis unfreie Android-System von Google zu befreien. Verschiedene Projekte, die etwa /e/, Graphene oder MicroG heißen, arbeiten an Modellen, wie man Android nutzen kann und dabei vollständig oder größtenteils ohne Komponenten des IT-Konzerns auskommt.

Freie Inhalte, freie Programme, freie Plattformen und freie Betriebssysteme – das sind die vier wichtigsten Felder der digitalen Gegenwelt.

Andere Kategorien sind:

Freie Suche: Die Initiative Open Web Search arbeitet an einem europäischen Suchindex, einem aktuellen Verzeichnis der Inhalte aller Webseiten. Auf dieser Grundlage könnte eines Tages eine unabhängige, nichtkommerzielle Suchmaschine entstehen.

Freier Zugang: Bei der Freifunk-Initiative geben Privatleute einen Teil ihrer Flatrate-Internetverbindung für andere frei. So entsteht im Empfangsbereich des heimischen Internetrouters ein kostenlos nutzbares WLAN-Netzwerk mit dem Namen Freifunk.

Freie Verbindungen: Die Anonymisierungstechnologie Tor verschleiert gegenüber dem eigenen Internetanbieter, was man vorhat. Das ermöglicht anonymes Surfen. In Ländern mit staatlichen Netzsperren wird Tor außerdem genutzt, um an der Zensur vorbei ins freie Netz zu gelangen.

Freie Hardware: Der scheckkartengroße Raspberry Pi besteht nur aus dem eigentlichen Rechenkern. Um den vielseitigen und extrem preiswerten Mini-Computer zu nutzen, muss man externe Ein- und Ausgabegeräte wie einen Bildschirm und eine Tastatur anschließen.

Freie Orte: Darknets sorgen dafür, dass Nutzer*innen standardmäßig anonym sind und Inhalte weder blockiert noch verortet werden können. Sie schaffen eigenständige Räume, die sich kaum kontrollieren lassen. Das bekannteste Darknet basiert auf der Anonymisierungssoftware Tor.

Freie Marktplätze: F-Droid ist ein nichtkommerzieller Marktplatz für Android, der ausschließlich Open-Source-Apps enthält. Das Besondere: Die Apps werden von einem Team auf ihr Datenverhalten hin überprüft.

Mastodon

Das dezentrale Anti-Twitter (X)

Mastodon ist eine freundliche, nichtkommerzielle Alternative zu Twitter (X) und erfindet nebenbei Social Media neu.

Digitale Erfolgsgeschichten beginnen oft im Silicon Valley oder in den großen europäischen Metropolen. Eines der wichtigsten Projekte des nichtkommerziellen Internets jedoch ist im beschaulichen Jena in Thüringen entstanden: Mastodon.

Der Kurznachrichtendienst funktioniert ähnlich wie Twitter (X). Man verfasst kurze Botschaften. Bei Twitter (X) sind es maximal 280, bei Mastodon maximal 500. Man kann anderen Usern folgen, ihre Posts liken, teilen und sich Nachrichten schreiben. Das Logo von Twitter war bis zur Umbenennung zu «X» im Sommer 2023 ein blauer Vogel, das Mastodon-Maskottchen ist ein Mammut. Setzt man Botschaften ab, tweetet («zwitschert») man nicht, sondern «trötet».

Viele einzelne Instanzen

Mastodon ist allerdings nur auf den ersten Blick ein reiner Klon. Der fundamental andere technische Ansatz könnte einige Probleme der zentralisierten Social-Media-Welt lösen. Mastodon setzt auf verteilte Strukturen. Bei Twitter (X), genauso ist es bei Facebook, YouTube, Instagram oder TikTok, legt man sich bei einem Anbieter ein Profil an, der dann über ein digitales Reich von Hunderten Millionen oder gar Milliarden Usern herrscht.

Anders bei Mastodon: Es gibt potenziell unendlich viele Einzelanbieter, die «Instanzen» heißen. Auf allen läuft die von dem Mastodon-Gründer Eugen Rochko entwickelte Software. Rochko selbst betreibt mit Mastodon.social die erste und eine der größten Instanzen mit nach Eigenangaben mehr als 200 000 aktiven Usern. Auch der Chaos Computer Club (chaos.social) und der Verein Digitalcourage (digitalcourage.social) haben eigene Mastodon-Angebote. Es gibt thematisch ausgerichtete Instanzen (wie mastodon.art) und regionale (nrw.social). Die Zahl der monatlichen aktiven User im gesamten Mastodon-Netzwerk schätzt das Projekt im Juli 2023 auf 1,6 Millionen, und es gibt 9100 aktive Instanzen.[1]

Kurz bevor im Oktober 2022 bekannt wurde, dass der Verkauf von Twitter an Musk endgültig abgeschlossen war, rief der ZDF-Satiriker Jan Böhmermann auf Twitter dazu auf, zu Mastodon zu wechseln: «Es ist die Zukunft! Kommt alle! Es ist free und funktioniert wie Twitter!» Er verlinkte seinen eigenen Account und stellte mit det.social auch gleich eine eigene Instanz vor.

Die meisten Instanzen stehen allen offen. Bei anderen muss man eine Anfrage stellen und zugelassen werden. Und wiederum andere sind für einen festen Kreis reserviert. Social.bund.de, vom Bundesdatenschutzbeauftragten betrieben, kann von allen Bundesbehörden und sonstigen staatlichen Akteuren genutzt werden. Die Bundesregierung trötet dort beispielsweise, das Auswärtige Amt, das Social-Media-Team des Bundestags und der Deutsche Wetterdienst.

Ein Mastodon-Profilname sieht wie eine verunglückte E-Mail-Adresse aus. Er beginnt mit einem @, es folgt das gewählte Pseudonym, ein weiteres @ und der Name der Instanz. @Bundesregierung@social.bund.de heißt beispielsweise der Account der Bundesregierung, der des Mastodon-Gründers Eugen Rochko heißt @Gargron@mastodon.social.

Das E-Mail-Prinzip auf Social Media übertragen

Die verschiedenen Instanzen formen gemeinsam das Mastodon-Netzwerk und können miteinander kommunizieren. Die User von chaos.social oder det.social sehen auch die Tröts anderer Instanzen und können diese liken, kommentieren und teilen.

Das verteilte Prinzip hinter Mastodon ähnelt dem von

E-Mails: Man legt sich bei einem frei gewählten Anbieter eine Adresse zu. Damit kann man Usern des gleichen Anbieters Mails schicken, aber auch mit Nutzer*innen aller anderen Mailanbieter kommunizieren.

Das sorgt für eine Verteilung von Daten-Macht. Daten fallen nicht mehr zentral an einer Stelle an, sondern verteilen sich auf die Instanzen. Man kann frei wählen, wem man seine Daten anvertraut. Auch die Regulierungsmacht ballt sich nicht an einer Stelle. Jede Instanz entscheidet autonom, ob und wie sie moderiert. Verteilung bedeutet außerdem, dass die Kosten für den Betrieb der Server und für die Moderation nicht an nur einer Stelle entstehen. Wenn irgendwann einmal Dutzende oder gar Hunderte Millionen Menschen regelmäßig Mastodon nutzen, verteilen sich auch die Lasten auf viele Schultern.

Inhaltliche Selbstregulierung

Als freie Software kann Mastodon von allen für alle Zwecke eingesetzt werden. Auch Rechte nutzen die Technologie. Das lässt sich technisch nicht verhindern. Das von Donald Trump gegründete Truth Social basiert auf Mastodon, ebenso das Onlineportal Gab, das einige US-Medien als «Twitter für Rassisten» bezeichnet haben.

Eine Antwort auf dieses Problem ist eine Art Verfassung, die der Mastodon-Gründer Rochko 2019 geschrieben hat. Das «Mastodon Server Covenant» definiert technische und organisatorische Grundstandards, etwa dass Instanzen täglich Backups erstellen, um Datenverlust zu vermeiden, und dass Dienste, die schließen, dies mindestens drei Monate im Voraus ankündigen müssen. Die erste und wichtigste Regel aber schreibt eine aktive Moderation gegen Rassismus, Sexismus, Homophobie und Transphobie fest.

Viele Instanzen schließen sich diesem Regelwerk an und kappen die Verbindungen zu Instanzen, die Hassbotschaften nicht moderieren oder sie gar explizit befördern. Deren Inhalte kursieren dann zwar im Internet, tauchen aber nicht im großen, gemeinsamen Netzwerk der Mastodon-Instanzen auf. Dass alle Instanzen miteinander kommunizieren, ist Standard, aber kein Muss. Instanzen können auch nur ausgewählte Verbindungen pflegen oder sich sogar komplett abkapseln.

Eine Antwort auf Elon Musk

Gegründet wurde Mastodon von Eugen Rochko, einem öffentlichkeitsscheuen Informatikstudenten. Kurz nach seinem Studienabschluss an der Uni Jena hat er begonnen, an dem Projekt zu arbeiten. 2016 war Mastodon fertig – und lange Zeit ein in der IT-Szene geachtetes Nischenprojekt. Seine plötzlich gestiegene Bekanntheit im Jahr 2022 hat Mastodon Elon Musk zu verdanken. Der politisch unberechenbare Multimilliardär, der die Bekämpfung von Hassrede für Zensur hält, hatte Twitter für 44 Milliarden US-Dollar gekauft. Das wirkte ein bisschen so, als hätte sich ein großer Junge ein neues Spielzeug zugelegt, mit dem er machen kann, was er will, und genau das auch vorhat.

In Mastodon sahen viele verunsicherte Nutzer*innen des kommerziellen, zentralisierten Kurznachrichtendiensts eine Antwort. Es begann ein langsamer Abwanderungsprozess.

Die Twitter/X-Alternative sitzt mittlerweile nicht mehr im thüringischen Jena, sondern ist jetzt doch in einer der großen europäischen Tech-Metropolen ansässig. Seit 2021 entwickelt Rochko die Mastodon-Software über die in Berlin sitzende gemeinnützige Firma Mastodon gGmbH, die zu 100 Prozent in seinem Besitz ist. Das Projekt arbeitet mit bescheidenen Mitteln. Die gGmbH lebt von Spenden und Sponsorengeldern von Firmen. Spendet man monatlich 500 US-Dollar, erscheint man mit einem Logo und einem Link auf der Startseite von Joinmastodon.org. Für 200 US-Dollar bekommt man einen Platz auf der Sponsor*innen-Unterseite. Und Mastodon hat öffentliche Fördergelder erhalten, über den deutschen Prototype Fund und das Programm Next Generation Internet der EU.

Laut Jahresbericht für die zweite Hälfte 2021 (das Unternehmen wurde erst im Juni des Jahres gegründet), hat die Mastodon gGmbH 55 000 Euro an Spenden und Sponsorengeldern eingenommen. Rochko gibt an, dass er sich ein Monatsgehalt von überschaubaren 2400 Euro ausgezahlt hat.[2] Auf der Team-Seite listet das Projekt im Juli 2023 (inklusive Gründer) elf Personen auf.

Teil des Fediverse

Mastodon ist der bekannteste Vertreter des Fediverse – ein Sammelbegriff für Plattformen, die auf die gleiche dezentrale Art Social Media organisieren. Auf Peertube kann man wie auf YouTube Videos hochladen und streamen. Pixelfeld ist ein Bildernetzwerk à la Instagram, Friendica und Hubzilla erlauben wie Facebook längere Posts. Auf Funkwhale kann man wie auf Soundcloud Musik hochladen.

In seiner Gesamtheit verändert das Fediverse die Logik sozialer Medien radikaler als Mastodon allein. Es sprengt die üblicherweise geschlossenen Inhalte- und User-Silos. Nicht nur die Grenzen zwischen den Instanzen, sondern auch zwischen den einzelnen Plattformen sind offen. Mit einem Mastodon-Profil kann man auch Usern folgen, die Videos auf YouTube posten, Bilder auf Pixelfed oder Musik auf Funkwhale. Das ermöglicht, was bei den großen kommerziellen Plattformen undenkbar wäre: einen nahtlosen Austausch über Anbietergrenzen hinweg.

Mitmachen:

Klickt man auf joinmastodon.org/de auf «Konto erstellen», sieht man eine Liste mit Mastodon-Instanzen, die man unter anderem nach Sprachen und Themen filtern kann.

Signal

Der nichtkommerzielle Smartphone-Messenger

Signal verspricht, die Daten seiner User maximal zu schützen. Das Projekt gibt sich erkennbar Mühe, wird den eigenen Ansprüchen aber nicht durchgehend gerecht.

Messenger haben Telefonanrufe, SMS, E-Mails und mitunter auch Familientreffen ersetzt. 2,4 Milliarden Menschen nutzen das zum Meta-Konzern gehörende WhatsApp für ihre Kommunikation. Was dieser Dienst auf dem Handy genau macht, kann man nicht wissen. Mit Signal gibt es eine nichtkommerzielle, transparente Alternative.

Man kann Textnachrichten schreiben, Bilder und Audionachrichten verschicken sowie audio- und videotelefonieren, jeweils zu zweit oder in Gruppen. Hat man Signal auf einem Smartphone eingerichtet, kann man den Messenger parallel auch auf dem PC nutzen. Über die «Storys»-Funktion wird Signal zu einem kleinen Inhaltenetzwerk. Man kann Status-Updates teilen, die nach 24 Stunden automatisch verschwinden.

Das Profil ist stets mit einer Telefonnummer verknüpft, und Signal hat meistens auch Zugriff auf das Telefonbuch eines Geräts.

Will man sich ein Profil zulegen, muss man eine Handy- oder Festnetznummer angeben. Auf die bekommt man im Anschluss per SMS oder per Telefonanruf einen Freischaltcode mitgeteilt. Bei der Installation bittet die App außerdem um das Recht, auf die Kontakte zuzugreifen, um anzeigen zu können, welche gespeicherten Nummern ebenfalls auf Signal registriert sind. Das Telefonbuch wird standardmäßig verschlüsselt in die Signal-Cloud hochgeladen, als Backup-Lösung, falls das Handy verloren geht. Verschlüsselt wird es zuvor auf dem eigenen Gerät mit einer von den Usern erstellten, mindestens vierstelligen PIN.

Wir wollen nichts wissen

Signal vermarktet sich offensiv als Privatsphärentechnologie und rühmt sich mit einem «Zero Knowledge»-Ansatz. Der Anspruch ist, möglichst wenig über die eigenen User zu wissen.

Wie bei anderen großen Messenger-Apps wird jegliche Kommunikation vor dem Abschicken auf dem eigenen Gerät verschlüsselt. Erst auf dem Zielgerät lässt sie sich wieder entschlüsseln. Auch Signal kann in die Inhalte deshalb nicht hineinschauen.

Und Signal will noch nicht einmal erfahren, wer mit wem kommuniziert. Einzigartig unter den großen Messengern ist die selbst entwickelte Funktion «Sealed Sender» (auf Deutsch in etwa: «versiegelter Absender»). Die Messenger-App verpackt die Absender*innen-Information in den verschlüsselten Inhalt und stellt eine Nachricht zu, ohne zu wissen, von wem sie kommt.

Signal bemüht sich außerdem um einen Spagat. Zwar gleicht die App regelmäßig ab, ob im Telefonbuch gespeicherte Nummern ebenfalls auf Signal registriert sind, das Projekt verspricht aber, dass das in einem technisch abgeschirmten Bereich stattfindet, sodass die Inhalte des Telefonbuchs nicht für andere Zwecke als den Nummern-Abgleich genutzt werden können.

Nummernzwang und Telefonbuch-Upload

Für seine «Zero Knowledge»-Funktionen genießt Signal viel Respekt. Allerdings sind einige Entscheidungen des Projekts umstritten (s. a. Kapitel 6, S. 163 ff.).

Da ist zum einen der Zwang, sich über eine Telefonnummer anzumelden. Aus Telefonnummern lassen sich leicht Klarnamen rekonstruieren. Eine anonyme Nutzung von Signal ist deshalb nur mit Tricks möglich. Außerdem ist die Nummer stets für alle Kommunikationspartner*innen sichtbar. Für politische Gruppen, die unter Pseudonym kommunizieren wollen, eignet sich Signal deshalb nur sehr bedingt als Kommunikationskanal.

Und auch die Praxis, Telefonbuch-Einträge regelmäßig an Signal zu übermitteln und standardmäßig verschlüsselte Backups des Telefonbuchs zu erstellen, wird kritisiert. Dass beim Abgleich des Telefonbuchs der User die Inhalte nicht auch an anderer Stelle gespeichert werden, lässt sich von außen nicht überprüfen. Man muss dem Projekt vertrauen. Und die Verschlüsselung des Backups ist nur so sicher, wie gut das von den Nutzer*innen selbst gewählte PIN-Passwort ist. Ist es schlecht (was bei Passwörtern auf Smartphones oft der Fall ist), könnte Signal oder eine Behörde, die die Daten beschlagnahmt, die Verschlüsselung durch Ausprobieren unter Umständen mit minimalem Aufwand knacken.

Umstritten ist auch die Zusammenarbeit mit kommerziellen Dienstleistern. Für die Abwicklung des Datenverkehrs nutzt Signal die Rechenzentren von Amazon, Google und Microsoft und hat im Jahr 2021 insgesamt 8,2 Millionen US-Dollar für «Cloud Hosting Services» an die Unternehmen gezahlt. Für die Verknüpfung der Telefonnummern mit Messenger-Profilen bei der Anmeldung nutzt das Projekt die Dienste des US-Unternehmens Twilio, das 7 Millionen US-Dollar für «Phone Verification Services» erhalten hat.[3]

Wollen Behörden Einblicke in die von Usern bei der Kommunikation verwendeten IP-Adressen haben bzw. herausfinden, welche Telefonnummern bei Signal registriert sind, müssen sie nicht bei Signal anklopfen. Sie können die Informationen stattdessen auch bei den Dienstleistern abgreifen.

Aus zwei Apps wird eine

Signal ist ursprünglich kommerziell gestartet. 2010 brachte der US-Amerikaner Matthew Rosenfeld, bekannt unter dem

Pseudonym Moxie Marlinspike, mit seinem Start-up Whisper Systems zwei Android-Apps auf den Markt. Textsecure ermöglichte verschlüsselte Textkommunikation und Redphone verschlüsselte Audiotelefonie. 2011 kaufte Twitter das Start-up für einen nicht bekannt gewordenen Preis auf und gab nach einiger Zeit den Quellcode der Apps unter einer Open-Source-Lizenz frei. (Es ist auch nicht bekannt, welche Strategie Twitter damit verfolgte.)

Zwei Jahre später verließ Marlinspike Twitter wieder. Da die Technologie mittlerweile digitales Gemeingut war, konnte er sie eigenständig weiterentwickeln. Im Rahmen eines Projekts unter dem ähnlich klingenden Namen Open Whisper Systems führte er die ursprünglich separaten Funktionen von Textsecure und Redphone zusammen. 2015 erschien Signal, eine App, die gleichermaßen Textnachrichten und Telefongespräche verschlüsseln konnte.

Fünf Köpfe und ein Alleinherrscher?

Im Jahr 2018 kam ein externer Geldgeber mit ins Boot: Brian Acton, ein ehemaliger WhatsApp-Gründer, der seine Anteile einige Jahre zuvor für geschätzt 2,8 Milliarden US-Dollar an Facebook verkauft hatte, gründete am 21. Februar 2018 zusammen mit Marlinspike die gemeinnützige Signal Foundation als organisatorische Heimat des Messengers, mit Sitz in Mountain View im Silicon Valley.

Die eigentliche Entwicklungsarbeit erledigt die Signal Messenger, LLC, eine hundertprozentige Tochterfirma der Foundation, die von Brian Acton geleitet wird.

Signal bemüht sich um technologische Transparenz, geizt jedoch mit Informationen über sich selbst. Anders als etwa die Wikimedia Foundation veröffentlicht die Stiftung auf ihrer Webseite weder ihre Satzung noch die jährlichen Finanzberichte oder die «Form990»-Abschlussberichte für die Bundessteuerbehörde IRS. Die Form990-Berichte kann man allerdings in der Datenbank des US-Journalismusprojekts ProPublica nachschlagen.[4]

Die Stiftung hat einen fünfköpfigen Vorstand. In ihm sitzt unter anderem der ehemalige WhatsApp-Gründer Brian Acton sowie die ehemalige Google-Mitarbeiterin und mittlerweile Google-Kritikerin Meredith Whittaker, die Vorsitzende des Vorstands ist. Der Signal-Gründer Marlinspike ist seit Juni 2023 nicht mehr im Vorstand und wird nur noch als «Emeritus» aufgelistet.

Wie sich aus dem Berichten ergibt, gibt es bei der Foundation anscheinend eine Art Alleinherrscher. Die Signal Foundation hat genau ein Mitglied, Brian Acton. Und der hat das alleinige Recht, die Mitglieder des Vorstands zu bestimmen und abzuberufen (siehe Kapitel 3, S. 42).

Geld vom Mäzen

Acton hat Signal viel Geld zur Verfügung gestellt, erst als Darlehen, dann als Geschenk. Laut den Form990-Berichten hat der Milliardär der Foundation 2018 ein zinsloses Darlehen über 105 Millionen US-Dollar mit einer Laufzeit von 50 Jahren gegeben. Davon hat er im Laufe des Jahres 2019 75 Millionen in Eigenkapital der Stiftung umgewandelt, das das Projekt auf dem Kapitalmarkt anlegen oder für laufende Ausgaben verwenden kann.[5] Im Jahr 2021 hat die Signal Foundation einen Verlust von 20,4 Millionen US-Dollar geschrieben.

Außerdem hat Signal schwankende laufende Einnahmen, im Jahr 2021 waren es 14,9 Millionen US-Dollar. Wie sich die Einnahmen genau zusammensetzen, erfährt man im Bericht nicht. Signal hat das auch auf Anfrage nicht verraten. Der größte einzelne Einnahmeposten, 9,9 Millionen US-Dollar, tauchte im Bericht in der Kategorie «Beiträge, Schenkungen, Zuschüsse und ähnliche Beträge» auf, unter der andere Organisationen Klein- und Großspenden von Einzelpersonen, Organisationen oder Unternehmen auflisten.

Gemischte Bilanz

Signal hat viele Fans in der IT-Szene und gilt manchen als eine Art Allheilmittel gegen Überwachung. Wenigstens gibt es mit Signal eine funktionierende nichtkommerzielle Alternative zum omnipräsenten WhatsApp, die sich außerdem um innovative Funktionen zur Datenvermeidung bemüht. Nur leider erzwingt der Messenger gleichzeitig die Preisgabe der eigenen Telefonnummer und arbeitet mit Unternehmen zusammen, die eher nicht als energische Privatsphären-Verteidiger bekannt sind.

Vielleicht ist Signal, so könnte man erwidern, gerade wegen dieser Kooperationen so groß geworden. Die leistungsfähigen Clouds der IT-Konzerne stellen sicher, dass der Messenger stets störungsfrei läuft, auch wenn ihn Millionen User gleichzeitig für Videotelefonie nutzen. Anders als andere nichtkommerzielle Plattformen ist Signal nicht nur eine theoretische, sondern auch praktisch nutzbare Option. Will man zu Signal wechseln, steht man in seinem Bekanntenkreis meist nicht mehr allein da.

Zahlen zur Verbreitung veröffentlicht das Projekt nicht. Man kann nur schätzen. Im Android-Marktplatz PlayStore rangiert die App in der Kategorie + 100 Millionen User (die nächste Stufe wäre + 500 Millionen). Signal ist längst keine Nischenanwendung mehr, vor allem nicht im deutschsprachigen Raum. In der ARD-ZDF-Onlinestudie 2022 gaben 11 Prozent der befragten Über-13-Jährigen an, dass sie den Messenger mindestens einmal pro Woche nutzen. Im Vergleich zum Vorjahr hat sich der Wert fast verdoppelt.[6] Andere Projekte der digitalen Gegenwelt können von einer solchen Dynamik nur träumen.

Mitmachen:

Unter signal.org/de/download findet man die Links zur Smartphone-App sowie zur PC-Version des Messengers.

3

Wie organisiert sich die digitale Gegenwelt?

Zwischen Community, Organisation und Unternehmen

Ende September 2022: Im «Kleinen Kletterer», einem Brauerei-Gasthaus in Karlsruhe, trifft sich an jedem dritten Mittwoch im Monat die Karlsruher Ortsgruppe von OpenStreetMap. Sieben Leute sind vor Ort, die meisten seit Jahren in der Community aktiv. Sie haben daran gearbeitet, das Kartenmaterial für Karlsruhe aufzubauen, Straßenverläufe und Gebäudeumrisse anzulegen und zu beschriften und mit der Zeit immer mehr Details einzuzeichnen. Einer der Anwesenden hat sich darauf spezialisiert, Bäume zu kartographieren.

In 29 deutschen Städten gibt es aktive Stammtische des globalen, Community-basierten Kartenprojekts. OpenStreetMap ist eine kleine Massenbewegung. Und nicht die einzige. Freifunk ist ein Zusammenschluss von 394 lokalen Initiativen in Deutschland. Die deutschsprachige Wikipedia-Community vernetzt sich über 60 aktive Stammtische.

Die Inhalte, Programme und Plattformen der digitalen Gegenwelt entstehen meist im Zusammenspiel vieler unterschiedlicher Menschen. Typischerweise arbeitet man digital zusammen, mitunter gibt es aber auch analoge Treffen, bei denen man, wie im Kleinen Kletterer in Karlsruhe, deftig isst und Bier trinkt.

Stellen wir uns ein digitales Projekt als ein Haus vor. Das kann groß oder klein sein und wurde für verschiedene Zwecke errichtet. Es muss komfortabel bewohnbar und sicher sein. Auch die Häuser der digitalen Gegenwelt müssen sinnvoll nutzbar sein. Ein Programm oder Betriebssystem darf bei der Nutzung nicht abstürzen oder Daten unbrauchbar machen. Und es darf keine Sicherheitslücken enthalten, über die Cyberkriminelle Daten entwenden oder das Gerät kapern können. Wenn Inhalte entstehen, muss es Mechanismen gegen Falschmeldungen und Vandalismus geben.

In der kommerziellen Welt entstehen Häuser über Kommandostrukturen. Die beteiligten Personen arbeiten mit, weil sie über Arbeitsverträge motiviert werden. Wie entsteht ein Software- oder Inhalte-Haus in der nichtkommerziellen Welt, wenn das Projekt aus mehr als einer Person besteht? Welche Säulen tragen dieses Haus?

Communitys

Informelle Verbindlichkeit

Die wichtigste Säule ist die Community: Menschen arbeiten aus freien Stücken zusammen, ohne Angestelltenverhältnisse und Arbeitsverträge. Zusammengehalten wird die Community durch den gemeinsamen Glauben an das Projekt und die Freude, dabei zu sein.

Man teilt die Werte der digitalen Gegenwelt: dass es gut ist, wenn Wissen demokratisch erstellt wird und Informationen allen zugänglich sind, dass Technologie die Privatsphäre respektieren und transparent sein sollte. Und dass etwas Besseres und Schöneres entsteht, wenn Menschen frei und eigenmotiviert zusammenarbeiten.

Attraktiv an der digitalen Gegenwelt finden viele Aktivist*innen auch das herrschaftsfreie Miteinander. Zu den Werten der digitalen Gegenwelt zählt, dass alle gleichrangig sind. Wikipedia ist für dieses antiautoritäre Prinzip berühmt, manche sagen auch berüchtigt. Es kann sein, dass ein in der Fachwelt angesehener Professor eine Änderung an einem Wikipedia-Artikel vornimmt und ein 16-jähriger Schüler die Änderung rückgängig macht. Gibt der Hochschullehrer nicht beleidigt auf, muss er mit dem Schüler und mit sich einmischenden anderen Wikipedia-Usern auf Augenhöhe diskutieren.

Ein solches Gebot der prinzipiellen Gleichheit prägt viele Communitys. Hierarchien und Machtpositionen soll es nur dann geben, wenn sie inhaltlich unbedingt erforderlich sind. Geht es nicht ohne, werden sie sparsam nach der Menge und Qualität der Beiträge am Projekt vergeben.

Denn ganz ohne Hierarchien und Statusunterschiede kommt auch die digitale Gegenwelt nicht aus. Das entstehende Projekt-Haus muss stabil und sicher sein. Es braucht einen Mechanismus der Qualitätskontrolle.

Das Schreibrecht

Eine typische Abweichung vom Grundsatz der Gleichheit ist das «Schreibrecht». Egal, ob an Inhalten, Apps oder Betriebssystemen gearbeitet wird, die Projekte sind das Ergebnis von Millionen größerer und kleinerer Einzelbeiträge. Bei Wikipedia kann das ein neu angelegter Artikel oder auch nur ein korrigierter Fehler sein. Ein Beitrag zu einem Softwareprojekt kann aus einer neuen Funktion oder der Behebung einer Sicherheitslücke bestehen.

Entwerfen können solche Beiträge alle. Die Frage ist, ob der jeweilige Entwurf übernommen wird. Die Mitarbeit an Wikipedia-Inhalten steht auf den ersten Blick voraussetzungsfrei allen offen. Man klickt auf das «Bearbeiten»-Feld oberhalb des jeweiligen Artikels und legt los. Ist man fertig, klickt man auf «Änderungen veröffentlichen».

Danach sieht der Wikipedia-Artikel aber eventuell genau wie vorher aus. Einfache User haben kein Schreibrecht. Die Änderung ist nur ein Vorschlag, auf den ein Reiter namens «Ungesichtete Änderungen» am oberen Bildschirmrand hinweist. Übernommen wird der Vorschlag erst, wenn ein*e Wikipedia-Nutzer*in mit dem Status «Sichter» ihn freischaltet.

Bei Softwareprojekten liegt der Quellcode, die detaillierte Bau- und Arbeitsanleitung des jeweiligen Programms, auf einer gemeinsam genutzten Onlineplattform. Entwirft man als Neuling dort einen Beitrag, ist auch der erst einmal ein Vorschlag. Dann beantragt man, ihn zu prüfen. Wird der Vorschlag angenommen, wird er Teil der nächsten Version der Software.

Der Kartendienst OpenStreetMap kommt als eines der wenigen Projekte gänzlich ohne die Kategorie Schreibrecht aus. Hat man sich ein Profil auf OpenStreetMap.org angelegt, kann man etwas beitragen und die Änderungen sind sofort sichtbar. Das kann das Einzeichnen einer neu gebauten Straße sein oder nur ein Detail, etwa die aktualisierten Öffnungszeiten eines Cafés.

Bei OpenStreetMap gebe es prinzipiell weniger Konfliktpotenzial als bei Wikipedia, weil die Arbeit inhaltlich weniger kontrovers sei, meint Amanda McCann, die mit am Stammtisch in Karlsruhe sitzt (siehe Interview «OpenStreetMap ist ein guter Grund, in die Welt zu gehen», S. 207). Das Kernprinzip von Wikipedia laute «Neutral Point of View»: Ein Thema soll neutral dargestellt werden. Für und Wider, Positives und Kritik sollen gleichberechtigt nebeneinander stehen. Das OpenStreetMap-Projekt hingegen habe «No Point of View»: «Eine Bewertung gehört nicht in OpenStreetMap. Man kann ein Café oder ein Museum eintragen, aber nicht dazuschreiben, ob der Kuchen gut ist oder das Ausstellungskonzept etwas taugt. Es zählen nur überprüfbare Fakten: Stimmen die Ortsdaten, der Name, die Adresse und die Öffnungszeiten?»

Das Dilemma mit den Strukturen

Das Schreibrecht ist die eine notwendige Abweichung vom Gleichheitsprinzip, die sich bei den meisten Projekten beobachten lässt. Oft haben sich darüber hinaus komplexere Entscheidungsstrukturen herausgebildet.

Dass es diese überhaupt gibt, ist paradox, meint der Organisationsforscher und Wirtschaftswissenschaftler Leonhard Dobusch von der Universität Innsbruck. Auf den ersten Blick stellen Machtstrukturen den egalitären und offenen Charakter von Projekten infrage. Auf den zweiten Blick ermöglichen aber vielleicht gerade sie erst faire Verhältnisse. Dobusch verweist auf einen einflussreichen Text der Bewegungsforschung aus den 1970er Jahren mit dem Titel

«Die Tyrannei der Strukturlosigkeit».[1] Die US-amerikanische Feministin Jo Freeman hatte darin eigene Erfahrungen in feministischen Kollektiven reflektiert, die jegliche Machtstrukturen und formale Hierarchien ablehnten. Das Resultat einer solchen Praxis sei gewesen, dass sich extrem intransparente und schwer zugängliche Macht- und Beziehungsgeflechte herausgebildet hätten.

Das gelte auch für digitale Communitys, so Dobusch: «Wo es keine formalen Strukturen, Regeln und Hierarchien gibt, entstehen informelle Machtverhältnisse. In Gruppen, in denen vom Anspruch her alle gleich sind, stimmt das in der Praxis meist nicht. Die Leute, die viel beitragen, weil sie viel Freizeit haben, die laut sind und den Mob kommandieren können, haben mehr Macht. Es gibt dann extreme Ungleichgewichte, die nur schwer adressierbar, durchdringbar und veränderbar sind.»

Wie gestalten die Communitys ihr Miteinander, wenn es ab einer gewissen Größe und Relevanz nicht ohne Strukturen geht? Wie gelingt der Spagat, Verantwortung und Entscheidungsbefugnisse verbindlich zu regeln und dabei gleichzeitig offen und einladend zu bleiben?

Admins, Sichter und einfache User

Bei Wikipedia hat sich eine komplexe Hierarchie herausgebildet, basierend auf einer Mischung aus Meritokratie (wer mitmacht, darf mitbestimmen) und Wahlen. Auf der untersten Stufe stehen die einfachen User, deren Beiträge von anderen autorisiert werden müssen. Sobald man 150 akzeptierte Beiträge, sogenannte «Edits», vorweisen kann – das könnte ein ganz neuer Artikel oder eine minimale Änderung sein –, wird man automatisch «passiver Sichter», und eigene Beiträge sind sofort freigeschaltet. Ab 300 Edits ist man «aktiver Sichter» und kann Beiträge einfacher User freischalten oder ablehnen.

Schon ab 200 Edits, mindestens 50 davon in den letzten zwölf Monaten, hat man passives und aktives Wahlrecht und kann an Wahlen für höhere Hierarchiestufen teilnehmen und selbst kandidieren. Der Status «Administrator» wird über eine solche Wahl vergeben. Administrator*innen können Artikel löschen, User sperren und Entscheidungen treffen, wenn es Streit gibt. Wikipedia ist legendär für seine «Edit Wars»: User mit konträren Ansichten löschen immer wieder eine bestimmte Bearbeitung, und andere stellen sie wieder her.

Die Rolle der Admins wird außerhalb von Wikipedia oft falsch verstanden, meint die langjährige Berliner Userin Grizma: «Sie haben nicht mehr Macht, sondern sie sehen in ihren Profilen einfach mehr Knöpfe, die sie bedienen können.» Zwar hätten Administrator*innen die Autorität, User zu sperren und Artikel zu löschen. Das würden sie aber erst tun, nachdem die Community darüber ausgiebig diskutiert hat. Und mit der Macht würden sie überwiegend verantwortungsvoll umgehen (siehe Interview «Nette und hilfreiche Begegnungen überwiegen», S. 199).

Der Kartendienst OpenStreetMap kennt keine Unterscheidung zwischen Usern mit und ohne Schreibrecht. Aber auch hier gibt es zumindest eine hierarchische Struktur. Die Data Working Group kann Streit klären, wenn es auch bei OpenStreetMap – trotz No-Point-of-View-Philosophie – einmal zu Edit Wars kommt, und sie kann User sperren. Die Gruppe wird nicht von der Basis gewählt, sondern rekrutiert sich selbst. User, die eine längere Mitarbeit am Projekt nachweisen können, können sich bewerben.

Hört man sich in nichtkommerziellen Digital-Kreisen um, wird vor allem das einflussreiche Linux-Betriebssystem Debian als Vorzeigeprojekt einer egalitären, auf Meritokratie basierenden Selbstorganisation genannt.

Die Debian-Community besteht aus etwa 2000 Leuten, 1000 davon sind Vollmitglieder. Diese «Debian Members» (alternativ wird auch die bis vor Kurzem übliche Bezeichnung «Debian Developers» verwendet) haben volles Schreibrecht an der Betriebssystem-Software und sind prinzipiell alle gleichberechtigt. Der Status wird in einem standardisierten Aufnahmeprozess vergeben. Man muss bereits Beiträge für das Projekt produziert haben, die akzeptiert wurden, und unter Beweis stellen, dass man mit den Werten der Debian-Community vertraut ist. Ein bestehendes Mitglied muss den Aufnahmeantrag unterstützen. Ist man aufgenommen, wird man nach einer Übergangszeit von sechs Monaten zum Vollmitglied.

Ab jetzt gibt es nur noch eine weitere Hierarchiestufe. Jedes Jahr wird aus dem Kreis der Vollmitglieder in einer offenen digitalen Abstimmung ein*e Projektleiter*in gewählt. Diese Position geht allerdings mit nur überschaubarer Macht einher. Man hat die Hoheit über das sehr niedrige Budget des Projekts und organisiert Abstimmungen. Wichtige technische Entscheidungen werden in thematischen Arbeitsgremien getroffen, denen sich alle Debian Members anschließen können. Gibt es Streit, der sich nicht lösen lässt, können alle Vollmitglieder eine «General Resolution» beantragen, eine letztentscheidende Abstimmung über eine konkrete Fragestellung.

Do-ocracy

Für eine Projektorganisation über thematische und inhaltliche Arbeitsgruppen kursiert der Begriff «Do-ocracy»: Man macht, worauf man Lust hat und was man gut kann. Viele Projekte funktionieren vor allem auf diese Weise.

Auch für die Arbeit an Wikipedia ist eine thematische Differenzierung mindestens so wichtig wie die hierarchischen Strukturen. In 20 Redaktionen, etwa zu Medizin, Religion, Sexualität oder Recht, wird beispielsweise darüber entschieden, welche Relevanzkriterien für die Aufnahme eines Artikels gelten oder welche Quellen im jeweiligen Bereich akzeptabel sind.

Grenzen von Open Governance

Bei aller Vielfalt der Projekte und Communitys lassen sich typische partizipative Organisationsprinzipien beobachten: Meritokratie (wer mitmacht, darf mitbestimmen), repräsentative Demokratie (Machtpositionen werden in offenen Wahlen vergeben), direkte Demokratie (Abstimmungen zu konkreten Fragestellungen) sowie Do-ocracy (tun, worauf man Lust hat).

Das Konzept «Open Governance» steht für maximal offene, zugangsgleiche und transparente Strukturen. In der Praxis stehen diesem Ideal jedoch verschiedene Besonderheiten und Gepflogenheiten entgegen.

Die Vorstellung einer Mitwirkungsmöglichkeit durch alle gerät bei Softwareprojekten schnell an Grenzen. Bei Wikipedia und OpenStreetMap können nicht nur theoretisch, sondern auch praktisch alle leicht mitwirken. Anders bei Softwareprojekten: Oft ist das Recht mitzubestimmen daran gebunden, dass man bereits technische Beiträge geleistet hat, die von den anderen als wertvoll anerkannt wurden. Um diese Voraussetzung zu erfüllen, braucht es erhebliches IT-Knowhow. Dass sich in der digitalen Gegenwelt die Grenzen zwischen Usern und Produzent*innen mit wenigen Klicks durchbrechen lassen, ist in vielen Fällen nicht mehr als eine schöne Vorstellung.

Einige Softwareprojekte versuchen allerdings, ihre Macht- und Entscheidungsstrukturen auch für Urheber*innen nichttechnischer Beiträge zu öffnen. Das oberste Community-Gremium beim E-Mail-Programm Thunderbird ist der gewählte Rat («Thunderbird Council»). Wahlberechtigt ist, wer im letzten Jahr dem Projekt nachweislich mindestens zehn Zeitstunden zur Verfügung gestellt hat. Als zulässige Beiträge nennt Thunderbird explizit auch Tätigkeiten jenseits der voraussetzungsvollen Arbeit am Software-Code. Das kann das Übersetzen von Inhalten sein, das Schreiben eines Blogposts oder das Erstellen von Designs.

Soziodemographische Schieflagen

Die Projekte der digitalen Gegenwelt weisen außerdem oft chronische soziodemographische Schieflagen auf. Gerade Softwareprojekte sind auf absurde Art homogen. Die aktiven Community-Mitglieder sind überwiegend männlich, weiß und kommen aus der Mittelschicht. Der Frauenanteil liegt mitunter nur im niedrigen einstelligen Bereich.

Warum das so ist, darüber wird in der digitalen Gegenwelt vermehrt diskutiert. IT gilt traditionell kulturell als männlich besetzt. Allerdings sind auch Content-Projekte männlich dominiert. In einer Community-Umfrage[2] der Wikipedia-Mutterorganisation Wikimedia Foundation aus dem Jahr 2018 gaben 90 Prozent der Befragten an, dass sie männlich sind.

Solche Schieflagen wirken sich auch auf inhaltliche Fragen aus. Artikel zu Frauen haben eine höhere Wahrscheinlichkeit als Einträge zu Männern mit vergleichbarer gesellschaftlicher Bedeutung, in Löschdiskussionen für «enzyklopädisch irrelevant» erklärt zu werden. In Debatten, die das Verändern oder Löschen von Artikeln begleiten, sind Frauen fast immer in der Minderheit. Immer wieder kommt es auch zu offen frauenfeindlichen Kommentaren, sodass manche enthusiastischen Neu-Nutzerinnen nach schlechten Erfahrungen entnervt aufgeben. Die inhaltliche und soziale Geschlechterkluft auf Wikipedia und in der Community ist eines der größten Legitimitätsprobleme der Enzyklopädie.

Pseudonyme und kryptische Strukturen

Ein Element von Open Governance ist, dass überhaupt bekannt ist, wie Machtstrukturen entstehen und wer wichtige Entscheidungen treffen kann. Das beißt sich mit der Praxis, Pseudonyme zu verwenden, um in Foren, Mailinglisten oder auf Software-Plattformen zu kommunizieren.

In einigen Fällen lässt sich leicht recherchieren, wer hinter einem kryptischen, selbst gewählten Szene-Namen steht, vor allem bei prominenten Community-Mitgliedern: «moxie0» ist bekanntermaßen das Pseudonym des Signal-Gründers Moxie Marlinspike; Roger Dingledine, eine Schlüsselfigur beim Anonymisierungsprojekt Tor, tritt unter «arma» auf.

Oft ist das aber nicht der Fall. Nur wer Teil des Inner Circle einer Community ist, erfährt tatsächliche Identitäten. Oder man trifft die Personen «in echt» auf einer Community-Versammlung. Auch Wikipedia gesteht Usern explizit das Recht zu, unter Pseudonym zu agieren. Das gilt auch für Nutzer*innen in höheren Hierarchiestufen.

Vor allem Schattenbibliotheken und Digitalprojekte der linken Gegenöffentlichkeit entscheiden sich oft bewusst für kryptische Strukturen. Bei den großen Schattenbibliotheken sind die Gründer*innen bekannt: Julian Assange von WikiLeaks und die kasachische Informatikerin Alexandra Elbakyan von Sci-Hub. Wer ansonsten mitwirkt, hält sich bedeckt.

Bei den verschiedenen Sprachausgaben des Projekts Indymedia.org, bei dem linke Bewegungen Gegenöffentlichkeiten schaffen, und bei der Plattform systemli.org, die Kommunikationswerkzeuge für linke Aktivist*innen bereitstellt, gibt es keine Hinweise, wer warum in welcher Rolle zum Projekt gehört. Auf Riseup.net, einem systemli-Pendant, stellen sich die Community-Mitglieder zwar in wenigen Sätzen vor, statt Klarnamen verwenden sie jedoch Namen von Vogelgattungen wie «Hellroter Ara» oder «Katzendrossel».

Selbstrekrutierte Eliten

Ein häufig zu beobachtender Mechanismus bei der Verteilung von Entscheidungspositionen ist die Selbstrekrutierung. Beim Anonymisierungsnetzwerk Tor stellt die Community Verschleierungsknoten zur Verfügung, die genutzt werden, um anonym und zensurfrei Inhalte aufzurufen. Das oberste Community-Gremium sind die «Verzeichnisautoritäten», die unter anderem überprüfen, ob Knoten sich korrekt verhalten. Diese Gruppe der Hüter*innen des Tor-Netzwerks wird nicht von der Community gewählt. Die jeweiligen Mitglieder entscheiden, wer neu aufgenommen wird.

Wohlwollend könnte man sagen: Bei Selbstrekrutierung liegt die Macht bei einer Gruppe kompetenter und verlässlicher Aktivist*innen, die auf Basis von gegenseitigem Vertrauen die Integrität und Werte des Projekts sicherstellen. Weniger wohlwollend: Eine geschlossene Clique verhandelt alle relevanten Entscheidungen unter sich und ist niemandem außer sich selbst rechenschaftspflichtig. Bei vielen Projekten mit unklaren Strukturen dürfte Selbstrekrutierung der Mechanismus der Machtverteilung innerhalb der Community sein.

Die Rolle der «Gurus»

Die Bedeutung prominenter Einzelpersonen, ein weiteres Prinzip, untergräbt ebenfalls die Idee von Gleichheit. Diese «Gurus» sind die öffentlichen Gesichter des Projekts, halten bejubelte Vorträge auf Hackerkonferenzen und gelten als gewissermaßen über-wirkliche

Genies. Das gilt besonders dann, wenn sie das jeweilige Projekt gegründet haben und klar ist, dass es ohne diesen besonderen Menschen dieses tolle Stück Software oder dieses tolle Content-Projekt nicht geben würde.

Der Linux-Vater Linus Torvalds ist ein solcher Guru, des Weiteren der Signal-Gründer Moxie Marlinspike, der Ubuntu-Gründer Mark Shuttleworth, der WikiLeaks-Gründer Julian Assange und der Wikipedia-Gründer Jimmy Wales.

Die Bewunderung für solche Einzelpersonen – fast immer mittelalte weiße Männer – wird im Softwarebereich gern durch einen gängigen Mythos gerechtfertigt: die Vorstellung extrem unterschiedlicher Produktivität. Wenn ein*e geniale*r Programmierer*in eine Woche lang an einem Projekt arbeite, komme dabei mehr heraus, als wenn zehn mäßig talentierte Entwickler*innen einen Monat lang an der gleichen Aufgabe sitzen.

Das mit den Gurus sei eine «Tyrannei der Strukturlosigkeit» in Reinform, meint der Organisationsforscher Dobusch: «Formal sind in Communitys alle gleich. Aber in der Realität gibt es eine Hyper-Hierarchie.»

Der Guru-Status ist üblicherweise zementiert. Einige Male hat die Digital-Szene Gurus aber dann doch fallengelassen. 2019 verlor Richard Stallmann diesen Nimbus. Stallmann hatte zuvor einen quasi gottgleichen Status innegehabt. Er ist einer der beiden Väter des Linux-Betriebssystems und Erfinder der Software-Lizenz GPL, die die Entwicklung der digitalen Gegenwelt maßgeblich geprägt hat, sowie der Initiator der einflussreichen Organisation Free Software Foundation. Stallmann hatte sich auf einer Mailingliste kontrovers geäußert, als Vorwürfe bekannt wurden, dass ein Freund von ihm ein Kunde des verurteilten Sexualstraftäters Jeffrey Epstein gewesen sei, der minderjährige Mädchen zu sexuellen Dienstleistungen gezwungen hatte. Die Äußerung wurde öffentlich bekannt, und Teile der Community klagten über andere problematische Äußerungen und Verhaltensweisen.

Stallmann trat nach öffentlichem Druck selbst aus der Free Software Foundation aus, deren Präsident er bis 2019 gewesen war. 2021 nahm diese ihn wieder in den Vorstand auf. Dagegen protestierten allerdings einflussreiche Akteure der digitalen Gegenwelt, etwa die Mozilla Foundation, das Tor Project und sogar der europäische Zweig der FSF, die Free Software Foundation Europe. Stallmann hat weiterhin viele Fans und ist nicht überall Persona non grata. Seinen Szene-übergreifenden Guru-Status hat er jedoch eingebüßt.

Organisationen

Verbindliche Strukturen als Rückgrat

Organisationen sind die zweite Säule der digitalen Gegenwelt. So durchdacht eine informelle Selbstorganisation auch ist, eine Community bleibt ein fragiles Gebilde mit eingeschränkten Handlungsmöglichkeiten. Viele Projekte stellen der Community früher oder später eine formale Struktur als Partnerin gegenüber. Die Organisation kann Markenrechte schützen, Spendengelder sammeln und Spendenquittungen ausstellen, Förderanträge einreichen und Leute verbindlich anstellen. Sie kann die Webseite betreiben, auf der sich die Inhalte befinden oder die Software herunterladen lässt. Eine Organisation braucht es als Ansprechpartnerin für Presse, Politik und Kooperationspartner. Es gibt Stiftungen mit Hunderten Angestellten und Hunderten Millionen US-Dollar Budget sowie Mini-Akteure, für die weniger als fünf Leute arbeiten. Einige Organisationen sehen sich als demütige Diener der Community, in anderen spielt sich die eigentliche Projektarbeit ab. Einige binden die Community partizipativ ein, bei anderen liegt die Macht in der Hand weniger Personen.

Die Wikimedia Foundation: hoch komplexe Organisationsstruktur

Die komplexeste Struktur hat sich um die große Online-Enzyklopädie herum entwickelt.

Am 15. Januar 2001 ging Wikipedia online. Zweieinhalb Jahre später, am 20. Juni 2003, wurde die Wikimedia Foundation gegründet. Primär sollte sie die Webseite betreiben und die Serverkosten für das wachsende Content-Projekt tragen. Im Jahr 2023 hat sie etwa 700 bezahlte Mitarbeiter*innen.

Die Foundation, die im US-amerikanischen San Francisco sitzt, versteht sich als Dienstleisterin für die Community der Online-Enzyklopädie. Sie betreibt die Webseite wikipedia.org und die Server, über die der Datenverkehr läuft. Außerdem entwickelt sie die Software Mediawiki, die der Enzyklopädie zugrunde liegt. Die Organisation unterstützt und betreut die Community. Sie organisiert Vernetzungstreffen wie die jährliche globale Wikimania-Konferenz und vergibt Gelder für Community-Initiativen.

Die Macht innerhalb der Wikimedia Foundation liegt beim Vorstand, dem zwölfköpfigen «Board of Trustees». Sechs Sitze werden von der Community gewählt, fünf bestimmt der Vorstand selbst. Laut Satzung ist es nicht erlaubt, dass das Board of Trustees zusätzlich selbst rekrutierte Mitglieder aufnimmt, wenn das die Zahl der Community-Mitglieder überschreiten würde.

Ein weiterer Sitz ist für den Wikipedia-Gründer Jimmy Wales vorgesehen. Die hervorgehobene Stellung des Gurus ist institutionell festgeschrieben. Allerdings ist sie nicht in Stein gemeißelt. In der Satzung heißt es, dass der Vorstand Wales auf einen Gründersitz wählen kann. Er kann sich auch entscheiden, den für Wales vorgesehenen Sitz freizulassen.

Die Amtszeit beträgt drei Jahre, und es sind drei Amtszeiten in Folge möglich. Dann braucht es eine Abkühlphase von 18 Monaten, bis man von Neuem in den Stiftungsrat gewählt werden kann. Nur für den Gründer gibt es keine solche Einschränkung. Laut der Satzung sollen die Sitze so vergeben werden, dass in jedem Jahr für etwa gleich viele die Amtszeit ausläuft.

Die Community-Wahlen sind zweistufig: Die «Affiliates» – informelle oder organisierte Zusammenschlüsse lokaler, regionaler oder nationaler Communitys – erstellen aus dem Pool aller Kandidat*innen eine Shortlist. Über diese Shortlist stimmt die weltweite Community ab.

Um wahlberechtigt zu sein, musste man im Jahr 2022 über ein Profil in einem Wikimedia-Projekt verfügen, sei es bei Wikipedia oder einem der Schwesterprojekte. Man musste 300 erfolgreiche

Edits vorweisen können, davon 20 im letzten halben Jahr. Die Wahlen im Jahr 2022 fanden zwischen dem 23. August und dem 6. September statt. Zwei Vorstandsposten wurden neu durch Wahlen vergeben, auf der Shortlist standen sechs Personen. 68 000 Leute waren stimmberechtigt; von denen haben sich etwa 9 Prozent an der Wahl beteiligt.

Die Foundation ist eine kleine Projektfamilie. Neben Wikipedia gibt es noch Schwesterprojekte, etwa den Reiseführer Wikivoyage, die Nachrichtensammlung Wikinews oder das Fach- und Sachbuchprojekt Wikibooks.

Wikipedia gibt es in mehr als 300 Sprachversionen. Um den Herausforderungen eines globalen Inhalteprojekts gerecht zu werden, wendet Wikimedia eine Franchise-Strategie an, wie es der Organisationsforscher Leonhard Dobusch ausdrückt[3] – ein Modell, über das ansonsten globale Gastronomie-Ketten ihre Internationalisierung vorantreiben. Wenn Sprach- und Ländercommunitys eigene Rechtspersonen gründen, können sie von der Wikimedia Foundation als «Chapter» anerkannt werden. 38 solche lokale Wikipedia-Organisationen gibt es zurzeit. Das größte Chapter ist der Verein Wikimedia Deutschland – Gesellschaft zur Förderung freien Wissens e. V.

Wikimedia Deutschland ist selbst ein Gigant innerhalb der digitalen Gegenwelt. Der Verein hat mehr als 100 000 Mitglieder und 160 Angestellte.

Selbstrekrutierung des Machtgremiums: Mozilla Foundation

Die Mozilla Foundation, die hinter dem Browser Firefox steht und ihr Hauptquartier ebenfalls in San Francisco hat, ist mit 850 Angestellten (Stand Ende 2021[4]) noch größer als Wikimedia. Sie hat eine zweiteilige Struktur. Die gemeinnützige Stiftung selbst ist schlank und hat nur 47 Angestellte.[5] Die eigentliche Software-Arbeit geschieht in der nicht gemeinnützigen Stiftungstochter Mozilla Corporation.

Anders als Wikimedia hat Mozilla keine partizipativen Mitbestimmungsstrukturen. Der Vorstand, das siebenköpfige «Board of

Directors», wählt sich selbst. Die Macht ist stark auf eine Person konzentriert: Mitchell Baker. Dieses Urgestein des Projekts war schon 1994 dabei und arbeitete beim Vorgänger Netscape in der Rechtsabteilung. Baker ist Vorsitzende des Board of Directors und CEO des Tochterunternehmens Mozilla Corporation.

Schräges Alleinherrschaftsmodell: Signal

Noch weiter von Open Governance entfernt ist die Organisation hinter dem Messenger Signal, die in Mountain View im Herzen des Silicon Valley sitzt, nur wenige Kilometer von San Francisco entfernt. Auch bei der Signal Foundation erledigt eine Stiftungstochter, die Signal Messenger, LLC, die eigentliche Arbeit.

Der Vorstand der Signal Foundation besteht aus fünf Personen. Im Board sitzen neben der ehemaligen Google-Mitarbeiterin und mittlerweile Überwachungskritikerin Meredith Whittaker, die auch die Präsidentin des Vorstands ist, u. a. der Unternehmer Brian Acton, einer der beiden Gründer von WhatsApp. Acton hatte WhatsApp im Jahr 2014 an Facebook verkauft und 2018 zusammen mit dem Signal-Erfinder Marlinspike die Signal Foundation gegründet und der Stiftung viel Geld als Anschubfinanzierung zur Verfügung gestellt (siehe Kapitel 4, S. 92 f.).

Wie die Macht konkret verteilt ist, lässt sich nur über Umwege recherchieren. Was auf den hinteren Seiten des Form990-Berichts für das Jahr 2021[6] steht, den man auf der Webseite des Journalismusprojekts ProPublica findet, möchte man kaum glauben: Die Macht scheint bei genau einer Person zu liegen. Noch dazu bei jemandem, den wohl nur wenige für einen guten Repräsentanten der Werte der digitalen Gegenwelt halten würden. Ein Abschnitt (Schedule O, Part VI, Section A, Zeilen 6 bis 7B) erlaubt Einblicke in die Strukturen der Stiftung. Dort heißt es: «Die Organisation hat ein einziges Mitglied, Brian Acton …» (eigene Übersetzung). Und dieses Mitglied habe das alleinige Recht, die Direktor*innen (also die Mitglieder des Vorstands) zu ernennen und zu entlassen sowie relevante Entscheidungen über den Status der Stiftung zu treffen.

Nachfragen zu den Strukturen hat die Signal Foundation nicht beantwortet. Die plausibelste Lesart der Angaben im Bericht ist, dass es bei Signal tatsächlich einen Alleinherrscher gibt, den ehemaligen WhatsApp-Gründer und Signal-Mäzen Brian Acton, der in Eigenregie über die Zusammensetzung des Vorstands und damit über das oberste Machtgremium der Stiftung bestimmen kann.

Verhältnis zwischen Organisation und Community

Die Arbeitsteilung zwischen der Organisations- und Community-Säule sieht bei den vorgestellten Projekten unterschiedlich aus: Bei Signal und Firefox spielt sich die Arbeit fast ausschließlich in den Strukturen der Foundation ab. Wikipedia hingegen hat eine klare Arbeitsteilung: Die Community erstellt die Inhalte. Die Wikimedia Foundation kümmert sich um die technologischen Grundlagen und unterstützt Initiativen der Community.

Auch beim Anonymisierungsnetzwerk Tor erledigt die Community den aufwändigsten Teil der Arbeit. Sie betreibt Tausende Verschleierungsstationen, von denen der Anonymisierungsbrowser Tor jeweils drei auswählt, um Daten ans Ziel zu leiten. Die dahinterstehende Organisation, das Tor Project, entwickelt die dafür benötigte Technologie.

LibreOffice: Auf der Suche nach der perfekten Organisation

Durch das Zentrum von Kaufbeuren zu spazieren, ist ein wenig wie ein Ausflug in ein Holzspielzeugmuseum. Man geht durch enge Straßen, gesäumt von zuckersüßen Fachwerkhäusern. In der südwestlich von München gelegenen Mittelstadt, die sich als «Tor ins Allgäu» bezeichnet, treffe ich Florian Effenberger. Der hat sich intensiv mit der Frage beschäftigt, wie eine optimale Organisationsform für ein nichtkommerzielles Digitalprojekt aussieht. Effenberger ist Geschäftsführer von The Document Foundation, der Mutterorganisation des Bürosoftware-Projekts LibreOffice.

LibreOffice ist eine Abspaltung eines kommerziellen, teils von einer Community und teils von dem US-Unternehmen Sun getragenen Softwareprojekts namens OpenOffice.org. Nach einem Verkauf von Sun an den IT-Konzern Oracle im Jahr 2010 war die Community zunehmend mit der Projektführung unzufrieden. Sie beschloss, eigene Wege zu gehen und sich unter neuem Namen selbständig zu machen (siehe Interview «Es gab keine Blaupause», S. 201).

Doch wie sollte das Projekt aussehen? Die Strukturen sollten partizipativ sein und den offenen Charakter des Projekts festschreiben, so Effenberger, der beim Abnabelungsprozess aktiv dabei war: «Wir wollten Garantien einbauen, die das Mitspracherecht der Beitragenden manifestieren.» Am geeignetsten erschien eine Stiftung, bei der man einen unveränderbaren Zweck definieren kann: dass die Software kostenfrei bleibt und auch in Zukunft komplett unter freien Lizenzen entwickelt wird.

Man habe sich konkrete Rechtsformen in verschiedenen Ländern angeschaut. Großbritannien, Frankreich, Italien oder die Schweiz waren im Gespräch. Schließlich habe man sich für Deutschland entschieden. Das habe zwei Gründe gehabt: Man habe sich in der Community gefragt, wo viele aktive Leute vor Ort sind, die das Projekt vorantreiben können. Viele von denen lebten in Deutschland. Zum anderen erschien eine deutsche Stiftung am passendsten, da sich mit diesem Modell die gewünschten Garantien am besten verwirklichen ließen.

Allerdings brauchte es erhebliche juristische Feinarbeit. Eine deutsche Stiftung hat keine Mitglieder, sondern typischerweise ein Stiftungskuratorium, bestehend aus einem kleinen, geschlossenen Kreis von Leuten, die den Vorstand wählen. Das passte nicht. Die Strukturen von LibreOffice sollten allen Mitwirkenden offenstehen.

Die Community entwickelte ein Modell, das diesen Anforderungen genügte. Im Mitglieder-Kuratorium sitzen im Frühjahr 2023 immerhin 181 Leute. Die Mitgliedschaft steht gebührenfrei allen offen, die sich aktiv am Projekt beteiligen. Laut Satzung ist das der Fall, wenn man den «Stiftungszwecken über mehr als drei Monate nachweisbar Zeit und geistige Arbeit gewidmet» und «nach willkürfreier Einschätzung des Mitglieder-Komitees belegbare oder durch Mitglieder bestätigte, nicht triviale oder offensichtlich geringfügige Beiträge» geleistet hat. Das können klassisch technische Programmierbeiträge sein, aber auch nichttechnische Tätigkeiten, etwa Übersetzungen oder eine Repräsentation des Projekts in der Öffentlichkeit.

Das Kuratorium wählt den Vorstand mit einer Amtszeit von zwei Jahren. Und über die Mitgliedschaft im Kuratorium entscheidet jährlich neu ein Mitglieder-Komitee. Das wiederum wird vom Kuratorium gewählt, jeweils mit einer Amtszeit von zwei Jahren. Man habe ein System von Checks and Balances etabliert, so Effenberger: «Ein Mitgliederkomitee bestimmt, wer ins Kuratorium kommt. Umgekehrt wählt das Kuratorium dieses Komitee und den Vorstand.»

Mit diesem speziellen Modell habe man bei den Stiftungsaufsichten verschiedener Bundesländer angeklopft und sei immer wieder abgeblitzt: «Die fanden unser Konzept und unsere Ausgestaltung hoch spannend, meinten aber am Ende, dass sie das rechtlich schlicht nicht anerkennen können.» In Berlin hat es nach einiger Zeit geklappt: Am 17. Februar 2012 gründete sich «The Document Foundation» als Stiftung des bürgerlichen Rechts. Das notwendige Mindest-Stiftungskapital in Höhe von 50 000 Euro kam über ein weltweites Crowdfunding zusammen.

Man habe ein bisschen Rechtsgeschichte geschrieben, meint Effenberger: «Ich würde fast behaupten, dass wir einen neuen Stiftungstypus geschaffen haben.» Das jahrhundertealte Modell der deutschen Stiftung, das auf den ersten Blick so gar nicht zum Konzept eines nichtkommerziellen partizipativen Softwareprojekts passen will, habe man passend gemacht.

Europäische Digital-Vereine

In Europa setzt man ansonsten oft auf den gemeinnützigen Verein, egal, ob es um freie Suche, freie Betriebssysteme oder freie Verbindungen geht. Der «SUMA-EV-Verein für freien Wissenszugang» in Hannover betreibt die nichtkommerzielle Suchmaschine MetaGer. Die Open Search Foundation e. V. in Starnberg arbeitet, im Rahmen des Projekts Open Web Search, an einer Datenbank mit allen existierenden Webinhalten als Basis für unabhängige europäische Suchmaschinen. «Wikimedia Deutschland – Gesellschaft zur Förderung

Freien Wissens e. V.» in Berlin ist das deutsche Länderchapter von Wikipedia, der «ubuntu Deutschland e. V.» in Lüneburg das Länderchapter des Betriebssystems Linux Ubuntu.

Die «WLAN-für-alle»-Initiative Freifunk ist ein freundliches Nebeneinander vieler verschiedener Vereine. Eine Übersicht auf der Projekt-Webseite freifunk.net listet 44 Vereine auf, die etwa Freifunk Dresden e. V., Freifunk Rheinland e. V. oder Freifunk Nord e. V. heißen. «Freifunk setzt sich aus unterschiedlichen regionalen und lokalen Communitys zusammen. Einige von denen geben sich eine Vereinsstruktur», erzählt die Berliner Freifunk-Aktivistin Elektra Wagenrad, die die Entwicklung des Projekts von Anfang an begleitet und die technischen Grundlagen mit gelegt hat (siehe Interview «Wir bauen unsere eigenen digitalen Straßen», S. 203).

Eine formale Rechtsperson zu haben, sei hilfreich, um als Kooperationspartner ernst genommen zu werden. Etwa, wenn lokale Communitys mit Gemeinden oder Stadtverwaltungen verhandeln, weil sie eine Freifunk-Antenne auf einem Kirchen- oder Rathausdach aufstellen wollen. Allerdings verfüge das Netzwerk über keinerlei übergeordnete Struktur. Der Berliner Förderverein Freie Netzwerke e. V. betreibe die Webseite freifunk.net, koordiniere das Projekt aber nicht. Und das sei von den meisten in der Community auch genau so gewollt: «Ein Zentralkomitee des Freifunks braucht keiner.»

Auch beim Anonymisierungsprojekt Tor gibt es – neben dem US-amerikanischen Tor Project als Mutterorganisation – eine vielfältige Vereinsebene. Einige europäische Betreiber*innen von Verschleierungsstationen haben sich zu Vereinen zusammengeschlossen, darunter der Verein «Foundation for Applied Privacy – Verein zur Förderung der digitalen Privatsphäre» in Wien, der Verein «Digitale Gesellschaft» in Basel, der Hamburger «Artikel 10 e. V.», der fast gleichlautende «Artikel 5 e. V.» in Essen oder der in Dresden sitzende Verein «Zwiebelfreunde e. V.».

Hinter dem Mediaplayer VLC steht VideoLAN, eine «Association loi de 1901», die französische Version des Vereins mit Sitz in Paris. Und die verteilte YouTube-Alternative PeerTube wird von Framasoft entwickelt, einer Association in Lyon.

Eine eher untypische Organisationsform hat der Mastodon-

Gründer Eugen Rochko gewählt. Die Software der Twitter/X-Alternative wird von einer gemeinnützigen Kapitalgesellschaft in seinem Besitz entwickelt, der Berliner Mastodon gGmbH.

Unternehmen

Der kommerzielle Zweig der digitalen Gegenwelt

Die dritte Säule sind Unternehmen. Das klingt paradox, gehört zum Mindset vieler Aktivist*innen doch eine Ablehnung der überbordenden Kommerzialisierung im Internet. Würde man die von Unternehmen getragenen Projekte jedoch aussortieren, würden einige wichtige Vertreter der digitalen Gegenwelt unter den Tisch fallen.

Zu dieser Gegenwelt sollen Projekte – ob nichtkommerziell oder mit kommerziellem Hintergrund – dann zählen, wenn Gemeingüter entstehen, also Softwarelösungen oder Inhalte, die kostenlos zugänglich sind und unter freien Lizenzen stehen. Die stellen sicher, dass die Freiheit nicht wieder entzogen werden kann, auch wenn sich die Strategien oder die Geschäftsmodelle der jeweiligen Unternehmen ändern. Die freien Lizenzen sorgen zudem für eine Disziplinierung. Unternehmen dürfen ihre Macht über das Inhalte- oder Softwareprojekt nicht ausreizen und müssen aus Eigeninteresse auf die Stimmung in der Community hören. Ansonsten kann es passieren, dass unzufriedene Communitys sich selbständig machen und eine Abspaltung des Projekts gründen (was etwa im Falle von LibreOffice passiert ist).

Unternehmen dieses speziellen Typus haben Open-Source-Geschäftsmodelle entwickelt (dazu detaillierter in Kapitel 4, S. 95 ff.). Sie erstellen die Software komplett allein, «inhouse», oder in Zusammenarbeit und im Austausch mit einer Community, die oft über pseudodemokratische Mechanismen eingebunden ist. Da die Software, die in diesem Rahmen entsteht, digitales Gemeingut und somit frei nutzbar ist, können sie keine Nutzungsgebühren verlangen. Stattdessen finanzieren sie sich über verwandte Dienstleistungen oder Zusatzprodukte.

Wichtige kommerzielle Projekte, ohne die die digitale Gegenwelt sehr viel ärmer wäre, sind unter anderem: die Blog- und Websoftware WordPress, das PC-Betriebssystem Linux Ubuntu, die Cloud-Software Nextcloud und die Analysesoftware Matomo.

Ubuntu und Canonical

Linux Debian wird von einem Community-Kollektiv ohne eigene Rechtsperson betrieben und ist technisch sehr anspruchsvoll. Das bei IT-Laien beliebteste System ist die Debian-Abspaltung Ubuntu. Und hinter Ubuntu steht ein Unternehmen, die 2004 von dem südafrikanischen Multimillionär Mark Shuttleworth gegründete Canonical Limited. Für Canonical arbeiten nach eigenen Angaben knapp 1000 Leute in mehr als 70 Ländern.[7]

Canonical hält die Markenrechte an Ubuntu und stellt das Betriebssystem unter einer freien Lizenz zur Verfügung. Federführend wird Ubuntu von Canonical-Angestellten entwickelt, zusammen mit einer aktiven weltweiten Community. Die arbeitet in 30 inhaltlichen Teams an der Entwicklung mit, meldet Software-Fehler und schlägt Lösungen vor, beantwortet User-Fragen auf Ubuntu-Foren und organisiert lokale Veranstaltungen.

Und es gibt etwa 200 lokale Ubuntu-Gruppen auf sechs Kontinenten. Vergleichbar mit dem Modell von Wikimedia vernetzen sich die lokalen Communitys teilweise über eigene Vereine, die von Canonical als offizielle nationale Chapter anerkannt sind. Die deutsche Community agiert unter dem Dach des Lüneburger Vereins «ubuntu Deutschland e. V.».

«Wohlwollender Diktator»

Die Verwaltungsstruktur des Projekts sieht zwei Gremien vor, an denen sich die Community beteiligen kann. Der User-Rat («Ubuntu Community Council») schlichtet Streit und überwacht die Einhaltung eines Verhaltenskodexes für die Mitarbeit in der Community. Im User-Rat sitzen acht Personen, unter anderem der Vorsitzende des deutschen Ubuntu-Chapters Torsten Franz.

Das aus sechs Personen bestehende technische Sachverständigengremium («Ubuntu Technical Board») entscheidet grundlegende Fragen zur Ausgestaltung von Ubuntu, unter anderem, welche Programme standardmäßig mit dem Betriebssystem mitgeliefert werden.

Als Leitungsorgan taucht auf einer Erklärseite auf Ubuntu.com[8] außerdem eine seltsam anmutende Buchstabenfolge auf: SABDFL, übersetzt mit «self-appointed benevolent dictator for life». Dieses Label eines «selbsternannten wohlwollenden Diktators auf Lebenszeit», mit dem sich auch andere Gurus der digitalen Gegenwelt gern selbstironisch schmücken, steht für den Ubuntu-Gründer Shuttleworth.

Dieser sitzt immer im Community Council und im Technical Board, und er spielt eine Schlüsselrolle bei den Wahlen, die man am ehesten als vordemokratisch bezeichnen könnte: Alle Community-Mitglieder können Kandidat*innen ins Gespräch bringen und über die Besetzung der beiden Gremien abstimmen. Wer auf der Shortlist landet und tatsächlich gewählt werden kann, entscheidet jedoch Shuttleworth. Und kommt es bei Abstimmungen zu einem Patt, hat er die ausschlaggebende Stimme.

WordPress und Automattic

Hinter dem Web- und Blogbaukasten WordPress, auf dem 43 Prozent aller Webseiten basieren,[9] steht die Firma Automattic, Inc. des Unternehmers Matthew Mullenweg. Dieser hatte die Software 2004 veröffentlicht. Ein Jahr später gründete er das in San Francisco beheimatete Unternehmen, das WordPress seitdem federführend entwickelt und 1800 Angestellte hat.

Die 2010 von Mullenweg außerdem gegründete Stiftung WordPress Foundation hält die Markenrechte an WordPress und unterstützt und sponsert die Aktivitäten der Community.

Eine formale Gremien-Ausdifferenzierung wie bei Ubuntu gibt es nicht, allerdings ebenfalls eine große Community. Diese besteht aus ehrenamtlichen Usern sowie Freelancern und Angestellter kleiner IT-Firmen und -Agenturen, die mit WordPress Geld verdienen, indem sie Blogs für Unternehmen einrichten oder kostenpflichtige Erweiterungen und Designvorlagen für WordPress anbieten. Unter make.wordpress.org listet das Projekt verschiedene Mitmach-Möglichkeiten auf, zu denen es jeweils Gruppen mit regelmäßigen Onlinetreffen gibt: Man kann am Softwarekern mitschreiben, bei Übersetzungen helfen, Erweiterungen entwickeln, Fragen in Foren beantworten oder Veranstaltungen organisieren. Es gibt weltweit mehr als ein Dutzend große Konferenzen, die «WordCamps» heißen. Hinzu kommen mehr als 700 wöchentlich oder monatlich stattfindende lokale Treffen, die sich über den «Do it yourself»-Veranstaltungsdienst Meetup organisieren.

Bei Ubuntu und bei WordPress scheint eine Quadratur des Kreises zu gelingen. Beide Projekte werden von einem Unternehmen mit mehreren hundert Angestellten geleitet, das die Gründer reich gemacht hat. Trotzdem – oder vielleicht gerade aufgrund dieser Strukturen – entstehen im Miteinander von kommerziellen Akteuren und ehrenamtlichen Communitys wichtige digitale Gemeingüter.

Nextcloud und Matomo

Im kleineren Maßstab ist das auch bei den Unternehmen hinter Nextcloud und Matomo der Fall. Beide Projekte bieten Alternativen zu den Daten-sammelnden Produkten der großen IT-Konzerne.

Mit Nextcloud kann man eine eigene kleine Cloud nach eigenen Regeln betreiben und so die Speicherdienste der großen US-Unternehmen umgehen. Hinter der Software steht die Stuttgarter Nextcloud GmbH.

Matomo ist eine Alternative zum datenhungrigen Analysedienst Google Analytics. Matomo ermöglicht es Webseiten-Betreiber*innen, Datenströme auszuwerten: Man kann sehen, wie oft welche Inhalte aufgerufen wurden, wo User grob herkommen und über welche Klickstrecken sie sich auf der Webseite bewegt haben. Betreibt man die Software selbst, bleiben die Daten vor Ort. Entwickelt wird Matomo vom neuseeländischen Unternehmen InnoCraft Ltd.

Bauchschmerzen mit Google

Und auch Google ist ein wichtiger Akteur in diesem Feld. Nicht nur, weil er über einen Deal jedes Jahr Hunderte Millionen US-Dollar an die Firefox-Organisationen Mozilla zahlt und über ein beliebten Stipendienprogramm regelmäßig Geld in Dutzende Projekte pumpt (siehe Kapitel 4, S. 89 f. und 93 f.), sondern weil das Unternehmen der Initiator von einem der am meisten verbreiteten freien Softwareprodukte ist, dem Android Open Source Project.

Jetzt scheint es völlig absurd zu werden, steht das Unternehmen Google doch prototypisch für alles, was in der kommerziellen Digitalwelt schiefläuft. Die Empörung über die Daten- und Markt-Macht dieses scheinbar allmächtigen Konzerns treibt viele Beteiligte der digitalen Gegenwelt um. Legt man aber die Minimaldefinition der digitalen Gegenwelt zugrunde, dass Gemeingüter entstehen, deren Status durch freie Lizenzen abgesichert ist, muss Android dazugezählt werden – so schwer es fällt.

Das Android Open Source Project (AOSP) steht unter einer freien Lizenz und basiert auf dem Softwarekern des Betriebssystem-Projekts Linux. Das ursprünglich im Jahr 2007 vorgestellte Konzept sah vor, dass AOSP von einem Firmenkonsortium namens Open Handset Alliance entwickelt wird, in dem Unternehmen der globalen Technologiebranche sitzen. Es stellte sich aber bald heraus, dass das Projekt weit von partizipativen Strukturen entfernt ist.

Google hält die Markenrechte am Begriff Android. Bekannt ist, dass Google die meiste (vielleicht sogar so gut wie alle) Entwicklungsarbeit leistet. Und die Open Handset Alliance ist noch nicht einmal eine eigenständige Rechtsperson.

Das von Google auf Basis der AOSP-Software entwickelte Android ist das mit Abstand meistgenutzte Smartphone-Betriebssystem der Welt und eine der Machtsäulen des Konzerns. Die Grundversion des Betriebssystems ist zwar freie Software und kann unabhängig von Google genutzt werden. Kauft man im Handel ein Android-Smartphone, ist Google jedoch stets mit im Spiel. Das Unternehmen hat das Android Open Source Project so geschickt konstruiert, dass die meisten großen Smartphone-Hersteller – trotz freier Lizenzen – Verträge mit Google abschließen und sich den Regeln des Unternehmens beugen, weil sie zusätzliche Softwareelemente benötigen, die nicht frei sind.

Ein eigener Zweig der digitalen Gegenwelt arbeitet daran, das Betriebssystem aus den Klauen des billionenschweren Konzerns zu «befreien» und funktionierende Android-Versionen anzubieten, die ohne Google auskommen.

Mini- und Einzel-Unternehmen

Auf der anderen Seite der Größenskala befinden sich Ein-Personen- und Kleinst-Unternehmen, die ebenfalls freie Software bereitstellen.

Der Anbieter von Cryptomator etwa ist die Bonner Skymatic GmbH, ein Gemeinschaftsunternehmen von drei Personen. Die Software ermöglicht es, Dateien lokal auf dem eigenen Rechner zu verschlüsseln, bevor man sie zu großen kommerziellen Cloud-Diensten wie Dropbox schickt.

Die Haupt-Software, das Cryptomator-Programm für PC, ist digitales Gemeingut und kann frei genutzt werden. Die Cryptomator-Apps für eine Nutzung auf dem Smartphone sowie weiter gehende Dienstleistungen im Zusammenhang mit der Cryptomator-Software sind kostenpflichtig.

Typologie: Organisationsformen der digitalen Gegenwelt

Communitys mit ihren informellen Zusammenschlüssen von Menschen, formale Organisation sowie ein besonderer Typus Unternehmen – das sind die Säulen der digitalen Gegenwelt. Mal besteht ein Projekt nur aus einer Säule, mal aus Mischformen.

(A) Ein-Personen-Projekt

Bei einigen wenigen Projekten erledigt sich die Frage, wie Entscheidungsbefugnisse verteilt werden. Eine Person, die das Projekt gegründet oder ein brachliegendes Projekt übernommen hat, macht alles oder klar die Hauptarbeit. Sie ist quasi die Community. Eventuell gibt es zusätzlich eine kleine Gemeinschaft am Rande, die gelegentlich an der Software mitschreibt, Erweiterungen entwickelt oder nichttechnische Aufgaben wie Übersetzungen übernimmt. Manchmal haben diese Projekte keinerlei Rechtsform, manchmal entstehen sie im Rahmen eines Ein-Personen-Unternehmens, das nicht mehr macht, als eine Rechtsperson als formalen Rahmen bereitzustellen. Die Gründer*innen des Unternehmens verdienen ihr Geld mit anderen IT-Dienstleistungen oder -Produkten, die gar nicht oder nur peripher mit dem jeweiligen Projekt zu tun haben.

Beispiele für Ein-Personen-Projekte sind die ÖPNV-App Öffi des Berliner Entwicklers Andreas Schildbach, der Passwortmanager KeePass von Dominik Reichl, der im Umfeld von Stuttgart wohnt, die Werbeblocker-Erweiterung des Kanadiers Raymond Hill oder das PC-Verschlüsselungsprogramm VeraCrypt, das der Pariser IT-Experte Mounir Idrassi über sein Unternehmen Idrix entwickelt. (Zu den meisten der bisher noch nicht im Text vorgestellten Projekte gibt es Kurzporträts im Anhang, s. S. 211 ff.)

(B) Community als Hauptakteur

Eine Handvoll bis mehr als tausend Menschen arbeiten gemeinsam an einem Projekt, das ohne eine eigene formale Organisation auskommt. Beispiele sind das Linux-Betriebssystem Debian, das Grafikprogramm GIMP, die Medienplattform Indymedia oder das anonyme, nur auf einem USB-Stick laufende Linux-Betriebssystems Tails.

(C) Hybrid Community – Organisation

Einer Community steht eine formale Organisation mit Angestellten gegenüber. Beide Säulen tragen das Projekt gemeinsam. Meist gibt es eine klare Arbeitsteilung. Beispiele: Wikipedia (Wikimedia Foundation), LibreOffice (The Document Foundation), Tor (The Tor Project) oder Freifunk (lokale Vereine wie Freifunk Rheinland e. V. oder Freifunk Chemnitz e. V.).

(D) Organisation als Hauptakteur

Bei diesem Modell basiert das Projekt ausschließlich oder überwiegend auf der Arbeit der Organisation. Jenseits dieser formalen Struktur gibt es keine nennenswerte Community, die auf Augenhöhe am Projekt mitwirkt. Beispiele: Signal (Signal Foundation), Firefox (Mozilla Foundation), Archive.org (eine digitale Bibliothek, die Webseiten archiviert und hinter der die US-Stiftung The Internet Archive steht).

(E) Hybrid Community – Unternehmen

Das digitale Gemeingut entsteht im Zusammenspiel eines klassischen Unternehmens und einer Community. Die Community ist – mehr oder weniger demokratisch – über Gremien eingebunden. Beispiele: Ubuntu (Canonical), Fedora (ein anderes kommerzielles Linux-Betriebssystem, hinter dem maßgeblich das IBM-Tochterunternehmen Red Hat, Inc. steht), openSUSE (noch ein Linux-Betriebssystem, gegründet und betrieben von der Nürnberger SUSE Software Solutions Germany GmbH), Wikitravel (ein werbefinanzierter Reiseführer des US-Unternehmens Internet Brands, bei dem User Inhalte unter einer freien Lizenz erstellen).

(F) Unternehmen als Hauptakteur

Das Unternehmen *ist* das Projekt. Es gibt keine nennenswerte, von außen erkennbare Einbindung einer externen Community, höchstens in Form von unabhängigen Software-Abspaltungen. Beispiele: das Android Open Source Project (Google), Chromium (ein weiteres Open-Source-Projekt von Google, auf dessen Basis das Unternehmen den nicht freien Browser Chrome entwickelt) oder die Cloud-Verschlüsselung Cryptomator der Bonner Skymatic GmbH.

Firefox

Der freie Internet-Browser

Seit Jahrzehnten ist Firefox ein verlässlicher Begleiter bei Entdeckungstouren durchs World Wide Web. Zum weltgrößten IT-Giganten hat der Browser traditionell ein sehr spezielles Verhältnis.

Das Internet ist gewaltig. Mehr als 17 Millionen Webadressen enthält allein die Internetendung .de. In diesem digitalen Wunderwald steht man nie still. Mit einem Browser springt man, über Links, von Webseite zu Webseite und unternimmt Datenreisen über Kontinente und Filterblasen hinweg.

Diesen wichtigen Markt dominiert Google mit seinem Browser Chrome. Daneben gibt es Safari von Apple und Microsoft Edge von Microsoft. Bei diesen kommerziellen Programmen ist nie klar, ob sie nur Vermittler zwischen dem eigenen Gerät und der aufgerufenen Webseite sind oder ob sie Informationen über das eigene Surfverhalten auch an den Browseranbieter schicken.

Firefox ist eine nichtkommerzielle Open-Source-Alternative.

Ruft man eine Webadresse auf, bastelt Firefox in Millisekunden eine Webseite zusammen. Wie andere Browser kann Firefox klassische Inhalte-Seiten darstellen, beherrscht aber auch Video- und Audiotelefonie.

In das Adressfeld hat Firefox eine Suchmaschine integriert. Gibt man in die Adresszeile des Browsers einen Begriff ein und klickt Enter, öffnet sich automatisch die Trefferliste von Google. In fast allen Ländern der Welt ist Google die voreingestellte Standardsuchmaschine.

Über Erweiterungen kann man dem Programm weitere Funktionen hinzufügen. Mit diesen «Add-ons» kann man beispielsweise standardmäßig die Darstellung von Webseiten verändern, Hintergrund-Datenströme blockieren oder Inhalte mit einem Klick übersetzen lassen. Für Firefox auf PC gibt es

33 000 Erweiterungen. Für Firefox auf Android sind 18 Add-ons verfügbar, für Firefox auf iOS gar keine.

Daten-Schattenseiten

Wie bei Signal ist auch die Datenschutz-Bilanz von Firefox gemischt. Die Integration von Google als Standardsuchmaschine sorgt dafür, dass während der Nutzung massenhaft Daten bei dem Unternehmen landen. Nicht nur, wenn man sich bewusst dafür entscheidet. Wenn man eine Webadresse eingibt, sieht man während des Tippens «automatische Suchvorschläge». Der Firefox-Browser interpretiert alle Eingaben – bis zum ersten Punkt – als potenziellen Suchbegriff und leitet sie an Google weiter.

Auch die praktischen Erweiterungen können eine Sicherheitslücke sein. Vielen Add-ons muss man bei der Installation die Berechtigung erteilen, die Adressen der besuchten Webseiten sowie dort vorgenommene Eingaben zu sehen. Die meisten dieser Mini-Programme werden von Unternehmen angeboten. Es besteht deshalb stets die Gefahr, dass über Erweiterungen unkontrolliert Daten abfließen.

Überlebender des Browserkriegs

Firefox ist gleichermaßen ein Urgestein des kommerziellen wie des nichtkommerziellen Internets. Das Projekt entstand auf den Trümmern des «Browserkriegs» der 1990er Jahre: Der Netscape Navigator war einer der ersten kommerziellen Browser und kurze Zeit sehr erfolgreich. Ende 1995 lag der weltweite Marktanteil der damaligen Bezahl-Software bei fast 80 Prozent.

Der Fall kam allerdings schnell. Der IT-Konzern Microsoft brachte ein kostenloses Konkurrenzprodukt auf den Markt; der Internet Explorer lief ab 1996 vorinstalliert auf allen Windows-Betriebssystemen. Wer brauchte da noch den Netscape-Browser? Das Unternehmen Netscape Communications schrieb plötzlich Verluste und musste Mitarbeiter*innen entlassen.

Das Management entschied sich für eine zu der Zeit abenteuerliche Strategie. Der zuvor geheim gehaltene Quellcode wurde unter einer Open-Source-Lizenz freigegeben. Das Unternehmen lud eine weltweite Community ein, auf Basis der bisherigen Netscape-Software einen neuen, nichtkommerziellen Browser zu entwickeln, damit Microsoft der Markt nicht vollends überlassen wird. Auf Basis der so entstehenden Software wollte das Unternehmen den Netscape Navigator als nicht freies, eigenständiges Produkt weiterführen.

Anfang 1998 ging Mozilla.org online, als Arbeits- und Kommunikationsplattform für das Open-Source-Projekt. Ende des Jahres kaufte AOL, der damals größte Internetdienste-Anbieter, Netscape Communications auf und übergab die weitere Entwicklung des freien Browsers einer Stiftung. Die am 15. Juli 2003 gegründete Mozilla Foundation erhielt von AOL eine Anschubfinanzierung in Höhe von zwei Millionen US-Dollar. Anderthalb Jahre später, am 9. November 2004, war die erste Version des neuen Browsers fertig, der Firefox-Browser war geboren.

Digitaler Organisationskoloss

Die Mozilla Foundation mit Sitz in San Francisco ist die mit Abstand größte Netz-Organisation. Sie hatte Ende 2021 850 Angestellte.

Anders als bei Wikipedia spielt die Community eine marginale Rolle. Die eigentliche Software-Arbeit geschieht innerhalb einer Stiftungstochter, der Mozilla Corporation. Und die Community ist kaum in die Strukturen der Stiftung eingebunden. Das oberste Machtgremium der Foundation ist das siebenköpfige Board of Directors, das sich selbst wählt.

Zur Mozilla-Familie gehört neben Firefox das E-Mail-Programm Thunderbird. Das Projekt verfügt über eigene, aktive Community-Strukturen und untersteht einer separaten Stiftungstochter, der MZLA Technologies Corporation. Ein Plan für ein drittes großes Familienmitglied war kläglich gescheitert. 2012 versuchte sich Mozilla an einem eigenen Smartphone-Betriebssystem namens Firefox OS, das 2017 wieder eingestellt wurde.

In den letzten Jahren hat Mozilla verschiedene kleinere Produkte eingeführt, die teils werbefinanziert und teils kostenpflichtig sind. Pocket, ein von Mozilla aufgekauftes Start-up, ermöglicht es, in einer eigenständigen App oder über eine Browser-Erweiterung Artikel für ein späteres Lesen abzuspeichern und sich kuratierte Lesevorschläge anzeigen zu lassen.

Mozilla VPN ist ein zentralisierter Anonymisierungsdienst, eine Kooperation mit dem schwedischen Unternehmen Mullvad. Mithilfe des Diensts Firefox Relay kann man die eigene E-Mail-Adresse verschleiern, indem man von Mozilla bereitgestellte Alias-Adressen nutzt. Für dieses Produkt arbeitet Mozilla mit dem Cloud-Dienst Amazon zusammen.

Geldmassen von Google

Mozilla ist nicht nur der größte, sondern auch der ressourcenstärkste nichtkommerzielle Vertreter der digitalen Gegenwelt. Laut des letzten verfügbaren Finanzberichts hatte die Foundation im Jahr 2021 ein Guthaben von 1,1 Milliarden und Einnahmen von etwa 600 Millionen US-Dollar.[10]

530 Millionen stammten aus Such-Deals, vor allem aus Verträgen mit Google. Von 2005 bis 2014 war und von 2017 bis heute (2023) ist Google die Firefox-Standard-Suchmaschine in den meisten Ländern der Welt. Die Zahlungen von Google sind kontinuierlich gestiegen, von 50 Millionen im Jahr 2005 auf geschätzte 400 bis 450 Millionen jährlich im aktuellen Vertragszeitraum von 2020 bis Ende 2023. Wie es danach weiter-

geht, steht noch nicht fest. Auch mit anderen Suchmaschinen wie Bing, DuckduckGo, Ecosia oder Baidu (in China) bestehen Suchpartnerschaften. Eine jahrelange Suchpartnerschaft mit dem russischen Yandex hat Mozilla im Februar 2022 beendet.

In bescheidenem Rahmen hat Mozilla auch andere wachsende Einnahmen. 75 Millionen subsummiert der Firefox-Jahresbericht unter der Kategorie Werbe- und Aboeinnahmen.[11] Über das Tochterprojekt Pocket können Unternehmen im Browser Werbung schalten. Die wird angezeigt, wenn Firefox neu startet oder wenn man ein neues, noch leeres Fenster öffnet. In einer Kachelübersicht sieht man neben redaktionell ausgewählten Artikelempfehlungen auch bezahlte Werbelinks. Und es gibt Aboeinnahmen: Der Anonymisierungsdienst Mozilla VPN kostet monatlich 4,99 Euro. Pocket kann man kostenlos nutzen oder in einer erweiterten, werbefreien Version für monatlich 3,50 Euro. Auch bei Firefox Relay gibt es eine kostenlose und eine erweiterte Version (0,99 Euro pro Monat).

Im Zangengriff von Google

Firefox ist eine Erfolgsgeschichte mit tragischen Elementen. Der kommerzielle Vorläufer Netscape scheiterte erst brutal an Microsoft. In verwandelter, nichtkommerzieller Form schaffte das Softwareprojekt es dann doch, dem damaligen Technologieplatzhirsch Konkurrenz zu machen. In seinen Spitzenzeiten Ende 2009 hatte Firefox einen weltweiten Marktanteil von 32 Prozent erreicht, in Deutschland waren es Ende 2010 sogar 62 Prozent.

Seitdem aber ist es kontinuierlich bergab gegangen. Im Juli 2023 kam Firefox nur noch auf einen weltweiten Anteil am Browsermarkt von mageren 2,8 Prozent.[12] Vor allem hat Firefox Jahr für Jahr Anteile an Google und dessen Browser Chrome verloren. Und genau dieses Unternehmen, das Firefox seit Jahren User abspenstig macht, ist gleichzeitig der wichtigste Geldgeber, dem das Projekt als Vertriebspartner im Gegenzug massenhaft Daten und Nutzer*innen liefert.

Mitmachen:

Auf mozilla.org/de/firefox/browsers kann man die PC-Version des Browsers herunterladen und findet die Links zu den Smartphone-Apps.

OpenStreetMap

Die Weltkarte von allen für alle

OpenStreetMap ist ein Wikipedia für Karten. Eine globale Community bildet auf diesem Projekt die Welt ab, mitunter mit überraschend vielen Details.

Google gibt nicht nur bei Suchmaschinen, Browsern, Videoplattformen und Smartphone-Betriebssystemen den Ton an, sondern dominiert auch den Kartenmarkt. Wer den aktuellen Standort nachschlagen, von A nach B gelangen oder die Umgebung erkunden will, nutzt dafür meist Google Maps. Bei OpenStreet Map entsteht eine nichtkommerzielle Weltkarte, die alle mitgestalten können.

Schlägt man einen Ort nach, baut sich auf openstreetmap.org eine Karte in Pastellfarben auf. Technisch gesehen ist OpenStreetMap eine Datenbank mit Ortsinformationen. Alles ist ein «Objekt» mit einer vom System erzeugten Nummer, sei es eine Straße, ein See, Café, Denkmal, Baum, Fahrradständer, Hydrant oder der Reichstag. Mit diesen Objekten sind Zusatzinformationen verknüpft, das können Hausnummern sein, Öffnungszeiten, die Verfügbarkeit von WLAN oder die Art und geschätzte Höhe eines Baums.

Anders als beim anderen großen Content-Projekt Wikipedia läuft der Zugang zu den Inhalten oft nicht über die eigentliche Projektwebseite. Verschiedene externe Unternehmen oder nichtkommerzielle Dienste verwenden die freien Daten für eigene Zwecke. Webseiten von öffentlichen Einrichtungen blenden für Anfahrtsskizzen Karten von OpenStreetMap statt von Google Maps ein. Der Navigationsdienst TomTom nutzt OpenStreetMap als Quelle, ebenso Apple in einigen Ländern für seinen Kartendienst Maps oder die Fahrradtouren-App Komoot. Und OpenStreetMap ist die Basis für verschiedene nichtkommerzielle Spezialkarten-Initiativen. Wheelmap.org etwa trägt Informationen zur Barrierefreiheit von Orten zusammen, und openstreetmap.org stellt Umweltdaten bereit.

Luftbilder, Satellitensignale und lokales Wissen

Das Kartenmaterial speist sich aus drei Quellen. Das Grundgerüst – der Verlauf von Straßen sowie die Umrisse von Gebäuden – stammt oft aus Luftbildern, die Unternehmen oder Behörden zur Verfügung stellen. OpenStreetMap kann Luftbilder vom Microsoft-Dienst Bing nutzen sowie schlecht auflösendes Material eines Erdbeobachtungssatelliten der NASA. In Österreich hat der Staat offizielle Luftbilder zur Nutzung freigegeben. In Deutschland ist die Situation je nach Bundesland unterschiedlich. In Bayern sind staatliche Luftbilder mit niedriger Auflösung, in Hamburg und Sachsen mit hoher Auflösung verfügbar, in anderen Bundesländern gibt es diese Möglichkeit gar nicht.

Eine zweite Quelle sind GPS-Spuren auf Basis metergenauer Satellitensignale. Zu Fuß oder per Fahrrad, ausgestattet mit einem eigenständigen GPS-Gerät oder einem GPS-fähigen Smartphone, werden noch lückenhaft kartierte Gegenden erschlossen. Die Geräte speichern ab, wo die Community-Mitglieder entlanglaufen oder -fahren; so lassen sich Straßenverläufe nachzeichnen.

Steht das Grundgerüst einer lokalen Karte, kommen drittens Detailinformationen hinzu. Man trägt Hausnummern ein, die Namen von Geschäften oder die Öffnungszeiten von Bibliotheken und Museen.

In den Anfangszeiten des Projekts haben sich lokale Communitys oft zu «Mapping Partys» verabredet: Die jeweilige Gruppe teilte sich eine Region auf und lief oder fuhr sie per Fahrrad ab, um Lücken Stück für Stück zu füllen. Anders als bei den sonstigen Projekten der digitalen Gegenwelt besteht die Community-Arbeit in hohem Maße darin, dass man den Platz vor dem heimischen Rechner verlässt und in die Welt hinausgeht. Die Informationen, die man dabei sammelt, überträgt man dann zu Hause in die Datenbank des Projekts.

Etwa 30 Prozent der Bearbeitungen werden per Browser auf openstreetmap.org eingepflegt: Straßen legt man als Linien an, die Umrisse von Gebäuden als Flächen und Einzelelemente wie Fahrradständer als Punkte. Diese Objekte benennt und typologisiert man und gibt beispielsweise an, ob es sich bei einem Gebäude um ein Wohnhaus, eine Kirche oder eine Cocktail-Bar handelt. Eventuell fügt man noch Detail-Eigenschaften wie Öffnungszeiten hinzu.

60 Prozent der Edits landen über ein externes Programm im Datenpool des Projekts, dem PC-Programm JOSM.[13] Man lädt sich den OpenStreetMap-Kartenausschnitt, den man bearbeiten will, herunter und zieht ihn ins Programm. Dort kann man sich Luftbilder oder selbst erzeugte GPS-Spuren über den Kartenausschnitt legen und auf dieser Vorlage das bestehende Kartenmaterial ergänzen und Objekte bearbeiten.

Etwa 40 000 User machen pro Monat mindestens eine Bearbeitung. Eine große Rolle spielen lokale Gruppen, in denen über das Kartenmaterial vor Ort diskutiert wird. Das Projekt-Wiki listet 29 aktive deutsche Stammtische auf.

OpenStreetMap kennt kaum Hierarchien: Sobald man ein Profil angelegt hat, kann man die große Weltkarte bearbeiten, und die Bearbeitungen sind sofort sichtbar. Sie können allerdings auch von allen wieder rückgängig gemacht werden. Die einzige hierarchische Struktur ist die Data Working Group. Das selbst rekrutierte Gremium, in dem 21 Leute sitzen, wird bei Streitfällen aktiv; es kann finale Entscheidungen treffen und User sperren.

Das Wikipedia-Prinzip, auf Karten übertragen

Gegründet wurde OpenStreetMap im Jahr 2004 von Steve Coast, der gerade sein Informatikstudium an der Universität London abgeschlossen hatte. Der begeisterte Anhänger der Idee freien Wissens wunderte und ärgerte sich darüber, dass die britische Vermessungsbehörde ihre Karten nicht zur Nutzung freigab. Er fragte sich, ob nicht auch eine Karte über ein kollaboratives Prinzip als digitales Gemeingut entstehen könnte.

Das anfängliche Ziel war, Großbritannien zu kartieren. Lokale Gruppen zogen los, mit GPS-Geräten und Kartenmaterial der Vermessungsbehörde aus den 1940er Jahren, das sie ohne Bedenken nutzen konnten, da das Urheberrecht schon abgelaufen war. 2006 gründete Coast die Open Street Map Foundation im britischen Cambridge. Mit dem Projekt blieb er danach nur am Rande verbunden.

Ein Organisationswinzling

Die Wikimedia Foundation ist ein Koloss, die Mutterorganisation von OpenStreetMap hingegen ein Winzling. Im Frühjahr 2023 arbeiten drei Personen bezahlt für die OpenStreetMap Foundation.[14] Die Stiftung betreibt die Webseite openstreetmap.org mit der Datenbank für die Geodaten und erzeugt die benötigten Kartenausschnitte.

Die Foundation hat im Sommer 2023 etwa 2000 Mitglieder.[15] Mitglied kann man werden, wenn das eigene OpenStreetMap-Profil mindestens drei Monate alt ist und man insgesamt mindestens 21 Tage gemappt – also jeweils mindestens eine Bearbeitung vorgenommen – hat. Die Mitgliederversammlung wählt den Vorstand, in dem sieben Leute sitzen. Man kann insgesamt drei Mal hintereinander im Vorstand sein und bleibt jeweils für 18 Monate im Amt.

Daneben gibt es 40 Firmenmitglieder, in verschiedenen Stufen. Im Advisory Board, das den Vorstand berät, sitzen alle Platin- und Goldmitglieder sowie jeweils ein Entsandter jedes Länder-Chapters.

Auch das Budget ist minimalistisch. 2021 lagen die Einnahmen bei etwa 340 000 Euro. Drei Viertel der Gelder stammten aus Spenden, der Rest überwiegend aus Mitgliedsgebühren.[16]

Eine Mitgliedschaft kostet 15 Pfund pro Jahr. Wer besonders aktiv war und in den letzten 365 Tagen an mindestens 42 Tagen gemappt hat, kann auf Antrag von der Gebühr befreit werden, was etwa die Hälfte der Mitglieder in Anspruch nehmen. Daneben gibt es Firmenmitgliedschaften. «Platin»-Firmenmitglieder zahlen 50 000 Euro pro Jahr (der Karten- und Navigationsdienstleister TomTom ist das einzige Platinmitglied). «Supporter», die niedrigste Stufe, zahlen 500 Euro pro Jahr.

Wie bei Wikimedia gibt es auch bei OpenStreetMap formal eigenständige Länder-Organisationen, die die Community-Arbeit vor Ort unterstützen. 2015 entstand das erste lokale Chapter in Island, 2016 der Schweizer Landesverein und 2017 der in Deutschland. Das lokale deutsche Chapter ist der Berliner Verein Fossgis e. V.

Technologie aus der Community

Viel technologische Arbeit passiert außerhalb der Foundation. Navigationsdienste und größere Webseiten, die mit OpenStreetMap-Daten arbeiten, erzeugen die Kartenausschnitte auf Basis der Geodatenbank meist selbst oder beauftragen dafür Dienstleister aus dem Ökosystem des Projekts. Und JOSM, das wichtigste Programm zur Bearbeitung der Weltkarte, ist ein unabhängiges Projekt aus der deutschen OpenStreetMap-Community. Die Stiftung betreibt noch nicht einmal eine eigene Smartphone-App. Will man eine App mit OpenStreetMap-Daten für mobile Navigation und Routenplanung nutzen, muss man auf externe Entwicklungen zurückgreifen.

In der digitalen Gegenwelt häufig genutzt wird zum einen die werbefreie App OsmAnd des niederländischen Unternehmens OsmAnd B. V., die ein «Freemium»-Modell hat: In der kostenlosen Version hat man nur Zugriff auf eine beschränkte Anzahl regionaler Karten, für die Premium-Version mit unbeschränktem Zugriff muss man zahlen. Im alternativen Appstore F-Droid können Android-User die Premium-Version allerdings kostenlos beziehen. Beliebt ist auch Organic Maps, eine werbefreie Community-Abspaltung der erfolgreichen werbefinanzierten App Maps.me.

Weltkarte im Wikipedia-Stil

Knapp zwei Millionen Menschen haben mittlerweile an OpenStreetMap mitgearbeitet und mehr als acht Milliarden einzelne «Objekte» mit Ortsdaten angelegt.[17] Etwa 40 000 User fügen jeden Monat Änderungen hinzu. Nicht alle Regionen der Welt sind gleichermaßen detailliert abgebildet, die großen Städte in den meisten Teilen Europas hingegen sehr gut.

Lässt sich das Wikipedia- und das Linux-Prinzip auf Karten übertragen? Das hatte sich der britische Student Steve Coast vor etwa 20 Jahren gefragt. Und es hat tatsächlich funktioniert.

Mitmachen:

Zugriff auf das Kartenmaterial erhält man gleichermaßen auf openstreetmap.org und openstreetmap.de. Klickt man oberhalb eines Kartenausschnitts auf «Bearbeiten», kann man die Karte ergänzen. Das ist allerdings nur möglich, wenn man mit dem PC-Browser auf OpenStreetMap zugreift. Die in der digitalen Gegenwelt beliebten OpenStreetMap-Apps findet man unter osmand.net und organicmaps.app. Einen niedrigschwelligen Einstieg in die Mitarbeit am Kartenprojekt erlaubt die Android-App «Street Complete», die spielerisch dazu auffordert, das Kartenmaterial der unmittelbaren Umgebung zu ergänzen (streetcomplete.app).

4

Die Ökonomie der digitalen Gegenwelt

Ganz ohne Geld geht es nicht

The same procedure as every year: Besucht man Wikipedia in den letzten zwei Monaten eines Jahres, baut sich am oberen Rand des Bildschirms ein animiertes Banner auf. Die Online-Enzyklopädie bittet um Spenden: «Vielleicht kommen wir gerade ungelegen, aber dennoch: Klicken Sie bitte nicht weg! Am heutigen Tag bitten wir Sie bescheiden, die Unabhängigkeit von Wikipedia zu sichern.»

In der digitalen Gegenwelt dominiert der Geist der Nichtkommerzialität. Längst nicht alles entsteht jedoch komplett in der Freizeit. Viele Projekte beschäftigen in unterschiedlichem Ausmaße Personal und benötigen regelmäßige Einnahmen.

Eine kleine App oder eine Browsererweiterung kann man als Freizeitprojekt betreiben. Bei Anwendungen, denen Millionen User ihre Sicherheit anvertrauen, etwa bei einem Internetbrowser wie Firefox oder einem Smartphone-Messenger wie Signal, ist es gut, wenn es zumindest einen Grundstock an Leuten gibt, die bezahlt verlässlich an der Software arbeiten. Und zumindest muss Geld für den Betrieb der Webseite da sein, auf der man die Software herunterlädt oder die erstellten Inhalte konsumiert. Wikipedia verzeichnet pro Monat mehr als zehn Milliarden Aufrufe, die teuren Datenverkehr erzeugen und große Rechenzentren erfordern.

Die Stiftungen hinter Wikipedia und Firefox haben jeweils mehrere hundert Angestellte, bei Signal sind es 35, bei der Anonymisierungssoftware Tor 22.[1] Dass mitunter viel Geld im Spiel ist, zeigt ein Blick auf die Gehälter des Führungspersonals der größeren Projekte. Spitzenverdienerin ist Mitchell Baker. Die Vorstandsvorsitzende und operative Chefin der Firefox-Mutter Mozilla verdiente im Jahr 2021 5,6 Millionen US-Dollar. Der bei der Linux Foundation angestellte Linus Torvalds, einer der beiden Väter des Betriebssystems Linux, kam 2019 auf 1,6 Millionen. Der Signal-Gründer Moxie Marlinspike verdiente 2020 etwa 600 000 US-Dollar, die damalige Geschäftsführerin der Wikimedia Foundation Katherine Maher kam auf 800 000 US-Dollar.[2]

Wie finanziert die digitale Gegenwelt ihre Arbeit? Oft dominiert ein Modell. Und manchmal ist erst bei genauem Hinsehen erkennbar, dass längst nicht alles so ehrenamtlich geschieht, wie es scheint. Diese ökonomischen Typen lassen sich, bei aller Vielfalt der Projekte, häufig beobachten:

Spendenfinanzierung

Das magische Banner

Die Wikimedia Foundation hat etwa 700 Mitarbeiter*innen,[3] das deutsche Länder-Chapter, der Verein Wikimedia Deutschland e. V., etwa 160 Angestellte.[4]

Das große Content-Projekt finanziert sich zum größten Teil über Spenden, vor allem über dieses eine Banner, das Wikipedia-Besuche im November und Dezember jedes Jahres begleitet. Die Foundation organisiert für die meisten Länder zentral die Spendenkampagne. 2022 sammelte die Stiftung auf die Art 165 Millionen US-Dollar ein.

Der deutsche Wikimedia-Verein betreibt eine eigene Kampagne. Jedes Jahr wird ein neues Spendenziel ausgerufen, das stets ein bisschen höher liegt als im Vorjahr. 2021 waren es 9,2 und 2020 8,7 Millionen Euro. 2022 kamen 9,4 Millionen Euro von 360 000 Einzelspender*innen zusammen. Das Banner ist stets so lange zu sehen, bis das Ziel erreicht ist. Die deutsche Kampagne im Jahr 2022 lief vom 3. November bis zum 30. Dezember.

Till Mletzko leitet das deutsche Fundraising. Dass Wikipedia so erfolgreich beim Spendensammeln ist, habe natürlich mit der Beliebtheit des Projekts zu tun, meint Mletzko. Die User würden gern etwas zurückgeben wollen: «Wissen und der Zugang zu Wissen ist etwas, was sie unterstützen und erhalten möchten. Viele finden es gut, dass es im Internet einen Ort gibt, der nicht von kommerziellen Interessen geprägt, sondern gemeinnützig orientiert ist.»

Die heiße Phase des Fundraisings beginnt schon im Sommer jedes Jahres. Mletzko und sein Team wenden Methoden an, die man ansonsten aus dem klassischen Onlinemarketing kennt, wenn ein «Werbemittel» optimiert wird, damit es möglichst viele Einnahmen einspielt. Auch dieses eine magische Banner, dem Wikipedia seine stabile Finanzsituation verdankt, soll so effektiv wie möglich sein. Die Maßzahl für die Effektivität lautet: Spende pro Impression, also pro Einblendung des Spendenbanners. 2022 lag der Wert bei 0,01 Prozent.

Schon ab Juli 2022 haben 2 bis 5 Prozent der deutschen Wikipedia-User einen Prototyp des Spendenbanners zu sehen bekommen. Wikimedia Deutschland führt jedes Jahr aufs Neue A/B-Tests durch. Dabei wird in jedem Testlauf ein Detail verändert. Man spielt mit der Bannergröße oder probiert aus, wie sich eine andere Farbe oder eine neue Formulierung auf die Spendenquote auswirkt. Im Laufe der Jahre hat sich in solchen Tests beispielsweise gezeigt, dass die reine Nennung des Landes zu einer elfprozentigen Steigerung der Spenden geführt hat. Deshalb richtet sich das Banner in der Überschrift «An alle, die Wikipedia in Deutschland nutzen». 2022 haben Mletzko und sein Team 58 solcher Testläufe durchgespielt.

Manchmal stellen sich Thesen auch überraschend als falsch heraus, wie der ehemalige Geschäftsführer von Wikimedia Deutschland Pavel Richter in seinem Buch *Die Wikipedia-Story* schreibt. [5] Bis 2013 hatte man sich an der im Onlinemarketing beliebten «Social Proof»-These orientiert, nach der Menschen sich gern so verhalten, wie andere vor ihnen. Deswegen hatte es bis dahin im Banner geheißen: «... schon 200 000 Menschen haben bisher gespendet». Mletzko und sein Team veränderten die Formulierung und machten aus dem stolzen «schon» ein vorwurfsvolles «aber nur». Dank dieser minimalen Anpassung stieg die Spendenquote um 22 Prozent.

Die Bannerkampagne ergänzt das Fundraising-Team mit Direktmarketing: Menschen, die in der Vergangenheit gespendet haben und die Erlaubnis gaben, sie wieder zu kontaktieren, werden per Mail oder Post nach einer erneuten Spende oder der Einrichtung einer Dauerspende gefragt. Die gesamten Spendeneinnahmen des Vereins im Jahr 2022 betrugen 14,7 Millionen Euro.

Die Spendengelder nimmt die gemeinnützige Wikimedia Fördergesellschaft mbH entgegen, eine Tochter des Vereins. Den Großteil der Gelder überweist die Fördergesellschaft an die Foundation und den Rest an den Verein, der dann wiederum einen kleineren Betrag in Form von Projektförderung von der Wikimedia Foundation erhält.

Der Verein nutzt die Zeit der Bannerkampagne außerdem, um für eine Mitgliedschaft bei Wikimedia Deutschland zu werben. Im Frühjahr 2023 hatte der Verein knapp 110 000 Mitglieder, die einen jährlichen Mindestbeitrag von 24 Euro bezahlen. 97 Prozent davon sind Fördermitglieder ohne Stimmrecht auf Mitgliederversammlungen, die den Verein auf diese Art dauerhaft finanziell unterstützen. 2022 hat der Verein 5,1 Millionen Euro aus Mitgliedsbeiträgen eingenommen.

Kein anderes Projekt der digitalen Gegenwelt kann sich annähernd so gut wie Wikipedia direkt über seine User finanzieren.

Gelder vom Staat

Die Fördertöpfe des US-Staates

Eine Finanzierung über Spenden oder Mitgliedsbeiträge ist das naheliegendste ökonomische Modell. Und auch das unproblematischste. Wenn es nicht die Nutzer*innen sind, muss eine dritte Partei Geld zur Verfügung stellen. Dann besteht allerdings die Gefahr, dass diese Partei in eine problematische Machtposition kommt, Entwicklungsschwerpunkte beeinflussen oder Praktiken erzwingen kann, die nicht zu den Werten der digitalen Gegenwelt passen.

Einer der größten Fans der Anonymisierungstechnologie Tor, auf der auch das bekannteste Darknet basiert, ist der Whistleblower

Edward Snowden. Tor hatte ihm dabei geholfen, unerkannt zu bleiben, während er interne Dokumente der NSA sammelte, an einen Journalisten schickte und im Jahr 2013 die NSA-Affäre auslöste.

Für viele Menschen ist Tor eine dissidente, fast antistaatliche Technologie – dafür da, Datensammelei und Überwachung auszuhebeln, vor allem die durch den größten Überwacher der Welt, die US-Regierung. Wahrnehmung und Realität könnten allerdings kaum weiter auseinander liegen. Wenn Wikipedia ein Lehrbuchbeispiel für Spendenfinanzierung ist, ist Tor der Prototyp staatlicher Finanzierung. Tor war ursprünglich ein Forschungsprojekt des US-Militärs. Die Organisation Tor Project übernahm 2006 die weitere Entwicklung und finanziert sich seitdem allerdings zu durchschnittlich 61 Prozent über Fördertöpfe des US-Staates. In einigen Jahren lag der Anteil bei mehr als 80 Prozent und ist seitdem gesunken. 2021 waren es 38 Prozent.

Das ist eine der vielen Paradoxien der digitalen Gegenwelt. Eine der wichtigsten Geldgeber ist ein Staat, auf den viele Aktivist*innen ansonsten nicht gut zu sprechen sind.

Von 2007 bis 2021 hat der US-Staat etwa 26 Millionen US-Dollar in das Tor Project gesteckt.[6] Größter Geldgeber mit 8,5 Millionen US-Dollar ist das Außenministerium. Auf Platz zwei (7,3 Mio.) folgt die United States Agency for Global Media (USAGM). 6,9 Millionen kamen vom US-Militär und 2,5 Millionen von der National Science Foundation, einer mit staatlichen Mitteln ausgestatteten Forschungsförderung.

Open Technology Fund

Eine besondere Rolle in der digitalen Gegenwelt spielt der zweite Geldgeber, die United States Agency for Global Media. Diese Behörde für Auslandsrundfunk, die bis 2017 Broadcasting Board of Governors hieß, betreibt und finanziert staatliche Auslandssender: die mit der Deutschen Welle vergleichbare Voice of America sowie geographisch zugeschnittene Sender wie Radio Free Europe/Radio Liberty oder Radio Free Asia, die als Propagandakanäle im Namen von Demokratie und Freihandel Teile der Welt beschallen.

2012 hat die Behörde ihre Aktivitäten auch auf die Unterstützung von Technologie ausgeweitet und den Open Technology Fund (kurz: Open Tech Fund oder OTF) gegründet, als Behörden-Spin-off des USAGM-Senders Radio Free Asia. Seitdem ist der OTF zu einem der wichtigsten Geldgeber der nichtkommerziellen Digitalszene geworden. Im September 2019 kam es zu einer Art Ausgründung. Der Open Technoloy Fund wurde von einer Behörden-Tochter zu einer formal unabhängigen Non-Profit-Organisation, erhält seine Gelder aber weiterhin von der USAGM, und die Behörde behält über den OTF-Vorstand die Kontrolle.

Frei, freier, Internet Freedom

Die Technologieförderung des US-Staates steht unter der Überschrift «Internet Freedom». Unter dem Begriff Internetfreiheit verstehen die Communitys der digitalen Gegenwelt ein Internet, das frei von Zensur, staatlicher Überwachung und kommerzieller Durchleuchtung durch Daten-Konglomerate ist.

Die US-Regierung hingegen meint nur ein Drittel dieser Freiheiten, sie fördert Anti-Zensur-Technologien. Was schon in den 2000er Jahren unter George Bush begann, wurde 2010 zur offiziellen Staatsdoktrin. In dem Jahr hielt die damalige Außenministerin Hillary Clinton eine Rede mit dem Titel «Remarks on Internet Freedom».[7] Die Informationsnetzwerke des Internets seien zu einem Nervensystem des Planeten geworden, so Clinton in ihren «Anmerkungen zur Internetfreiheit». Dieses System sei in zunehmendem Maße gefährdet, weil Regierungen in Ländern wie China, Tunesien oder Usbekistan den freien Fluss von Informationen einschränkten. Die US-Regierung hingegen stehe für ein einziges großes Internet, in dem alle Menschen den gleichen Zugang zu Wissen und zu Ideen haben. Deshalb setze man sich für einen freien Cyberspace ein und unterstütze die Entwicklung von Werkzeugen, die dabei helfen, politisch motivierte Zensur zu umgehen.

Der Begriff «Internet Freedom» sorgt bei Aktivist*innen der digitalen Gegenwelt für Augenrollen. Sie wissen um dessen Janusköpfigkeit. Nach Meinung des US-Journalisten Yasha Levine ist, wie er in seinem Buch *Surveillance Valley* ausführt,[8] «Internet Freedom» eine «Soft Power»-Waffe des US-Staates im Kampf gegen unliebsame Regierungen, die oft Autokratien sind – ein Versuch, ihnen durch ein Wettrüsten von Zensur und Anti-Zensur das Leben schwer zu machen und so vielleicht Regimewechsel hervorzurufen.

Dagegen, dass eine Regierung Anti-Zensur-Werkzeuge fördert, kann man kaum etwas einwenden. Das Paradoxe ist: Im gleichen Maße, wie die Förderaktivitäten eine Dimension von Internetfreiheit voranbringen, nämlich den freien Zugang zum Internet, laufen sie anderen Dimensionen von Internetfreiheit zuwider. Sie befördern das Überwachungsprogramm des US-Staates sowie die großen kommerziellen Machtballungen.

In den meisten Ländern sind die Produkte von Konzernen wie Alphabet, Meta oder Amazon Marktführer in ihren jeweiligen Bereichen. Sie sind es nur dort nicht, wo sie mit Mitteln der Zensur ausgeschlossen werden. Wenn die von der US-Regierung geförderten «Internet Freedom»-Technologien Menschen in China, Iran oder Russland dabei helfen, Facebook.com, die Google-Suche, Instagram oder WhatsApp zu nutzen, ist das zum einen Industrieförderung. Mit der technologischen Brechstange wird heimischen Schlüsselunternehmen der Zutritt zu Märkten erzwungen, die ansonsten verschlossen wären. Zum anderen entstehen bei der Nutzung dieser Produkte geheimdienstlich spannende Daten von verfeindeten Ländern, die ansonsten mit aufwändigeren geheimdienstlichen Mitteln beschafft werden müssten. Die großen IT-Konzerne sind, wie man spätestens seit Snowden weiß, die wichtigsten Augen und Ohren des US-Sicherheitsapparats.

Wer bekommt das Geld?

Das wichtigste OTF-Förderinstrument ist der «Internet Freedom Fund». Man bewirbt sich mit einer Projektskizze. Ist der OTF prinzipiell interessiert, beschreibt man in einem detaillierteren Antrag, was man entwickeln will. Die übliche Laufzeit der Förderung liegt bei sechs bis zwölf Monaten, und die durchschnittliche Antragssumme beträgt zwischen 50 000 und 200 000 US-Dollar. In Ausnahmefällen sind bis zu 900 000 US-Dollar möglich. Prinzipiell betreibe man ungern eine Dauerfinanzierung, wie es im Handbuch auf der OTF-Webseite opentech.fund heißt,[9] sondern interessiere sich vor allem für Projekte, die noch nicht gefördert wurden.

Das Tor Project scheint die Ausnahme von der Regel zu sein. Laut einer Zusammenstellung auf opentech.fund hat die Organisation seit 2013 – seitdem wurden die USAGM-Gelder über den Open Tech Fund vergeben – 3,5 Millionen US-Dollar erhalten. Zudem wurde Tor indirekt unterstützt, indem der OTF immer wieder auch Projekte aus dem Tor-Ökosystem finanziert hat, die die Verschleierungstechnologie in andere Anwendungen eingebaut haben. Die iPhone-Tor-Browser-App OnionBrowser etwa erhielt 170 000 US-Dollar. Die Messenger-App Briar, bei der man über Darknet-Adressen kommuniziert, 360 000 US-Dollar. 450 000 US-Dollar gingen an die Software Globaleaks, mit der Medien Whistleblower-Postfächer im Tor-basierten Darknet einrichten können.[10]

In der Liste der geförderten Projekte findet man auch noch weitere Namen, die bei Hackern die Augen leuchten lassen. Die Gruppe um den Signal-Entwickler Moxie Marlinspike, die damals unter dem Namen «Open Whisper Systems» firmierte, hat in den Jahren 2013 bis 2016 etwa 3 Millionen erhalten. Das PC-Betriebssystem Qubes OS wurde mit 570 000 US-Dollar, die Messenger-App Delta-Chat mit 500 000 US-Dollar gefördert. 260 000 US-Dollar gingen an die Browsererweiterung Mailvelope, mit der man E-Mails direkt im Browser ver- und entschlüsseln kann, und 90 000 an die Android-Mail-App K-9 Mail.

Nicht alle, aber sehr viele Projekte drehen sich explizit um Internetzensur. Der OTF scheint mit der Gießkanne alles zu sponsern, was sich, egal wie, mit Zensur beschäftigt. Etwa 90 000 US-Dollar gingen an den MassBrowser, bei dem man einen Teil seines heimischen Internetzugangs als Brücke für Menschen in zensierten Weltregionen bereitstellt. Verschiedene Ansätze wurden gefördert, die Kommunikation auch dann ermöglichen wollen, wenn eine Regierung das Internet vor Ort komplett abstellt – indem sich Smartphones eigenständig miteinander verbinden. Und es gab Geld für diverse Projekte und Plattformen, die Internetzensur beobachten und analysieren. 1,7 Millionen gingen an die vom Tor Project aufgebaute Plattform OONI, die weltweit die Verfügbarkeit von Webseiten und Apps sowie die Effektivität von Zensurumgehungsmaßnahmen testet.

Neben direkter finanzieller Förderung versteht sich der Open Tech Fund auch als Rundum-Dienstleister. Das «Red Team Lab» des OTF finanziert Sicherheits-Audits: Projekte können sich auf Kosten des OTF von IT-Agenturen auf Sicherheitslücken überprüfen lassen. Das «Localization Lab»-Programm finanziert professionelle Übersetzungen.

Geheimtopf des US-Außenministeriums

Die OTF-Gelder stammen vom US-Kongress. Über den «Internet Freedom and Operations (INFO) Act»[11] hat der Kongress für 2023 124 Millionen US-Dollar freigegeben, als «Ermächtigung der Regierung der Vereinigten Staaten, die Freiheit des Internets in Ländern zu fördern und zu schützen, in denen die Informationsfreiheit bedroht ist.» Der USAGM hat das Gesetz 49 Millionen zugesprochen.

Auf seiner Webseite gibt der OTF transparent Auskunft, wer was bekommt. Beim zweiten staatlichen Fördertopf ist das anders. Auch das US-Außenministerium finanziert Technologie, über sein «Bureau of Democracy, Human Rights, and Labor» (DRL).

75 Millionen US-Dollar gehen laut «Internet Freedom and Operations (INFO) Act» im Jahr 2023 im Paket an das Außenministerium und die United States Agency for International Development (USAID), ohne dass diese Gelder weiter aufgeschlüsselt werden. Die USAID ist eine für Entwicklungszusammenarbeit zuständige Behörde, die in vielen Ländern Workshops und Bildungsveranstaltungen finanziert.

Das Bureau of Democracy, Human Rights, and Labor veröffentlicht regelmäßige Ausschreibungen, die beispielsweise «Request for Statements of Interest (RSOI): FY23 Internet Freedom Annual Program Statement Round 1» heißen.[12] Pro Projekt gibt es meist 500 000 bis drei Millionen US-Dollar, also deutlich mehr als beim OTF. Gefördert werden vor allem nichtkommerzielle Open-Source-Projekte.

Daneben gibt es spezifische Einzelausschreibungen, bei denen das Gewinnerprojekt meist zwischen 1 und 1,5 Millionen US-Dollar erhält.

Der Behörde gelingt ein dialektisches Kunststück: Sie schreibt den Projekten technologisch maximale Transparenz vor und agiert ihrerseits maximal intransparent. Wer in der Vergangenheit wie viel bekommen hat, lässt sich nirgendwo nachlesen. Eine Anfrage zu Details des DRL-Programms hat das US-Außenministerium nicht beantwortet. Diese Förderung nichtkommerzieller Technologie wird als Staatsgeheimnis behandelt.

Auch in den Berichten von Projekten der digitalen Gegenwelt findet man kaum Hinweise auf das Außenministerium als Geldgeber, mit Ausnahme des Tor Projects. Die in den Tor-Jahresberichten aufgelisteten DRL-Gelder summieren sich auf insgesamt 5,4 Millionen US-Dollar. Und auch das hyperanonyme Betriebssystem Tails, das sämtlichen Datenverkehr eines PCs über Tor leitet, erwähnt auf seiner Webseite eine Förderung. In den Jahren 2021 und 2022 hat das Projekt insgesamt 130 000 US-Dollar erhalten.[13]

Die meisten Projekte seien sehr zurückhaltend damit, die Förderung durch das DRL publik zu machen, meint Moritz Bartl, langjähriges aktives Mitglied der Tor-Community, einer der Gründer des deutschen Tor-Vereins Zwiebelfreunde und Gründer des Center for the Cultivation of Technology, einer gemeinnützigen GmbH, die kleinen Projekten beim Verwalten und Einwerben von Geldern hilft: «Viele Projekte sind da vorsichtig. Beim Open Tech Fund, der über eine Rundfunkbehörde Gelder erhält, fühlt man sich vielleicht wohler dabei, das öffentlich zu vertreten. Beim DRL hingegen ist das nun mal Geld vom US-Außenministerium.»

Einen Einblick in die Förderlogik erlaubt eine ältere Untersuchung, die das DLR in Auftrag gegeben hatte, weil einige Kongress-Abgeordnete sich besorgt gefragt hatten, ob die vom US-Staat geförderten Technologien nicht auch Kriminellen in die Hände spielen.

Die 2015 veröffentlichte Studie «Internet Freedom Software and Illicit Activity – Supporting Human Rights Without Enabling Criminals»[14] nennt als einzigen Geldempfänger das Tor Project. Ansonsten habe man aus gutem Grund konkrete Projektnamen weggelassen – «aufgrund des sensiblen Charakters vieler der geförderten Initiativen und der Sorge um die Sicherheit der Menschenrechtsaktivist*innen». Die Untersuchung nennt aber Gruppen von Diensten, die gefördert werden: Mesh-Netzwerke (bei denen sich Geräte über WLAN oder Bluetooth miteinander verbinden, um auf Internet-Blackouts zu reagieren), Proxy-Dienste (bei Proxy-Technologien werden zensierte Inhalte in nichtzensierten Webseiten versteckt) und Virtual Private Networks (VPNs sind zentralisierte, meist kommerzielle Dienste zur Verschleierung von Datenverkehr, die zur Zensurumgehung genutzt werden können).

Andere Gruppen sind Anti-DDOS-Technologien (die vor «Distributed Denial of Services»-Angriffen schützen, die Internetdienste per Massenanfragen lahmlegen) sowie Projekte im Bereich «Sichere mobile Kommunikation», womit laut Erklärung in der Studie verschlüsselte Smartphone-Messenger gemeint sind.

Das Richtige im Falschen?

Wie geht die Community mit dem offensichtlichen Widerspruch um, der mit der «Internet Freedom»-Förderung einhergeht? Da ist diese Regierung, die man wegen ihrer übergriffigen Überwachungspraktiken kritisiert und vielleicht sogar verachtet – und die gleichzeitig die Geldgeberin wichtiger Projekte ist.

Oft hört man eine pragmatische Antwort: Geld für nichtkommerzielle Entwicklungen ist nun einmal knapp, da kann man nicht wählerisch sein. Außerdem seien die geförderten Projekte Open Source. Der Quellcode, der festlegt, wie genau das Programm arbeitet, ist öffentlich zugänglich. Falls die Geldgeber doch einmal ihre Macht nutzen, um Hintertüren einbauen zu lassen, würde das früher oder später auffallen.

Auch Matthias Kirschner, Präsident der Free Software Foundation Europe, plädiert für einen pragmatischen Umgang mit solchen Geldern. Er verweist außerdem darauf, dass staatliche Apparate nie einheitliche Akteure seien, sondern Behörden und Ministerien mitunter auch widerstrebende Interessen hätten. Im kleineren Maßstab gebe es auch in Deutschland eine solche Konstellation.

Das Bundesamt für Sicherheit in der Informationstechnik (BSI) hat 2006 bei zwei deutschen Unternehmen die Entwicklung der Technologie Gpg4Win in Auftrag gegeben, die es ermöglicht, auf Windows-Geräten E-Mails und Dateien zu verschlüsseln. Das Ziel war vor allem, dass die Software auf Behördenrechnern zum Einsatz kommen und sensible Behördenkommunikation schützen kann. Aber auch für alle anderen war die mit Behördengeldern finanzierte Entwicklung ein Gewinn. Das Open-Source-Softwarepaket ermöglicht es seitdem, auch im kommerziellen Windows-Mailprogramm Outlook mit wenigen Klicks auf hohem technischen Niveau Nachrichten zu verschlüsseln.

Diese Zusammenarbeit habe sicher nicht allen gleichermaßen gefallen, meint Kirschner: «Das BSI fördert diese Technologie. Und das Bundesamt für Verfassungsschutz ärgert sich vielleicht darüber, weil es an den Inhalt verschlüsselter Mails nicht herankommt und E-Mail-Verschlüsselung am liebsten abschaffen würde.»

Gelder von der EU

Die spannende Frage ist nicht nur, was gefördert wird, sondern auch, was nicht. Die prall gefüllten OTF- und DRL-Töpfe widmen sich vor allem nur einer der drei Freiheiten, einem Internet ohne Zensur. Für die Förderung der anderen Dimensionen – der Freiheit, nicht vom US-Staat überwacht zu werden und nicht mit digitalen Machtballungen leben zu müssen – braucht es Töpfe jenseits der «Internet Freedom»-Logik des US-Staates.

Wie sieht es auf der anderen Seite des Atlantiks aus? Auf vielen Ebenen des politischen Apparats der EU ist die Einsicht da, dass sich etwas ändern muss: Die Machtballungen der großen Plattformen sorgen dafür, dass große Teile der digitalen Umsätze in die USA wandern, dass US-Unternehmen gesellschaftliche und wirtschaftliche Spielregeln diktieren können und dass massenhaft Daten der EU-Bevölkerung in den Zugriffsbereich eines fremden Geheimdienstes fallen.

Kleckern, nicht klotzen

Viele Projekte arbeiten daran, digitale Machtballungen aufzulösen und Privatsphäre technisch zu schützen. Man kann der EU nicht vorwerfen, dass sie keine Gelder für das digitale Ökosystem zur Verfügung stellt. Die EU kleckert nicht, sie klotzt. Nur waren die Bedingungen lange Zeit so bürokratisch, dass kleine nichtkommerzielle Internetprojekte wie Fremdkörper wirkten.

EU-Förderung ist traditionell darauf ausgerichtet, universitäre Spitzenforschung und Wirtschaft voranzutreiben. Im Mittelpunkt stehen sogenannte «Konsortien». Für einen Förderantrag muss man eine temporäre Allianz bilden, bestehend aus Universitäten und Unternehmen aus mindestens drei Ländern. In umfangreichen Anträgen beschreibt man detailliert das Forschungsvorhaben und ordnet Arbeitspakete und Gelder den einzelnen Partnern zu.

Erhält man den Zuschlag, gibt es viel Geld, oft werden Budgets im oberen einstelligen Millionenbereich ausgeschrieben. Das Problem ist: Um überhaupt eine Chance zu haben, braucht man bereits Personal und Knowhow für das Konzipieren und Schreiben von EU-Anträgen. Nur wer schon hat, dem wird gegeben.

Bereits seit den achtziger Jahren stellt die EU über «Forschungsrahmenprogramme» massenhaft Gelder bereit, darunter stets auch für den Bereich Informationstechnologie. Das aktuelle Rahmenprogramm mit dem Namen «Horizon Europe» läuft von 2021 bis 2027 und hat ein Volumen von 96 Milliarden Euro.

Das Programm setzt sich aus einzelnen Jahrespaketen und thematischen Bausteinen zusammen. «Next Generation Internet» ist einer dieser Bausteine, laut Selbstdarstellung eine «Initiative der Europäischen Kommission, die die Entwicklung des Internets in Richtung eines Internets für Menschen» (Internet of Humans) bewegen will. Das Ziel sei «ein widerstandsfähiges, vertrauenswürdiges und nachhaltiges Internet». Für dieses neue, bessere Internet gab es von 2018 bis 2020 250 Millionen und im Zeitraum 2021 bis 2022 weitere 62 Millionen.

Die Kritik an der schwerfälligen Förderlogik ist so alt wie die Forschungsrahmenprogramme. Mittlerweile hat die EU reagiert und einen neuen Modus eingeführt, wie Gelder vergeben werden. Es gibt weiterhin Konsortien, bei denen sich Allianzen um Budgets im Millionenbereich bewerben. Diese «Research & Innovation Actions», wie es im EU-Sprech heißt, organisieren jedoch eigenständig kleinteilige Ausschreibungen. Das Geld soll niedrigschwellig an möglichst viele innovative Projekte vergeben werden.

Federführend beteiligt an der Erstellung des neuen Konzepts war ein digitales Urgestein, die holländische Stiftung NLnet. Diese hatte in den früher 1980er Jahren einen wichtigen Knotenpunkt des beginnenden europäischen Internets betrieben und dieses Geschäft verkauft. Seitdem widmet sich die Organisation der Förderung nichtkommerzieller Initiativen.

Das vorherige, hoch bürokratische System hätte schlicht nicht zur Art und Weise gepasst, wie Ideen und Menschen funktionieren, erzählt Michiel Leenaars, Strategiedirektor der Stiftung: «Wenn man eine gute Idee hat, sich aber erst einmal auf dem Kontinent umsehen muss, um mindestens zwei andere Organisationen zu finden, mit denen man zusammenarbeiten kann, bevor man loslegen kann, nimmt das dem Vorhaben die Energie. Der Aufwand für eine solche Suche kann wesentlich höher sein als für das, was man eigentlich machen will.»

Die Gelder seien oft für sehr spezifische Themen ausgeschrieben und dann in viel zu großen Brocken verteilt worden, was naturgemäß nur sehr wenigen Teilnehmer*innen zugutekam. Möchte man beispielsweise die Welt der sozialen Medien neu erfinden, wie es das Fediverse-Konzept von Mastodon & Co. versucht, benötige es dafür viele kleine, voneinander unabhängige Initiativen. Die alte Herangehensweise funktioniere da nicht: «Wenn es nur eine einzige Frist mit einem siegreichen Konsortium gibt, das alle Probleme lösen muss, werden alle ‹Game Changer› herausgefiltert und stattdessen Leute gefördert, die gut darin sind, Konsortien zu bilden und Anträge zu schreiben.»

In den Jahren 2021 bis 2022 haben etwa zwei Dutzend «Research & Innovation Actions» in offenen Ausschreibungen Gelder vergeben, meist im Bereich mehrerer 10 000 Euro. Die Ausschreibungen waren vor allem für Start-ups mit kommerziellen Ambitionen interessant.

Eine Gruppe von vier Einzeltöpfen hat sich jedoch explizit an nichtkommerzielle Projekte gerichtet: NGI Zero. NLnet war der Koordinator der vier Ausschreibungsprogramme.

Hinter der Idee von NGI Zero stehe die Überzeugung, dass es nicht reiche, nur Start-ups und Forschung zu unterstützen. Geld müsse auch für Projekte bereitgestellt werden, die Gemeingüter produzieren, so Michiel Leenaars.

Etwa 90 Prozent des Budgets jedes Einzeltopfs gingen jeweils an die Stiftung NLnet, die die Ausschreibungen durchgeführt und die Gelder an die einzelnen Projekte verteilt hat. Der Rest wurde an 13 Partnerorganisationen aus der digitalen Zivilgesellschaft vergeben die die geförderten Projekte mit Knowhow unterstützen sollten, etwa die Free Software Foundation Europe.

Die vier einzelnen Töpfe mit unterschiedlichen Schwerpunkten hatten insgesamt ein Volumen von 37 Millionen Euro. «NGI Zero Core» (Budget in Höhe von 11 Mio.) förderte digitale Infrastruktur-Projekte, bei «NGI Zero Entrust» (12 Mio.) ging es (recht vage) um vertrauens- und verlässlichkeitsschaffende Technologien, bei «NGI Zero Privacy Enhancing Technologies» (7 Mio.) um Privatsphäre und Datenschutz und bei «NGI Zero Dicovery» (ebenfalls 7 Mio.) um Suche und Navigation.[15] Daneben gab es wie beim Open Tech Fund der USA unterstützende Dienstleistungen. Über das Programm «NGI Zero Review» konnten Projekte Beratung zu Themen wie Lizenzen, Community Management, Organisationsform oder Internationalisierung beantragen

Die konkreten Gelder wurden in mehreren kleineren Ausschreibungen vergeben. Man konnte Anträge für überschaubare Beträge zwischen 5000 und 50 000 Euro stellen. Bei «NGI Zero Privacy Enhancing Technologies» war die letzte Deadline im Dezember 2020, bei «NGI Zero Dicovery» konnte man sich bis Oktober 2022 bewerben und für die beiden anderen Töpfe bis April 2023.

Schaut man sich das Förder-Portfolio an, trifft man auf viele bekannte Projekte, die sich die Umsetzung kleiner Arbeitspakete finanzieren lassen wollten. Die thematische Vielfalt ist größer als bei den US-Fördertöpfen. Es geht nicht nur um die Bekämpfung von Internetzensur, sondern auch um die anderen Dimensionen von Freiheit.

«NGI Zero Privacy Enhancing Technologies» hat 146 Projekte gefördert. Darunter waren das E-Mail-Programm Thunderbird, der alternative App-Store F-Droid, die Videokonferenzsoftware BigBlueButton und der Darknet-basierte Smartphone-Messenger Briar. Über «NGI Zero Dicovery» haben einige Vertreter des Fediverse-Kosmos Gelder erhalten. Geld ging unter anderem an Mastodon, das YouTube-ähnliche PeerTube und das Instagram-ähnliche Pixelfed.

Das aktuelle Forschungsrahmenprogramm läuft bis 2027. Ende 2022 hat die Europäische Kommission in einem Arbeitsprogramm festgelegt, wie es mit Horizon Europe in den Jahren 2023 und 2024 weitergeht. In diesen Jahren stehen 13,5 Milliarden aus dem Budget von Horizon Europe zur Verfügung, davon 4,5 Milliarden für den digitalen Wandel. Auf einen dieser «Research & Innovation Actions»-Töpfe mit dem Namen «HORIZON-CL4-2023-HUMAN-01-11: Next Generation Internet Fund» hat sich NLnet beworben. Der Topf ist ausgestattet mit 27 Millionen Euro, die wieder in kleinen Tranchen an Projekte vergeben werden sollen.

Open Web Search: der Traum von einem unabhängigen Index

Neben den kleinteiligen Ausschreibungen gibt es aber dennoch weiterhin die klassischen großen Konsortien.

8,5 Millionen hat OpenWebSearch.eu erhalten, das zu einem Schlüsselprojekt der digitalen Gegenwelt werden könnte. Open Web Search will eine Lücke füllen: Es gibt im Westen der Welt aktuell nur zwei vollwertige, große Suchmaschinen, Google sowie Bing von Microsoft. Andere auf den ersten Blick alternative Anbieter sind Metasuchmaschinen. Sie leiten Suchbegriffe an Google oder Bing weiter und zeigen deren Trefferlisten an, die sie mitunter leicht variieren.

Das Problem ist der fehlende Index. Für eine unabhängige Suchmaschine braucht es eine eigene aktuelle Datenbank mit allen im Netz verfügbaren Inhalten. Die zu erstellen, ist sehr aufwändig. Open Web Search will sich mit EU-Geldern daran versuchen. Das Konzept sieht vor, dass europäische Forschungseinrichtungen Kapazitäten ihrer Rechenzentren zur Verfügung stellen, um gemeinsam das Netz zu durchsuchen.

Eventuell baut die Initiative auf dieser Basis dann eine eigene Suchmaschine. Vor allem soll der Index aber nichtkommerziellen wie kommerziellen Akteuren zur Verfügung gestellt werden, damit es irgendwann endlich einmal einen ernsthaften Wettbewerb auf dem Suchmarkt gibt.

Die ursprüngliche Idee hatte Stefan Voigt, Geograf am Deutschen Zentrum für Luft- und Raumfahrt (DLR) im oberbayerischen Oberpfaffenhofen (siehe Interview «Diese quasimonopolistische Struktur ist extrem gefährlich», S. 205). Will man ihn besuchen, fährt man an einen Ort, an dem man kaum dissidente Entwicklungen vermutet, in die Wohlfühloase der Wohlhabenden Deutschlands, den Starnberger See. Der Verein residiert in einem kleinen Zimmer in einem Bürogebäude in Starnberg. Wir treffen uns im November 2022 im Konferenzzimmer der Büroetage.

Voigt hat seine DLR-Stelle auf 50 Prozent reduziert und arbeitet mittlerweile auch dort an dem Thema (als Projektmanager «OpenSearch@DLR»). Mit einer weiteren halben Stelle koordiniert er die Arbeit des Vereins und beschäftigt sich vor allem mit technischen und organisatorischen Grundlagen. Mit am Tisch sitzt Christine Plote. Plote betreibt eine Kommunikationsagentur in Starnberg, leitet die Kommunikation des Vereins und eine Fachgruppe zu den ethischen Grundlagen des geplanten Algorithmus, der den Such-Index strukturieren und partizipativ entstehen soll.

Beim DRL habe er sich in der Vergangenheit unter anderem mit satellitengestützem Desastermanagement beschäftigt, ein Konzept, bei dem Satelliten im Notfall zusammengeschaltet werden, um beispielsweise Erdbebengebiete zu kartografieren, so Voigt. Und er habe sich gedacht: «Wieso unternimmst du nicht etwas Ähnliches gegen das Desaster im Informationsbereich? Ich kartiere quasi den Informationsnotstand.» 2018 hat er zusammen mit Plote und Mitstreiter*innen aus der Forschung und der Zivilgesellschaft den Verein Open Search Foundation e. V. gegründet und das Förderkonsortium angeregt.

Das «Open Web Search»-Konsortium setzt sich aus 14 Akteuren

aus sieben Ländern zusammen. Koordinator ist der Informatikprofessor Michael Granitzer von der Uni Passau. Neben der Open Search Foundation sind ansonsten mit im Boot: das Leibniz-Rechenzentrum der Bayerischen Akademie der Wissenschaften, die Radboud-Universität Nijmegen (Niederlande), die Uni Leipzig, die Technische Universität Graz in Österreich, das Deutsche Zentrum für Luft- und Raumfahrt, die Technische Universität Ostrava (Tschechien), das europäische Kernforschungszentrum CERN im Schweizerischen Genf, der slowenische Telekommunikationsanbieter A1 Slovenija, das außeruniversitäre staatliche finnische Großrechenzentrum CSC, die niederländische Stiftung NLnet, die Bauhaus-Universität Weimar und der deutsche Verein SuMa e. V. Von den insgesamt 8,5 Millionen Euro gehen unter anderem 2 Millionen an die Bayerische Akademie der Wissenschaften, 800 000 an das CERN, 500 000 an A1 Slovenija und 650 000 Euro an den Verein Open Search Foundation.[16]

Wie aufwändig ist es, mit einem Konsortium einen solchen Einzeltopf zu beantragen? «Dafür haben wir sehr viel Zeit ehrenamtlich investiert», meint Christine Plote. In der Ausschreibung habe man sich gegen acht andere Konsortien durchgesetzt. Der Vorteil sei gewesen, dass die Gruppe, aus der später das Konsortium wurde, zum Zeitpunkt der Ausschreibung schon existiert habe: «Damals hatten wir schon zwei Jahre pro bono mit der Gruppe gearbeitet. Einige von uns hatten schon Erfahrung mit derartigen Forschungsförderungen und haben teilweise seit 20 Jahren EU-Förderprojekte konzipiert, beantragt und koordiniert.»

Prototype Fund: Gelder des Forschungsministeriums

Über einen eigenen Topf für das nichtkommerzielle Internet verfügt auch die größte Volkswirtschaft Europas. Der Prototype Fund ist ein Projekt des Vereins Open Knowledge Foundation Deutschland, der zu Digitalthemen arbeitet. Das Geld kommt vom Bundesministerium für Bildung und Forschung (BMBF).

Der Prototype Fund fördert «Public Interest»-Technologien und vergibt Fördergelder in vier Bereichen: Civic Tech (digitale Projekte, die demokratische Teilhabe und gesellschaftliches Miteinander fördern), Data Literacy (da geht es um die Auswertung und Zugänglichmachung von Daten), Datensicherheit (Datenschutz, Überwachung und Verschlüsselung) sowie Software-Infrastruktur (komplexe Projekte, etwa zur Cloud-Speicherung).

Bewerbungen von Einzelpersonen und von kleinen Teams sind möglich. Pro Projekt gibt es 47 500 Euro für sechs Monate. Zugrunde gelegt wird ein Stundensatz à 50 Euro. Kann man nachweisen, dass man zuvor für seine IT-Arbeit mehr bekommen hat, kann der Stundenlohn auch höher liegen.

Zweimal pro Jahr, jeweils von Februar bis März und August bis September, ist die Bewerbungsplattform offen. Man beschreibt knapp in 100 Wörtern, wie man das Projekt technisch umsetzen und welche gesellschaftliche Herausforderung man lösen will. Das Prototype-Fund-Team erstellt eine Shortlist und schickt durchschnittlich etwa 100 Skizzen an eine bunt besetzte Jury. Zu ihr gehören unter anderem die Co-Chefredakteurin des Blogs Netzpolitik.org, zwei Mitarbeiterinnen der Mozilla Foundation, ein Redakteur einer Tageszeitung, drei Wissenschaftler*innen, ein IT-Manager der Deutschen Bahn und eine Mitarbeiterin des Vereins Wikimedia Deutschland. Jede Skizze wird von zwei Juror*innen begutachtet, die Punkte vergeben.

Was gut genug benotet wurde, wird in einer Jurysitzung diskutiert. Die dann ausgewählten Vorschläge gehen an das Forschungsministerium, das sich vorbehält, eigenständig zu entscheiden, in den meisten Fällen aber den Anregungen der Jury folgt. Stimmt das Ministerium zu, können die Projekte einen Antrag stellen, der dann etwas aufwändiger ist. Dafür veranstaltet der Prototype Fund extra einen Workshop-Tag. Für die Förder-Runde 13 (März bis August 2023) hatten sich 150 Projekte beworben, von denen 23 gefördert wurden.

Marie Gutbub ist eine von zwei Leiterinnen des Prototype Fund. Das Büro in der Mitte von Berlin sieht wie ein klassisches linkes NGO-Büro aus. Eine Regenbogenfahne ist zu sehen, ein Sticker, auf dem «No Frontex» steht, und ein Plaket, das den früheren CSU-Innenminister Seehofer aufs Korn nimmt. Gutbub erzählt: «Der Protoype Fund versucht eine Lösung für das Problem zu finden, dass es viele Leute gibt, die mit Herzblut an Open Source arbeiten und keinerlei oder noch kein Business Modell dafür haben. Und da dachte man, dass die Regierung doch für diese wichtige Arbeit Geld ausgeben könnte.»

Dass es diesen Topf so gebe, sei selbst ein kleiner Hack gewesen, eine Lösung, die man zusammen mit dem Ministerium entwickelt habe. Eigentlich könne die deutsche Regierung nicht einfach so Arbeitsstunden von Privatpersonen fördern. Beim Prototype Fund ist das möglich, weil gleichzeitig die deutsche Open-Source-Szene und die Wirkung von Fördermaßnahmen auf deren Innovationspotenzial erforscht werden. Offiziell ist der Prototype Fund deshalb ein Begleitforschungsprojekt.

2016 ging es los. Die erste Bewilligung von BMBF-Geldern lief von 2016 bis 2020. Bisher ist gesichert, dass es auch von 2021 bis 2025 Geld gibt. Bis Mitte 2023 hat der Prototype Fund 315 Projekte gefördert und insgesamt 13,4 Millionen Euro vergeben.

Der Prototype Fund sei eine Art Puffer zwischen der Ministeriumswelt und der Hackerszene, meint Gutbub. «Ministerium und Hacker sind Welten, die normalerweise weit auseinander liegen. Unsere Rolle ist es, in beide Richtungen viel zu erklären, was funktioniert und was nicht, was gut ankommt und was nicht.»

Wie bei den NLnet-Töpfen mutet das Portfolio des Prototype Fund wie ein Klassentreffen der digitalen Gegenwelt an. Acht Mal wurde seit 2016 zu OpenStreetMap gearbeitet; ein gefördertes Projekt (die App *StreetComplete*) unterbreitet beispielsweise konkrete Vorschläge, wie man in der jeweils unmittelbaren Umgebung OpenStreetMap-Karten ergänzen könnte. Zwei der Gründer*innen des «WLAN-für-alle»-Projekts Freifunk haben eine autonome Stromversorgung für Freifunk-Router entworfen *(Independent Solar Energy Mesh System)*. Der Mastodon-Erfinder Eugen Rochko hat eine Android-App für die Twitter /X-Alternative entwickelt, und für das Schreibprogramm LibreOffice wurde an einer eingebauten Übersetzungsfunktion gearbeitet.[17]

Früher sei sie selbst sehr kritisch gegenüber dem Open Technology Fund gewesen, so Marie Gutbub. Heute meint sie: «Das Problem ist nicht, dass es den OTF gibt, sondern, wenn es nur ihn gibt.» Der Fördertopf des US-Staats sei sicher Teil der Inspiration gewesen, aber der Prototype Fund sei kein Pendant zum OTF. Der beschränke sich vor allem auf das, was der US-Staat unter «Internet Freedom» versteht, während der Prototype Fund viel, viel breiter aufgestellt sei.

Die Bedeutung des Sozialstaats

Daneben ermöglicht der Staat noch auf andere Art ein Mitwirken. Schaut man sich verschiedene Projekte und ihre Communitys an, merkt man schnell: Während sich die kommerzielle IT-Welt vor allem in den USA abspielt, passiert in der digitalen Gegenwelt viel in Europa, vor allem in Deutschland.

Mastodon wurde im thüringischen Jena erfunden. Der Verein Open Search Foundation sitzt in Starnberg, die Stiftung hinter der Bürosoftware LibreOffice in Berlin, ebenso die weltweit zweitgrößte Wikimedia-Organisation, der Wikimedia Deutschland e. V. Zwischen 25 und 35 Prozent des Datenverkehrs des Anonymisierungsprojekts Tor läuft über Verschleierungsstationen in Deutschland,[18] der Passwortmanager KeePass wird in Metzingen bei Stuttgart entwickelt, das Schwesterprogramm KeePassXC in Weimar, die Cloudverschlüsselung Cryptomator in Bonn und der Android-Hack MicroG in Saarbrücken.

Begibt man sich auf die Suche nach Gründen, hört man verschiedene Erklärungsansätze: eine kulturelle Verankerung des Ehrenamts hierzulande sowie traditionell starke technische Studiengänge, eine hohe Sensibilität für Privatsphäre aufgrund der drastischen geschichtlichen Erfahrungen mit dem Missbrauch staatlicher Macht oder die öffentliche Präsenz der Hacker-Organisation Chaos Computer Club.

Tendenziell sei er eher skeptisch gegenüber rein kulturellen Deutungen, meint der Organisationsforscher und Wirtschaftswissenschaftler Leonhard Dobusch. Mehr Sinn mache vielleicht eine materialistische Erklärung. Deutschland ist ein reiches Land. Wer gut verdiene, habe oft auch mehr Zeit und Energie für ehrenamtliche Arbeit. Nur das reiche als Erklärung allerdings nicht: «Das Bruttoinlandsprodukt pro Kopf in den USA liegt über dem der Bundesrepublik. Allerdings ist der Zeitwohlstand in Deutschland höher. In den USA hat man selten mehr als zwei Wochen Urlaub, in Deutschland sind es vier bis sechs Wochen. Das Arbeitsrecht ist arbeitnehmerfreundlicher und der Sozialstaat in Deutschland sowie in vielen anderen europäischen Ländern ausgeprägter.» Es sei schlicht mehr freie Zeit vorhanden, um sich zu engagieren.

So sieht es auch Matthias Kirschner von der Free Software Foundation Europe: «Soziale Absicherung spielt eine große Rolle. Wenn Studierende neben dem Studium viel arbeiten müssen, um ihr Studium zu finanzieren, haben Sie keine Zeit, sich daneben noch ehrenamtlich für Freie Software zu engagieren.» Dank BAföG könnten auch Studierende ohne wohlhabende Eltern neben der Uni an Projekten arbeiten, um sich selbst zu verwirklichen.

Die Erklärung von Moritz Bartl, einem langjährigen teilnehmenden Beobachter der freien Software-Szene, der sich vor allem beim Anonymisierungsprojekt Tor engagiert hat, geht in eine ähnliche Richtung: «Viele der nichtkommerziellen technologischen Entwicklungen entstehen in einem universitären Kontext. Anders als in den USA gibt es hier kostenlose Unis und eine grundlegende Studienförderung. Die ganze Szene profitiert von der Tatsache, dass Leute vielfältige Möglichkeiten haben, sich in der Freizeit zu engagieren.» Das könne auch soziale Grundsicherung sein. Es gebe auch Leute, die sich während des Bezugs von Grundsicherung um großartige, gesellschaftlich eminent wichtige Digitalprojekte kümmern.

Beide meinen allerdings, dass die Voraussetzungen für das Mitwirken in digitalen Communitys zumindest in einem Punkt schlechter geworden sei: durch den Umstieg auf das Bachelor- und Mastersystem im Zuge des Bologna-Prozesses, der mit einer stärkeren Verschulung und Leistungsorientierung des Studiums einherging.

Der Bologna-Prozess habe dazu geführt, dass die Projekte weniger Nachwuchs haben, meint Bartl: «Viele Communitys kommunizieren über Chatsysteme. Vor Bologna haben in diesen Chats mehr junge Leute rumgehangen, bei denen klar war: Das sind Studierende, die Zeit und Lust haben, unbezahlt aus eigener Motivation heraus am Projekt mitzuarbeiten. Das ist weniger geworden, da ist Nachwuchs flöten gegangen.» Von dieser Beobachtung höre er immer wieder.

Deals mit der IT-Wirtschaft

Firefox und Google gehen miteinander ins Bett

Ohne nennenswerte Spendeneinnahmen und ganz ohne staatliche Finanzierung kommt der Firefox-Browser aus, der dennoch der Krösus unter den nichtkommerziellen Digitalprojekten ist. 850 Angestellte arbeiten für die Firefox-Mutterorganisation Mozilla (Stand Ende 2021[19]). Das Projekt hatte 2021 Rücklagen von 1,2 Milliarden US-Dollar, die Einnahmen lagen bei mehr als 600 Millionen US-Dollar.[20]

Das Geld stammt aus einem Deal mit einem Akteur der klassischen IT-Wirtschaft. Der Google-Mutterkonzern Alphabet zahlt jährlich mehrere hundert Millionen US-Dollar dafür, dass Google die Standardsuchmaschine im Firefox-Browser ist. Gibt man in die Adresszeile des Browsers einen Begriff ein und klickt «Enter», leitet Firefox ihn an Google weiter, und der Suchanbieter zeigt im Browser die zum Begriff passende Trefferliste an.

Dieser Deal läuft, mit kurzer Unterbrechung, seit den frühen Tagen von Firefox. 2005 zahlte Google etwa 50 Millionen, 2010 waren es 100 Millionen und 2013 275 Millionen US-Dollar.[21] Bis 2014 war Google die Standardsuchmaschine in allen Teilen der Welt. Dann verkündete Firefox, dass ein einziger globaler Standardsuchanbieter nicht zu den Werten von Firefox passe und der Browser ab jetzt weltregional unterschiedliche Anbieter einbauen werde. In China war seitdem der nationale Platzhirsch Baidu voreingestellt, in Russland, Kasachstan, Belarus und der Türkei das russische Yandex.

Zur Standardsuchmaschine in der restlichen Welt wurde statt Google die Suchmaschine des US-Internetkonzerns Yahoo! (die es als eigenständiges Suchangebot heute nicht mehr gibt). Der Wechsel war aber nur von kurzer Dauer. Ursprünglich war eine Vertragslaufzeit von fünf Jahren vereinbart, mit jährlichen Zahlungen von 375 Millionen US-Dollar. Zwei Jahre später, 2016, beendete Mozilla die Zusammenarbeit. Yahoo! war aufgekauft worden. Das Kleingedruckte des Vertrags hatte vorgesehen, dass die Stiftung bei einer Übernahme von Yahoo! den Deal vorzeitig beenden kann und trotzdem bis Vertragsende Anspruch auf eine Gegenleistung hat. Es kam zu einem Rechtsstreit zwischen Mozilla und Yahoo!. Wie sich aus einem Jahresbericht von Mozilla ergibt, erhielt die Stiftung am Ende 338 Millionen US-Dollar als angeordnete Kompensation oder als Ergebnis einer gütlichen Einigung.

Seit 2017 ist Google wieder die Firefox-Standardsuchmaschine in den meisten Teilen der Welt, in wenigen anderen Weltregionen Baidu oder Yandex. (Die Zusammenarbeit mit Yandex beendete Firefox im Frühjahr 2022 infolge des russischen Angriffs auf die Ukraine und ersetzte in den betreffenden Ländern Yandex durch Google.) Verträge gibt es auch mit anderen Anbietern, die man manuell in den Browser-Einstellungen zur Standardsuchmaschine machen kann, unter anderem mit Bing von Microsoft, Duckduckgo und Ecosia.

Mit Informationen zu den Verträgen geizt die Stiftung. Zahlen zum aktuell laufenden Deal mit Google stammen von einem US-IT-Medium. Unter Berufung auf Insider, die von Mozilla weder bestätigt noch bestritten wurden, hatte das Medium ZDNet.com im August 2020[22] berichtet, dass Mozilla von Google in den Jahren 2020 bis 2023 jeweils 400 bis 450 Millionen US-Dollar erhalten werde.

Schmutziges Geld?

Der Deal mit Google bringt viel ein, die Kosten sind aber ebenfalls hoch: Mozilla bezahlt mit seiner Glaubwürdigkeit.

Das Projekt war ursprünglich angetreten, einem drohenden Digital-Monopolisten das Geschäft zu vermiesen. Ende der 1990er Jahre sah es so aus, als ob Microsoft mit seinem Browser Internet Explorer in kurzer Zeit den Markt fast vollständig übernehmen wird. Der kommerzielle Firefox-Vorläufer Netscape Navigations wurde von Microsoft aus dem Markt gedrängt. Als nichtkommerzieller Rebell unter dem neuen Namen Firefox schaffte das Projekt es, die Monopolträume des damaligen IT-Platzhirschs zerplatzen zu lassen und Microsoft substanziell Konkurrenz zu machen.

Seitdem setzt sich Mozilla erklärtermaßen für Freiheit, Offenheit und Vielfalt ein. Der neue Gigant des Internets, der alles vereinnahmende Moloch, heißt heute Alphabet. Der Konzern steuert über sein Quasimonopol bei Suchmaschinen die Aufmerksamkeit im Internet, betreibt mit YouTube die wichtigste Videoplattform, mit Android das meistgenutzte Smartphone-Betriebssystem und mit Chrome außerdem den meistgenutzten Browser.

Die Organisation hinter Firefox müsste eigentlich mit aller Kraft gegen diese Vormachtstellung im digitalen Raum kämpfen. Stattdessen liefert Firefox dem Suchgiganten Nutzer*innenströme und verstößt dabei gegen einen Grundwert der digitalen Gegenwelt: Datensparsamkeit.

Aus Datenschutzsicht ist gar nicht so problematisch, dass Google die eingebaute Standardsuchmaschine ist. User können sich entscheiden, die Adresszeile des Browsers als Suchfeld zu nutzen, einen Begriff einzugeben und Enter zu klicken – oder sie können es lassen. Und sie können die Standardsuchmaschine in den Einstellungen ändern.

Das eigentliche Problem sind die Datenströme, die den meisten Usern nicht bewusst sein dürften: Firefox interpretiert jede Eingabe in die Adresszeile als potenziellen Suchbegriff und leitet sie an Google weiter. Während des Tippens zeigt Firefox «automatische Suchvorschläge» an – solange bis man einen Punkt eingibt und damit klarmacht, dass man eine Webadresse direkt aufrufen und das Adressfeld nicht als Suchfeld nutzen will. Der Browser schickt also permanent ungefragt Daten an Google.

Inwiefern es ab 2024 einen neuen Vertrag mit Google geben wird und wie hoch die Zahlungen sein werden, ist noch nicht bekannt. Mozilla hat sich dazu auf Anfrage nicht geäußert. Im Mai 2023 schrieb das US-amerikanische IT-Fachmedium The Information[23] mit Verweis auf hochrangige Microsoft Manager*innen, Microsoft habe ein großes Interesse daran, nach Ablauf des aktuellen Vertrags Ende 2023 zur neuen globalen Firefox-Standardsuchmaschine zu werden, und werde dafür wohl auch tief in die Tasche greifen.

Geld von Mäzen*innen

Signal und sein Sugar Daddy

Auch die Organisation hinter Signal sitzt auf viel Geld. Es stammt nicht aus Verträgen mit einem IT-Konzern, sondern von einem Mäzen der klassischen IT-Welt. Brian Acton hatte zusammen mit einem Partner im Jahr 2009 WhatsApp gegründet und seine Anteile fünf Jahre später für geschätzte 2,8 Milliarden US-Dollar an Facebook verkauft. Acton ist also mit für die Machtballung bei sozialen Netzwerken verantwortlich, die Signal aufzulösen versucht.

Der Signal-Gründer Moxie Marlinspike schloss sich 2018 mit Acton zusammen. Die beiden Männer gründeten die Signal Foundation als Mutterorganisation des Messengers.

Im gleichen Jahr hat der Milliardär der Stiftung ein hohes Darlehen gegeben. Wie die Geldflüsse aussehen, lässt sich in den «Form990»-Jahresberichten für die US-Steuerbehörde IRS nachlesen. Im Bericht für das Jahr 2019 (Abschnitt Schedule L, Part V) heißt es, dass Acton der Signal Foundation am 28. Februar 2018 ein zinsfreies Darlehen über 105 Millionen US-Dollar gegeben hat, zurückzuzahlen im Jahr 2068 nach einer Darlehenslaufzeit von 50 Jahren.[24]

In einem zweiten Schritt hat Acton im Laufe des Jahres 2019 einen Teil des Darlehens, etwa 75,3 Millionen US-Dollar, in Eigenkapital der Stiftung umgewandelt. Finanztechnisch nicht ganz sauber gesprochen, hat er der Foundation einen Teil des Geldes geschenkt. Laut Form990-Bericht (Abschnitt Schedule L, Part II, «Loans to and/or From Interested Persons») hatte sich die Höhe des Darlehens am Ende des Jahres 2019 von 105 Millionen auf 29,7 Millionen US-Dollar reduziert. In der Bilanzaufstellung (Abschnitt Part X, Balance Sheet) taucht der Betrag von 75,3 Millionen am Ende des Jahres als Guthaben mit Spenderbeschränkungen auf («Net assets with donor restrictions»).

Gegen die großzügige Gabe eines geläuterten Milliardärs ist nichts einzuwenden. Acton sieht sich mittlerweile als Saulus, der zum Paulus geworden ist. In einem Gespräch mit dem Wirtschaftsmagazin

Forbes im September 2018 räumte er ein, dass er die Privatsphäre seiner Nutzer*innen verkauft habe, was ihm mittlerweile sehr leid tue.[25]

Genau wie bei Firefox scheint auch bei Signal das ökonomische Modell mit Nebenwirkungen verbunden zu sein. Wie die Angaben in den Jahresberichten nahelegen, hat der ehemalige WhatsApp-Gründer als Gegenleistung die Kontrolle über das Projekt bekommen: Acton ist das einzige Mitglied der Signal Foundation und hat als eine Art Alleinherrscher das alleinige Recht, die Mitglieder des Vorstands zu bestimmen (siehe Kapitel 3, S. 42). Wie es dazu kam, dazu hat sich die Signal Foundation auf Nachfrage nicht geäußert. Es sieht ganz danach aus, dass das Projekt – wohl als Gegenleistung für die großzügige Gabe – das eigene Schicksal in die Hand eines Milliardärs mit, aus Sicht der digitalen Gegenwelt, eher zweifelhafter Vergangenheit gelegt hat. Umsonst ist nichts.

Google Summer of Code

Für Firefox ist Google, zumindest bis Ende 2023, der Hauptgeldgeber gewesen. In kleinerem Rahmen spielen Gelder des IT-Giganten auch für viele andere Projekte eine Rolle. Das Unternehmen betreibt ein beliebtes Stipendienprogramm, den Google Summer of Code (was ein bisschen an «Summer of Love» erinnert, den legendären Hippie-Sommer des Jahres 1967). Das Programm richtet sich an talentierte Software-Neulinge; meist nehmen Studierende technischer Fächer teil.

Fast alle großen Projekte haben sich bisher beteiligt. Im Jahr 2022 vergab Google etwa 1000 Stipendien an junge Leute in 198 Organisationen. Die Linux Foundation erhielt 14 Stipendienplätze, Freifunk acht, die Wikimedia Foundation sieben, OpenStreetMap vier, das Tor Project, LibreOffice sowie Linux Debian jeweils zwei.[26] Einige Projekte veröffentlichen auf ihren Webseiten Überblicke. Die Wikimedia Foundation hatte seit 2005 142 und Mozilla 145 Summer-of-Code-Stipendiat*innen.[27]

Vergütet ist das Stipendium eher bescheiden. Für zwölf Wochen, die Standardlaufzeit, zahlt Google einen an die Kaufkraft der Herkunftsländer der Stipendiat*innen angepassten Betrag. In Deutschland gibt es insgesamt 2700, in der Schweiz 3300, in den USA 3000 und in Indien 1500 US-Dollar. Auf Antrag kann das Projekt auf sechs Monate verlängert werden, die Vergütung verdoppelt sich dann. Das Geld wird in zwei Tranchen ausgeschüttet. 45 Prozent gibt es nach der Hälfte der Laufzeit, wenn die Projekte Google mitgeteilt haben, dass die Arbeit bisher zufriedenstellend erledigt worden ist. Den Rest gibt es nach einer weiteren Evaluierung am Schluss.

Die Projekte bewerben sich bei Google und schreiben die bewilligten Plätze dann öffentlich aus. Sie ernennen Mentor*innen, die pro Platz eine Aufwandsentschädigung von 500 US-Dollar erhalten und die die Stipendiat*innen betreuen sowie die Beurteilungen schreiben.

Seit 2005, als der Google Summer of Code zum ersten Mal stattfand, hat das Programm laut Angaben auf der eigenen Webseite summerofcode.withgoogle.com mehr als 19 000 Stipendiat*innen in mehr als 800 Projekte geschickt,[28] die dort Quellcodes produziert und meist an konkreten neuen Funktionen oder kleinen Projekten gearbeitet haben.

Google als Wohltäter?

Wieso macht Google das? Das ist vor allem Arbeitgeber-Marketing, meint Matthias Kirschner von der Free Software Foundation Europe: «Es geht primär um Recruiting. Google hat insbesondere bei Menschen, denen Privatsphäre wichtig ist, ein schlechtes Image, braucht aber gute Mitarbeiter*innen. Über den Summer of Code kann Google direkt mit jungen Menschen in Kontakt kommen. Wenn nur fünf Prozent der Menschen, die ein Stipendium bekommen haben, zu potenziellen Kandidat*innen werden, hat sich das Engagement gelohnt.»

Besteht für den Konzern aber nicht die Gefahr, dass er sich selbst schadet, weil vielleicht auch Projekte gefördert werden, die an Alternativen zu Google-Produkten arbeiten? Kirschner winkt ab: «Da müssten die Dimensionen schon sehr viel größer werden, bevor Google sich davon bedroht fühlt.»

Auch Moritz Bartl, der für das Tor Project in der Vergangenheit als Mentor Google-Summer-of-Code-Stipendiat*innen betreut hat, meint: «Für Google ist es eine Marketinginitiative. Google möchte sich bei jungen IT-Talenten einen Namen als guter Player im Open-Source-Bereich machen. Durch den Summer of Code hat der Konzern es geschafft, dass er differenzierter gesehen wird. Das Programm erfährt viel Zuspruch in Open-Source-Communitys und gilt als gut durchdacht.»

Open-Source-Geschäftsmodelle

Das Wirtschaftswunder der digitalen Gegenwelt

Google finanziert Firefox, um den Browser zu einem Vertriebskanal für die eigene Suchmaschine zu machen, und vergibt Stipendien, um zukünftige Angestellte für sich zu gewinnen. Auch jenseits dieser Modelle kursieren massenhaft Gelder der Wirtschaft in der digitalen Gegenwelt.

Die ist auch deshalb so vielfältig, weil etwas in der analogen Welt nur schwer Vorstellbares geschieht: Unternehmen finanzieren Gemeingut – in Form von Software unter einer freien Lizenz –, und das, obwohl sie daran kein exklusives Eigentum erwerben. Unternehmen, die ansonsten mit Lizenzen und Geheimhaltungsvereinbarungen, unterstützt von einer Armada von Anwält*innen, den Quellcode von Software für sich behalten, verschenken gewissermaßen ihr wichtigstes Produkt. Wie kann das sein? Wieso ist ökonomische Grundlogik plötzlich außer Kraft gesetzt?

Das ist das Wirtschaftswunder der digitalen Gegenwelt. Canonical, Automattic, Nextcloud und sogar Google – all diese Unternehmen produzieren Software unter freien Lizenzen. Meistens halten die Unternehmen das Markenrecht am Namen des Projekts. Die Software kann aber ohne Einschränkung von allen für alle Zwecke kostenlos genutzt werden.

Das Zauberwort des kommerziellen Zweigs der digitalen Gegenwelt lautet *Open-Source-Geschäftsmodell*. Man gibt Software frei und verdient Geld mit verwandten Produkten und Dienstleistungen.

Die Open Source Business Alliance (OSBA) ist ein Zusammenschluss deutscher Unternehmen mit einem solchen Modell. Open Source und kommerzielle Aktivität können gut zusammenpassen, meint Lisa Reisch, Pressesprecherin der OSBA. Sie nennt verschiedene Optionen: Unternehmen bieten bezahlten Support für die Software an, in Form von technischer Unterstützung und Schulungen. Man offeriert Cloud-Dienste, sodass Unternehmen die Software nicht selbst installieren und betreiben müssen, sondern den Anbieter das übernehmen lassen. Oder man bietet zusätzlich zur freien Software nicht freie Softwarebausteine gegen Bezahlung an.

Manchmal entwickeln Unternehmen die Software in Eigenregie, manchmal in enger Zusammenarbeit mit einer externen Community.

Canonical, das Unternehmen hinter dem bekanntesten Linux-Betriebssystem Ubuntu, hat knapp 1000 Angestellte. Die Unternehmensmutter Canonical Limited sitzt auf der Isle of Man, einer beliebten Steueroase in der Irischen See. Wie hoch der Gesamtumsatz ist, verrät das Unternehmen nicht. Für die britische Firmentochter Canonical Group Limited sind Jahresberichte verfügbar. Laut Bericht für 2021[29] betrug der Umsatz 178 Millionen US-Dollar.

Canonical stellt Ubuntu kostenlos und frei nutzbar zur Verfügung, für private wie für geschäftliche Nutzung. Das Unternehmen bietet bezahlten Software-Support an und hilft PC-Herstellern wie Dell, HP und Lenovo, Ubuntu für die jeweiligen Geräte anzupassen.

Unternehmen schätzen es, wenn Software kostenlos ist. Sie mögen es aber weniger, wenn es keine Abteilung gibt, die sie bei Problemen und Spezialwünschen anrufen können. Sie sind gern bereit, auch für kostenlose Programme zu zahlen, wenn spezialisierte Unternehmen ihnen Arbeit abnehmen und beispielsweise über Cloud-Modelle die Software auf eigenen Rechenzentren betreiben.

Die US-Firma Automattic, die hinter der Blog- und Web-Software WordPress steht, finanziert sich über ein solches Datenwolken-Modell: Über das Produkt «WordPress VIP» können Firmen sich dabei unterstützen lassen, mit WordPress ihren Webauftritt oder einen Unternehmensblog zu betreiben. Laut Automattic-Angaben machen das beispielsweise Facebook, das Pharma-Unternehmen Merck und der Fernsehsender CNN.

Und das Unternehmen verdient auch Geld mit Privatnutzer*innen. Will man einen Blog auf Basis von WordPress betreiben, könnte man sich eine Webadresse kaufen, Platz in einem Rechenzentrum mieten, die Software herunterladen und installieren. Das ist nicht allzu aufwändig, erfordert aber ein Mindestmaß an IT-Knowhow. Alternativ kann man sich mit wenigen Klicks einen Blog unter der Adresse wordpress.com zulegen. Das ist im Basismodell kostenlos. Man kann jedoch verschiedene Premiumfunktionen hinzubuchen, die sich zwischen monatlich vier und 45 Euro bewegen und beispielsweise ermöglichen, dass man einen Kalender oder Videos integriert. Außerdem betreibt Automattic ein eigenes Anzeigennetzwerk und blendet auf wordpress.com-Blogs Werbung ein.

Auch das neuseeländische Unternehmen Innocraft sowie die Stuttgarter Nextcloud GmbH bieten einen Rundum-Cloudservice an. Statt die User-Analyse-Software Matomo selbst zu installieren, kann man die Daten im Rechenzentrum von Innocraft auswerten lassen. Die Preise bewegen sich, je nach Zahl der Besuche auf einer Webseite, zwischen monatlich 19 Euro und 13 900 Euro. Für Preise zwischen 29 und 599 Euro pro Jahr kann man Erweiterungen hinzubuchen, die beispielsweise noch detailliertere Berichte ermöglichen.

Ähnlich ist es bei der Cloud-Software Nextcloud: Gegen Bezahlung kann man, statt die Cloud selbst zu betreiben, für das Speichern der eigenen Daten das Rechenzentrum der Nextcloud GmbH nutzen. Im Produkt «Nextcloud Enterprise» sind außerdem verschiedene Zusatzfunktionen enthalten, etwa eine integrierte Videokonferenz-Software.

Community- und Unternehmensversion

Bei einer speziellen Spielart des Open-Source-Geschäftsmodells hat das Unternehmen das Projekt in zwei Versionen aufgespalten. Es gibt eine Community-Version für Privat-User, die Angestellte des Unternehmens zusammen mit einer externen Community entwickeln. Geld verdient das Unternehmen mit einer angepassten Firmen-Version. Diese entsteht ausschließlich im Unternehmen und baut auf den Software-Entwicklungen der Community-Version auf.

Fedora gehört neben Ubuntu zu den beliebtesten Linux-Betriebssytemen. Hinter dem Projekt steht das Unternehmen Red Hat, das im Jahr 2019 für 34 Milliarden US-Dollar vom US-IT-Konzern IBM aufgekauft wurde. Red Hat Linux war ursprünglich ein einziges Betriebssystem. 2003 spaltete Red Hat das Projekt in zwei Versionen auf.

Seitdem gibt es Fedora als Community-Projekt, an dem Angestellte von Red Hat zusammen mit einer unbezahlten Community arbeiten. Auf der Grundlage der Fedora-Software baut das Software-Produkt Red Hat Enterprise Linux (RHEL) auf, das Red Hat für Unternehmenszwecke angepasst und optimiert hat. RHEL ist nur über Abomodelle verfügbar. Es kann als Betriebssystem für Server gemietet werden (die Preise bewegen sich zwischen 349 und 1299 US-Dollar pro Jahr) oder für Arbeitsplätze (je nach Funktionsumfang Kosten zwischen 179 und 299 US-Dollar pro Rechner und Jahr).

Ein ähnliches Modell hat die Nürnberger SUSE Software Solutions Germany GmbH. OpenSUSE ist eine Community-Version, ein Gemeinschaftsprodukt von SUSE-Angestellten und einer externen Community. Auf openSUSE wiederum baut das Produkt SUSE Linux Enterprise auf, das es ebenfalls im Jahresabo als Version für Server und für Arbeitsplätze gibt.

Ein solches zweistufiges Modell hat einen großen betriebswirtschaftlichen Charme: Für die hochpreisige Firmenversion kann sich das Unternehmen Software-Entwicklungen zunutze machen, die unter Mithilfe einer externen, unbezahlten Community entstehen. Die wiederum ist gern mit im Boot, weil eine nette freie Software herausspringt.

Und wie verdient Google mit Android Geld, obwohl die Software des Betriebssystems digitales Gemeingut ist? Auch hinter Android steht ein Modell mit zwei Versionen. Das Smartphone-Betriebssystem an sich ist – unter dem Namen Android Open Source Project (AOPS) – Gemeingut. Soll ein Smartphone auf Basis von AOSP, wie von Nutzer*innen erwartet, funktionieren, benötigt man allerdings zusätzliche Softwareprodukte, etwa den Play-Store-Marktplatz, über den man Apps installieren kann.

Diese Zusatzsoftware ist nicht frei, sondern klassisches Eigentum von Google. Ist der Play Store installiert, erhält Google stets Provisionen beim Kauf von Bezahl-Apps. Und die Verträge, die Smartphone-Hersteller mit Google abschließen müssen, weil sie die benötigte Zusatzsoftware ebenfalls installieren wollen, sorgen dafür, dass stets noch ein Strauß anderer Google-Produkte vorinstalliert ist, mit denen das Unternehmen ebenfalls Geld verdient (und außerdem Daten von Hunderten Millionen Usern erhält).

Tücken von Open-Source-Geschäftsmodellen

Eine Gelddruckmaschine sind Open-Source-Geschäftsmodelle allerdings nicht. Gefragt, welche Fallstricke es gibt, listet Lisa Reisch von der Open Source Business Alliance eine Reihe möglicher Probleme auf. Zum einen ist da die nicht vorhandene Exklusivität, die es erschwere, Margen zu erhöhen. Freie Software kann von allen für alle denkbaren Zwecke genutzt werden. Unternehmen können sie für interne Zwecke einsetzen, aber auch ihrerseits ein Geschäftsmodell darauf aufbauen und – in Konkurrenz zum eigentlichen Anbieter der Software – Schulungen, verwandte Dienstleistungen oder Zusatzprodukte anbieten.

Wer Unterstützung beim Betrieb von Ubuntu, Nextcloud, Maromo oder WordPress haben will, kann Canonical, die Nextcloud GmbH, Automattic oder InnoCraft damit beauftragen – oder zu Hunderten IT-Agenturen gehen, die solche Dienste ebenfalls offerieren.

Außerdem sei die Zielgruppe oft überschaubar, da Open-Source-Software häufig nur von einer kleinen Zahl von Anwender*innen genutzt werde. Und bei Projekten, die mit Communitys zusammenarbeiten, könne genau das eine Tücke sein: «Wenn es nicht genug Freiwillige gibt oder wenn sie aufhören, an einem Projekt mitzuarbeiten, kann dies das Projekt beeinträchtigen und dessen Zukunft gefährden.»

Die Corporate Community

Die vorgestellten Projekte mit kommerziellem Hintergrund unterscheiden sich in der konkreten Ausgestaltung des Geschäftsmodells, in einem Punkt jedoch sind die Verhältnisse klar. Es gibt auf der einen Seite ein Unternehmen, das das Softwareprojekt initiiert hat, das meistens die Markenrechte hält und über speziell gestaltete Gremien seine Macht zementiert hat. Dem gegenüber steht eine ehrenamtlich arbeitende Community, die an der Software mitschreibt und pseudodemokratisch eingebunden ist.

Daneben lässt sich ein Modell beobachten, das noch seltsamer wirkt, wenn man mit klassischen ökonomischen Maßstäben auf die digitale Gegenwelt schaut: Unternehmen arbeiten an einem Projekt mit, obwohl sie keinerlei privilegierten Nutzen daraus ziehen können. Sie halten keine Markenrechte und verfügen über keine garantierten Positionen in Projektgremien. Als Teil einer «Corporate Community» bezahlen sie Angestellte dafür, an einer Software mitzuarbeiten – auf Augenhöhe mit ehrenamtlichen Mitgliedern der sonstigen Community.

Die Bürosoftware LibreOffice entsteht auf den ersten Blick jenseits jeglicher Marktlogik. Tatsächlich aber spielen Ressourcen von Unternehmen eine Schlüsselrolle. Wie das genau aussieht, zeigen Analysen zur Code-Zusammensetzung, die das Projekt regelmäßig erstellt. Diese erfassen, auf wessen Konten welche Programmcode-Beiträge der jeweils letzten Version gehen. Laut einer Auswertung für die Software-Version 7.2 im Jahr 2021[30] waren Angestellte der LibreOffice-Mutterorganisation The Document Foundation nur für 8 Prozent der Code-Beiträge verantwortlich; 23 Prozent stammten von individuellen Einzelentwickler*innen.

Dagegen steuerten Angestellte von Unternehmen den großen Rest bei. 29 Prozent der Beiträge kamen vom britischen Unternehmen Collabora, das über ein Open-Source-Geschäftsmodell Unternehmens-Support für LibreOffice sowie ein Cloud-Produkt anbietet, eine Onlineversion der Bürosoftware, vergleichbar mit Google Docs. 27 Prozent der Beiträge erstellten Angestellte des IBM-Tochterunternehmens Red Hat. LibreOffice ist sowohl in der Community-Version Fedora als auch in der Unternehmensversion Red Hat Enterprise Linux stets vorinstalliert. (In Bereichen, bei denen es nicht um die Produktion von Quellcode geht, etwa Dokumentation, Übersetzung und Qualitätssicherung, stammen allerdings mehr Beiträge von Ehrenamtlichen und Mitarbeiter*innen der Stiftung.)

«LibreOffice ist ein Miteinander von bezahlten Kräften und ehrenamtlich Beitragenden», sagt Florian Effenberger, Geschäftsführer der Document Foundation. Unternehmen der Corporate Community entwickeln Funktionen, weil sie diese für eigene Zwecke oder als Dienstleistung für Kunden benötigen: «Die bezahlten Beitragenden programmieren eine Funktion und pflegen sie in die Software ein. Wir als LibreOffice-Projekt liefern die Programmbasis und können uns freuen, weil wir eine Programmierleistung auf hohem Niveau erhalten.»

Wenn Leute Zeit und ihr Können beisteuern, sei das immer ein Gewinn, egal ob sie in der Freizeit mitwirken oder von einem Unternehmen bezahlt werden.

Linux als Hacker- und Unternehmensprojekt

Bei Softwareprojekten sei die Unterscheidung «kommerziell» oder «nichtkommerziell» mitunter schwierig, sagt Matthias Kirschner von der Free Software Foundation Europe. Gerade bei Linux würden viele Menschen oft an Hobbyprogrammierer*innen denken. Dabei werde der Software-Kern primär von Firmen entwickelt. Und Unternehmens-Ressourcen spielten auch manchmal dort eine Rolle, wo das – anders als bei Ubuntu oder Fedora – nicht sofort ersichtlich ist.

Der gemeinsame technologische Ausgangspunkt des Linux-Universums ist der Linux Kernel – ein Softwarebündel, das grundlegend regelt, wie Betriebssysteme mit der Hardware eines Geräts interagieren.

Dieser Kernel wird von der amerikanischen Linux Foundation gepflegt, einem Nonprofit-Firmenkonsortium mit mehr als tausend Mitgliedsunternehmen, darunter globale IT-Konzerne wie Microsoft, Meta, Google oder das chinesische Baidu. Die Linux Foundation hat etwa 200 Angestellte.[31] Dazu gehört auch Linus Torvalds, einer der beiden Väter des Linux-Projekts.

Wie bei LibreOffice gibt es auch für den Linux-Kernel Auswertungen zur Herkunft der Code-Beiträge. Diese zeigen: In sogar noch höherem Maße entsteht die Software innerhalb der Corporate Community. Laut einer Aufschlüsselung von Ende 2022[32] sind für Version 6 des Kernel 760 000 Zeilen Programmcode entstanden. Davon kamen 12 Prozent vom Konzern Oracle, der Unternehmenssoftware anbietet und unter anderem einen Klon von Red Hat Linux Enterprise im Portfolio hat. Weitere 12 Prozent der Beiträge steuerte ARM bei, ein Prozessor-Hersteller, und 7 Prozent Google (das Google-Smartphone-Betriebssystem Android basiert auf dem Linux-Kernel). Nur etwa 10 Prozent der Beiträge ließen sich nicht klar einzelnen Unternehmen zuordnen.

Auch bei Debian arbeiten längst nicht alle unbezahlt. Die Studie «Open source has won and lost the war» aus dem Jahr 2020 hatte sich mit dem hybriden Miteinander von Corporate und «normaler» Community bei diesem Projekt beschäftigt, das ohne eigene Rechtsperson und ohne auch nur einen einzigen Angestellten auskommt. Von 253 für die Studie befragten Debian Members hatten 37 Prozent angegeben, dass sie für ihre Mitarbeit von Firmen bezahlt werden.[33]

Das können Unternehmen sein, die Produkte auf Debian-Basis anbieten oder die Debian für interne Unternehmenszwecke einsetzen. Stellt man für solche Zwecke ein Mitglied der Community an, ist klar: Die Person kennt das Projekt und die Strukturen. Sie kann Probleme lösen, ohne sich langwierig einzuarbeiten. Wird eine neue Funktion benötigt, ist sie sowohl inhaltlich in der Lage als auch gut genug vernetzt, um das sonstige Projekt dafür zu gewinnen.

Der Hamburger Holger Levsen ist einer der etwa 1000 Debian Members. Quantifizieren, wie hoch der Anteil der Bezahlten in der Community aktuell ist, kann er nicht. Er meint nur: «Bei Debian gibt es viele Leute, die in Firmen arbeiten und dabei teilweise extrem viel Freiheiten haben.» Beispielsweise habe vor einigen Jahren ein großer französischer Energiekonzern Zehntausende Rechner auf Debian laufen lassen und dafür eben ein Debian Member angestellt.

Ehrenamt lohnt sich

Bei Debian werden also fast vier Zehntel der Kern-Community für ihr Mitwirken bezahlt – nicht direkt vom Projekt, aber von einer dritten Partei. Bei LibreOffice entstehen etwa 70 Prozent der Code-Beiträge innerhalb der Corporate Community. Sind nun wenigstens die anderen Community-Mitglieder aus rein ehrenamtlichen Gründen in ihrer Freizeit dabei? Einzig motiviert durch die Lust an der Technik und der Freude, der Menschheit ein nützliches Programm bereitzustellen, so wie man sich in der analogen Welt ehrenamtlich in Vereinen oder sozialen Bewegung organisiert?

Auch das ist nicht immer der Fall. Bei Debian nicht. Auch nicht bei LibreOffice, meint Florian Effenberger, Geschäftsführer der Document Foundation: «Bei Einzelentwickler*innen in der Community kennt man nicht immer den Hintergrund. Vielleicht machen sie es nur als Hobby, vielleicht arbeiten sie als IT-Freelancer an LibreOffice.»

Schaut man sich in den Software-Communitys um, merkt man schnell, dass viele IT-Selbstständige darunter sind. Sie bieten als Ein-Personen-Agenturen IT-Dienstleistungen und -Beratung an. Oft haben sie sich allgemein auf Open Source oder auf das jeweilige Projekt spezialisiert, in dessen Community sie aktiv sind.

Dass in den nichtkommerziellen Softwareprojekten so viele technisch hochbegabte Community-Mitglieder ihre Arbeitszeit zur Verfügung stellen, hat zum einen damit zu tun, dass sie es sich leisten können. Als IT-Spitzenfachkraft kann man so gut verdienen, dass man problemlos von drei Tagen bezahlter Arbeit pro Woche leben kann. Als Ausgleich zu der vielleicht wenig erfüllenden Tätigkeit, wenn man für einen Großkonzern mäßig interessante Softwareprojekte umsetzt, kann man in der sonstigen Zeit dem eigenen Spieltrieb oder der altruistischen Motivation folgen. Man arbeitet unbezahlt in einer Community mit, bringt ein wichtiges freies Softwareprojekt voran oder gründet gar selbst eines.

Zum anderen lassen sich digitales Ehrenamt und Freelancer-Tätigkeit produktiv miteinander verbinden. Aufgrund des Knowhows, das die Freelancer im Softwareprojekt erwerben, können sie hohe

Tagessätze oder Stundenlöhne durchsetzen. Dank des Netzwerks und der Sichtbarkeit im Projekt kommen sie leicht an Aufträge. Nicht nur auf Unternehmensebene, auch auf der Ebene von Einzelpersonen gibt es Open-Source-Geschäftsmodelle.

Holger Levsen stellt sich auf seiner Webseite als «freiberuflicher Berater und Dienstleister mit den Schwerpunkten freie Software, GNU/Linux und Internet» vor. Er bietet Beratung zu Infrastruktur, IT-Sicherheit, Wartung und Schulung an. Auf die Frage, inwiefern seine Tätigkeit in der Debian Community seine Freelancer-Tätigkeit positiv beeinflusst, inwiefern ihm das erworbene Knowhow, die Reputation und das Netzwerk dabei helfe, mehr und besser bezahlte Aufträge zu bekommen, antwortet er lächelnd: «All of this.»

Die digitale Gegenwelt ist geprägt von Menschen, die die Bezeichnung «Software-Hippie-Kommunist*innen» stolz annehmen würden. Die Communitys sind voller Leute, die sich selbstbewusst als Hacker verstehen und mitwirken, weil sie freie Software für einen wichtigen Beitrag zu einer besseren Gesellschaft halten. Die Logik der digitalen Gegenwelt ermöglicht ihnen, sich ehrenamtlich zu engagieren und davon gleichzeitig beruflich zu profitieren. In der analogen Zivilgesellschaft ist das eher nicht der Fall. Wer bei den Tafeln mitarbeitet, wer sich bei der Freiwilligen Feuerwehr oder der Antifa engagiert, profitiert nur selten beruflich davon.

Grenzen des Wirtschaftswunders

Solche Modelle gebe es sicherlich, meint Marie Gutbub vom Prototype Fund. Allerdings, so schränkt sie ein, nur für einen Teilbereich: Einige führende Entwickler*innen in bekannten Projekten kämen tatsächlich leicht an bezahlte Stellen und Aufträge. Das sei jedoch nicht selbstverständlich, sobald es um ein weniger bekanntes Softwareprojekt geht.

Und dieser Mechanismus funktioniere auch nur für den IT-Bereich im engeren Sinn: «Unternehmen suchen immer nach guten Developpern und bezahlen diese sehr gut. Das nichtkommerzielle digitale Ökosystem lebt aber auch davon, dass es nicht nur Entwickler*innen gibt.» Bei anderen Community-Aktivitäten würden solche

Open-Source-Geschäftsmodelle hingegen meist nicht funktionieren, sei es, dass es um Community Management, Design oder User Research geht. Wenn Organisationen oder Unternehmen in solchen Bereichen Jobs anbieten, stehen die Kandidat*innen Schlange, und nicht andersherum.

Moritz Bartl zieht einen Vergleich mit Influencern, die Inhalte auf Social-Media-Plattformen kreieren. Viele seien mit Herzblut dabei. Nur wenige allerdings würden es schaffen, von der Arbeit, die sie lieben, auch gut zu leben.

Das Wirtschaftswunder der digitalen Gegenwelt hat also auch Grenzen.

Wikipedia

Die Mitmach-Enzyklopädie

Vor mehr als 20 Jahren hat Wikipedia den Zugang zu Wissen grundlegend verändert. Auf den mittlerweile gigantischen Wissensschatz haben alle kostenlos Zugriff und können ihn mitgestalten.

Stolze 2490 Euro betrug der Preis für die letzte gedruckte Ausgabe des Brockhaus, die in den Jahren 2005 und 2006 erschien. Sie bestand aus 30 Bänden mit 300 000 Stichwörtern und wog insgesamt 70 Kilo.[34] Eine hauptamtliche Redaktion bestimmte, welche Themen es wert sind, aufgenommen und wie detailliert dargestellt zu werden.

Wikipedia-Inhalte hingegen sind kostenlos und entstehen demokratisch. Alle können Artikel schreiben und verändern, wenn sie etwas Zeit investieren. Und durch die Online-Enzyklopädie ist der Blick auf die Welt breiter, detaillierter und aktueller geworden. Allein die deutsche Wikipedia enthält 2,8 Millionen Artikel, die mitunter sehr ausführlich sind. Der Eintrag zu Angela Merkel wäre ausgedruckt etwa zwölf Textseiten lang. Passiert etwas Wichtiges, dauert es oft nur wenige Stunden, bis der entsprechende Artikel aktualisiert ist.

Der Gefahr, dass der Mitmach-Charakter zu einer Flut von irrelevanten Inhalten, Falschmeldungen und Vandalismus führt, setzt das Projekt klare Regeln und eine Qualitätssicherung durch die User entgegen (siehe Interview «Nette und hilfreiche Begegnungen überwiegen», S. 199).

«Neutral Point of View», so lautet der wichtigste Grundsatz des Projekts. Nicht Meinungen, nur Fakten gehören in einen Artikel. Relevanzkriterien legen detailliert fest, wann ein Thema in einem bestimmten Bereich «enzyklopädisch relevant» genug für einen Wikipedia-Eintrag ist. Und eine Information muss stets mit einer verlässlichen Quelle belegt sein.

Ein «lustiges Projekt»

Begonnen hat, was heute Wikipedia ist, als kommerzielles Seitenprojekt vom Jimmy Wales. Der war kein Hacker oder Software-Hippie, sondern ursprünglich ein klassischer Unternehmer, erfolgreich in einer wenig tageslichttauglichen Branche. Seine Firma Bomis hatte sich auf Inhalte für eine heterosexuelle männliche Zielgruppe spezialisiert: Autos, Sport und vor allem Erotik, mit Produkten wie einer Softcore-Bilderplattform namens «Bomis Babes».

Ein Angebot in einem ganz anderen Bereich sollte Nupedia werden: eine werbefinanzierte Online-Enzyklopädie, für die ausgewählte Expert*innen Artikel schreiben. Wikipedia war als experimentelle Spielwiese gedacht, auf der sich «normale» User austoben können. Am 15. Januar 2001 ging Wikipedia.com online und wurde auf der Nupedia-Webseite als «lustiges Projekt» vorgestellt, «das lose mit Nupedia verbunden ist».

Das Nupedia-Modell ging betriebswirtschaftlich nicht auf, das Mitmach-Konzept von Wikipedia hingegen hob weltweit ab. Bereits im März 2001 ging die Unteradresse deutsche.wikipedia.com online (heute de.wikipedia.org). Am 20. Juni 2003 übernahm die neu gegründete Wikimedia Foundation mit Sitz in San Francisco den Betrieb. Fast genau ein Jahr später, am 13. Juni 2004, gründete sich der Verein Wikimedia Deutschland als erstes nationales Chapter.

Heute ist aus Wikipedia ein komplexes, transnationales Gebilde geworden, bestehend aus einer großen Organisation, Dutzenden Vereinen und einer weltumspannenden Community. Man könnte von den Vereinigten Staaten von Wikipedia reden.

Das Projekt schätzt, dass etwa 40 000 Autor*innen regelmäßig an der größten, der englischen Sprachausgabe mitschreiben und etwa 6000 an der deutschsprachigen Wikipedia.[35] Wikipedia gibt es in 300 Sprachausgaben, darunter auch Dialekte. Es gibt beispielsweise die «Boarische Wikipedia» und Wikipedia «op Plattdüütsch».

Einfache und privilegierte User

Die Sprachcommunitys verfügen jeweils über eigene hierarchische und thematische Strukturen.

Wikipedia-Neulinge können Ergänzungen oder Änderungen an Artikeln nur vorschlagen. Damit sie sichtbar werden, müssen sie von Usern mit dem Status «Sichter» akzeptiert werden. «Passiver Sichter» wird man, wenn man 150 erfolgreiche Bearbeitungen («Edits») vorweisen kann, von da an werden eigene Beiträge automatisch freigeschaltet. Mit 300 Edits kann man Beiträge einfacher User zulassen oder ablehnen.

Mit bereits 200 eigenen Bearbeitungen kann man sich an Wahlen zu höheren Hierarchiepositionen beteiligen. «Administratoren» können User sperren, Artikel löschen und bei Streit zwischen Sichtern finale Entscheidungen treffen. Für diesen Status muss man kandidieren und in einem Abstimmungszeitraum von zwei Wochen absolut mindestens 50 Pro-Stimmen und insgesamt doppelt so viele Pro- wie Kontra-Stimmen erhalten. Der Status ist zeitlich nicht begrenzt. Die Community kann aber eine Vertrauensfrage stellen. Wenn 25 stimmberechtigte Mitglieder innerhalb eines Monats oder 50 in einem halben Jahr dies fordern, muss man erneut kandidieren.

Eine weitere Hierarchiestufe sind «Bürokraten», die vor allem Verwaltungsaufgaben innehaben. Sie ernennen Admins nach erfolgreicher Kandidatur und können Bots zulassen – kleine Programme, die wiederkehrende Arbeitsschritte erledigen und beispielsweise Rechtschreibfehler korrigieren. Für diese Position benötigt man ebenfalls mindestens 50 Stimmen, und 70 Prozent aller abgegebenen Voten müssen zustimmend sein. Anders als bei den Administrator*innen ist der Status zeitlich befristet, spätestens nach zwei Jahren muss man sich einer Wiederwahl stellen.

In der deutschsprachigen Wikipedia-Community gibt es im Juli 2023 44000 passive und 21000 aktive Sichter*innen, 180 Administrator*innen und sieben Bürokrat*innen.[36]

Neben den hierarchischen spielen auch inhaltliche Strukturen eine große Rolle. User können in 20 verschiedenen Themen-Redaktionen aktiv werden, die es beispielsweise zu Musik, Medizin, Sexualität, Religion oder Pflege gibt. Diese Redaktionen beschließen unter anderem die Relevanzkriterien, die etwa detailliert festlegen, ab wann ein Unternehmen oder ein Sportverein einen Anspruch auf einen eigenen Artikel hat. Die deutschsprachige Community trifft sich außerdem auf etwa 60 lokalen und regionalen Stammtischen.

Die Wikimedia Foundation

Der ehrenamtlich arbeitenden weltweiten Gemeinschaft steht die Wikimedia Foundation gegenüber. Die US-Stiftung betreibt mit etwa 700 Mitarbeiter*innen die Webseite Wikipedia.org, entwickelt die von der Online-Enzyklopädie genutzte Software Mediawiki und unterstützt und sponsert die Aktivitäten der Community.

Daneben gibt es 38 formal unabhängige Organisationen, die von der Foundation als nationale «Chapter» anerkannt wurden. Die größte Landesvertretung ist der Verein Wikimedia Deutschland – Gesellschaft zur Förderung Freien Wissens e.V. mit etwa 120 Angestellten und mehr als 100 000 Mitgliedern. Dieser macht im Kleinen, was die Foundation im Großen macht: Er unterstützt die Community, arbeitet an der Technologie mit und vertritt das Projekt vor Ort nach außen.

Wikipedia ist das mit Abstand größte, aber nicht das einzige Projekt der Wikimedia-Familie. Daneben gibt es noch zehn andere Schwesterprojekte mit Mitmachcharakter, darunter der Reiseführer Wikivoyage, das Wörterbuch Wiktionary, die Zitatesammlung Wikiquote, das Nachrichtenportal Wikinews, die Lehrbuchsammlung Wikibooks und die Lern- und Lehrmaterialplattform Wikiversity.

Das oberste Machtgremium der Wikimedia Foundation ist der Stiftungsrat («Board of Trustess»). Fünf der zwölf Sitze werden vom Stiftungsrat selbst vergeben. Ein Sitz ist laut Satzung für den Wikipedia-Gründer Jimmy Wales vorgesehen. Dem Rat steht aber frei, den Gründerposten nicht zu besetzen. Sechs Sitze werden in Community-Wahlen vergeben. Die Amtszeit beträgt jeweils drei Jahre, jedes Jahr werden zwei Community-Sitze frei.

Das Wahlprocedere ändert sich gelegentlich. Zuletzt im Jahr 2022 wurde in zwei Stufen gewählt: Als Erstes stimmten die etwa 180 «Affiliates» – lose geographische Community-Zusammenschlüsse oder organisierte Chapter wie Wikimedia Deutschland – über eine Shortlist aus sechs Kandidat*innen ab.

Auf dieser Basis besetzte die weltweite Wikimedia-Community die in dem Jahr frei gewordenen zwei Vorstandssitze. Wahlberechtigt waren alle User mit mindestens 300 Edits auf Wikipedia oder einem der Schwesterprojekte, davon mindestens 20 Edits im letzten Halbjahr. 2022 waren 68 000 User stimmberechtigt, und die Wahlbeteiligung lag bei 9 Prozent.

Digitaler Spenden-Weltmeister

Die formalen Strukturen hinter Wikipedia finanzieren sich fast ausschließlich über Spenden. 2022 hatte die Wikimedia Foundation 165 Millionen US-Dollar von 13 Millionen Einzelspender*innen eingenommen. Eine besondere Rolle spielt eine zeitlich begrenze Endjahreskampagne im November und Dezember, die die Foundation für die fast komplette Welt zentral durchführt.

Nur der deutsche und der Schweizer Landesverein organisieren eigene Spendenkampagnen. Im Jahr 2022 hat Wikimedia Deutschland 14,7 Millionen Euro an Spenden eingenommen. Einen großen Teil dieser Einnahmen führt der Verein an die Wikimedia Foundation ab und erhält einen kleineren Betrag als nationale Projektförderung zurück. Außerdem hat der Verein – anders als die Foundation – eigenständige Einnahmen durch Mitgliedsbeiträge, im Jahr 2022 waren es 5,1 Millionen Euro.

Nichtkommerzieller Quasimonopolist

Der mit Abstand erfolgreichste Akteur der digitalen Gegenwelt hat erreicht, was sonst nur großen IT-Konzernen mit ihren Produkten gelingt. Wikipedia hat ein Quasimonopol. Auf dem Markt des enzyklopädischen Wissens gibt es nur in Nischen Wettbewerber, etwa in Form von Spezial-Onlinelexika zu Gesundheits- oder Finanzthemen.

Obwohl die Community immer klagt, dass zu wenige neue Autor*innen hinzukommen, funktioniert das Konzept bis heute. Fast zu jedem denkbaren Thema haben Community-Mitglieder Inhalte erstellt, die oft sogar auf hohem Niveau sind. Und Wikipedia mit seinem riesigen Organisations-Apparat hat es bis heute geschafft, komplett unabhängig von Dritten zu bleiben und sich nur über die eigenen User zu finanzieren. Wikipedia ist ein digitales Wunder.

Mitmachen:

Unter de.wikipedia.org gelangt man auf die deutschsprachige Ausgabe der Online-Enzyklopädie. Es gibt auch eine offizielle Wikipedia-Smartphone-App (siehe wikipedia.org/wiki/Wikipedia:Technik/Mobil/App). Klickt man auf den «Bearbeiten»-Reiter oberhalb eines Artikels, kann man einen Eintrag verändern. Beim Zugriff auf die Inhalte per Browser-App oder per Wikipedia-App klickt man auf ein Stift-Symbol. Änderungen von Wikipedia-Neulingen werden erst sichtbar, wenn User einer höheren Hierarchiestufe sie freigeschaltet haben.

Tor

Das Anonymisierungs- und Anti-Zensur-Werkzeug

Tor schützt effektiv vor Überwachung und Zensur. Die Technologie ist ein ungewöhnliches Gemeinschaftsprojekt zweier ungleicher Partner.

«Computer says No». Mit diesem Satz lehnte in der britischen Satiresendung Little Britain die stets schlecht gelaunte Mitarbeiterin eines Reisebüros jeden Wunsch ab, nachdem sie ein Reiseziel in ihrem Computer nachgeschlagen hatte. Dass anonyme Computersysteme «sich verweigern», ist für viele Menschen unlustige Realität. Wollen sie eine Webseite aufrufen, sehen sie eine Fehlermeldung, eine Sperrnachricht oder es tut sich schlicht gar nichts. Das weltweite, unbegrenzte Internet halten viele Regierungen für eine Bedrohung und sperren unliebsame Webseiten und Apps.

Tor ermöglicht es, Zensur zu umschiffen und gleichermaßen Überwachung auszuhebeln.

Die Technologie verschleiert IP-Adressen, kleine Zahlenkolonnen, die hinter den sichtbaren Webadressen stehen (die IP-Adresse von Spiegel online beispielsweise lautet 128.65 210.8). Bei jeder Internetkommunikation wandern Datenpakete hin und her, auf denen stets die Ursprungs- und Ziel-IP-Adresse steht, also wo die Daten herkommen und wo sie hinsollen. Regierungen können Internetanbieter verpflichten, den Zugang zu bestimmten IP-Adressen zu blockieren. Außerdem können sie aufzeichnen lassen, welche IP-Adressen Nutzer*innen aufrufen.

Die große Verschleierung

Das kann Tor verhindern. Nutzt man Tor, werden Daten nicht direkt zum Ziel geschickt, sondern über jeweils drei Verschleierungsstationen geleitet. Mit dem Tor-Browser, einem leicht modifiziertem Firefox-Browser, kann man verschleiern, was man im World Wide Web macht. Dafür holt sich die Software einen Überblick über alle zu der Zeit verfügbaren Tor-Knoten und wählt zufällig drei aus. Der Tor-Browser schickt die Daten zur ersten Verschleierungsstation, diese erfährt die IP-Adresse des zweiten Knotens und dieser wiederum die Adresse des dritten Knotens. Erst die dritte Verschleierungsstation sieht, welche Webseite oder App aufgerufen werden soll, und stellt die Daten zu.

Bei der Nutzung einer solchen Verschleierungsroute ist für den Internetanbieter nur die IP-Adresse des ersten Tor-Knotens sichtbar, aber nicht, was man vorhat. Die Webseite oder App wiederum sieht nur den dritten Knoten. Geheimdienste, die zwischendurch Datenverkehr beobachten, können die Kommunikation ebenfalls nicht mehr nachvollziehen.

Mittel gegen Zensur

Das hilft auch gegen Internetzensur. Erfährt der Internetanbieter nicht, was man machen will, kann er die aufgerufene IP-Adresse nicht mit einer Sperrliste abgleichen. In einigen Ländern kann man auf die Art problemlos Zensur aushebeln. In Ländern wie China, Russland und Iran muss man tiefer in die Trickkiste greifen. Die dortigen Regierungen lassen schlicht auch die IP-Adressen aller Verschleierungsstationen blockieren, sodass man gar keinen Zugang zum Tor-Netzwerk hat. Die Antwort des Projekts sind versteckte Knoten. Bei diesen Brücken-Knoten («Bridges») ist von außen nicht ersichtlich, dass es sich um Verschleierungsstationen handelt. Auch in Ländern mit ressourcenstarken Zensurregimen kann man über diesen Trick dann doch mit Tor ins weltweit freie Internet gelangen.

Durchschnittlich etwa 2,7 Millionen Menschen nutzten im ersten Halbjahr 2023 täglich Tor. Die größte User-Gruppe sitzt in den USA (530 000), es folgen Deutschland (480 000), Finnland (120 000), Indien (100 000) und Russland (90 000).[37]

Mit Tor kann man nicht nur anonym und zensurfrei surfen, sondern auch versteckte Webseiten betreiben. Deren Adressen sehen ungewöhnlich aus und bestehen stets aus einer 56-stelligen Folge von Zeichen und der Endung .onion. Darknet-Adressen kann man nur mit dem Tor-Browser aufrufen. Sie lassen sich weder verorten noch blockieren oder löschen. Diese Möglichkeit wird von großen Medien wie dem Spiegel, der Süddeutschen Zeitung oder der New York Times genutzt, die im Darknet anonyme Postfächer für Whistleblower anbieten. Eine sehr viel größte Rolle spielt das Darknet aber für illegale Nutzungen, vor allem für große, hoch professionelle Marktplätze für Rauschmittel.

Hierzulande ist Tor vor allem wegen des Darknets immer wieder in den Medien, zum Leidwesen vieler Tor-Aktivist*innen. Dieser versteckte Ort ist nur eine Nischenanwendung innerhalb der Technologie. Nur etwa 3 Prozent der Tor-User gehen auch ins Darknet, während die anderen 97 Prozent mithilfe des Browsers anonym und zensurfrei im «normalen» Internet surfen.

Neben dem Tor-Browser als Hauptanwendung gibt es auch andere Programme: Das hyperanonyme Linux-PC-Betriebssystem *Tails* schickt sämtlichen Datenverkehr eines Rechners über das Tor-Netzwerk. Das PC-Programm *OnionShare* erzeugt auf dem eigenen Rechner eine temporäre Darknet-Adresse, über die man verschlüsselt Dateien tauschen kann. *Briar* ist ein Android-Smartphone-Messenger auf Basis von Darknet-Adressen.

Kind des US-Militärs

Am Anfang war das Militär: Tor startete als Forschungsprojekt der US-Marine. Paul Syverson, ein Mathematiker am Naval Research Laboratory (NRL), wollte ein Werkzeug entwickeln, mit dem US-Militärs und Geheimdienste unbeobachtet das Internet nutzen können. 1995 begann er mit den ersten Arbeiten. Von Anfang an war allerdings klar, dass das Konzept nur aufgeht, wenn das Projekt sich breit öffnet. Damit US-Soldat*innen und Agent*innen bei der Nutzung von Tor nicht auffallen, brauchte es «Cover Traffic» – zusätzliche andere User, die Tor ebenfalls verwenden.

Im Herbst 2003 wurde der Quellcode unter einer Open-Source-Lizenz veröffentlicht, im gleichen Jahr ging Tor live. 2006 kam es zur formellen Trennung von Tor und dem US-Staat. Die neu gegründete gemeinnützige US-Organisation The Tor Project mit Sitz im US-amerikanischen Seattle übernahm die weitere Entwicklung.

Wie Wikipedia ist Tor ein hybrides Gebilde, eine Organisation und eine Community tragen das Projekt gleichermaßen. Die 22 Angestellten des Tor Projects (Stand 2021)[38] entwickeln ein großes Software-Paket; dieses besteht aus dem Tor-Browser sowie der Technologie zum Betreiben von Verschleierungsstationen und zum Einrichten von Darknet-Adressen. Der neunköpfige Vorstand, in dem unter anderem ein Mitglied der deutschen Hacker-Organisation Chaos Computer Club sitzt, ist selbst rekrutiert. Man kann laut Satzung der Organisation für ein oder drei Jahre gewählt und unbegrenzt wiedergewählt werden.

Die Knoten-Community

Die Community betreibt die für die Verschleierung benötigte Infrastruktur, die aus etwa 9000 Tor-Knoten besteht. Man kann einen einzelnen Knoten oder mehrere auf einmal betreiben. Man kann dabei anonym bleiben oder offenlegen, wer man ist. Hinter den großen Knoten-Familien stehen oft Vereine, die sich speziell für diesen Zweck gegründet haben.

Zu den weltweit größten Knotenfamilien gehören der aus der Freifunk-Community stammende Verein F3 Netze im fränkischen Haßfurt, die Foundation for Applied Privacy in Wien, die Freunde der Meinungsfreiheit in Wasterkingen bei Zürich, der Chaos Computer Club Stuttgart sowie der Verein Digitalcourage in Bielefeld. Eine Schlüsselrolle spielt der Dresdner Verein Zwiebelfreunde. Dessen Mitglieder haben dabei geholfen, die deutsche und europäische Tor-Community aufzubauen.

Das höchste Community-Gremium ist die neunköpfige selbstrekrutierte Gruppe der «Directory Authorities». Diese «Verzeichnis-Autoritäten» erstellen eine stündliche Übersicht über alle aktuell verfügbaren Verschleierungsstationen und betreiben Qualitätskontrolle. Mitglieder der Gruppe analysieren, wie schnell und ausfallsicher Tor-Knoten Daten weitergeben. Sie versuchen, bösartige Knoten zu erkennen, die Daten beim Weitergeben manipulieren, und können verdächtige Verschleierungsstationen aus dem Netzwerk ausschließen.

Liebling der US-Technologieförderung

Die organisatorischen Verbindungen zwischen Tor und dem US-Staat wurden 2006 gekappt. Finanziell sind die beiden Parteien jedoch bis heute eng verbandelt. Tor ist das Aushängeschild der Internet-Freedom-Agenda des US-Staates. Das Tor Project genießt eine stabile Dauerfinanzierung, und auch externe Entwicklungen aus der Tor-Community erhalten regelmäßig Fördergelder (siehe Kapitel 4, S. 70 ff.).

Zuletzt hatte das Tor Project Einnahmen in Höhe von 7,4 Millionen US-Dollar.[39] Seit 2007 hat der US-Staat die Organisation mit 26 Millionen US-Dollar gefördert. Durchschnittlich kamen 62 Prozent des Budgets des Tor Project vom US-Staat. 2021 lag der Anteil bei 38,2 Prozent.[40]

Die US-Gelder kamen und kommen von vier staatlichen Quellen: dem US-Außenministerium über sein Bureau of Democracy, Human Rights and Labor Affairs (DRL), der Auslandsrundfunkbehörde US Agency for Global Media (USAGM), dem US-Militär und der National Science Foundation, einer staatlich finanzierten Fördergesellschaft.

Kleinere Einzelgeldgeber waren die Agentur für internationale Entwicklungszusammenarbeit SIDA, eine Behörde des schwedischen Außenministeriums sowie die Mozilla Foundation, die den Firefox-Browser entwickelt. Der Rest kam von Einzelspender*innen sowie von privaten Stiftungen, von Digitalorganisationen und Unternehmen.

Hacker-Technologie mit Staatsfinanzierung

Dieses Schlüsselwerkzeug der digitalen Selbstverteidigung ist sowohl in puncto Nutzung als auch in Bezug auf seine Strukturen widersprüchlich. Die Technologie wird gleichermaßen begeistert von politischen Aktivist*innen und von Kriminellen genutzt. Angestellte des Tor Project und Mitglieder der Tor-Community halten auf Hackerveranstaltungen umjubelte Vorträge, auf denen sie staatliche Überwachung verdammen, während die Technologie, die sie vertreten, ein Produkt verlässlicher staatlicher Dauerförderung ist.

Neben dem US-Staat als Hauptgeldgeber spielt vor allem die deutsche Hacker-Community eine große Rolle. Über deutsche Knoten laufen stets zwischen 25 und 35 Prozent[41] des weltweiten Tor-Datenverkehrs. Nicht nur Bratwurst, Maschinen und Autos sind deutsche Exportschlager, sondern auch Anonymisierung und Zensurumgehung.

Mitmachen:

Auf torproject.org/download kann man den Tor-Browser herunterladen und findet die Links zu den Browser-Apps. Für Android stellt die Organisation selbst eine App («Tor Browser») zur Verfügung. Für iOS-User empfiehlt das Tor Project die externe App Onion Browser, die von Mitgliedern der Tor-Community entwickelt wird. Links zu den anderen Tor-Programmen: onionshare.org, tails.boum.org, briarproject.org

5

Die Macht der Lizenzen

Frei oder nicht frei?

War es Altruismus, der das Milliarden-Unternehmen Automattic dazu gebracht hatte, die Blog- und Websoftware WordPress freizugeben, Canonical das Linux-Betriebssystem Ubuntu und Google das Smartphone-Betriebssystem Android? Würde man den Automattic-Gründer Matthew Mullenweg, Mark Shuttleworth von Canonical oder Larry Page und Sergey Brin vom Google-Mutterunternehmen Alphabet fragen, würden sie das vielleicht bejahen und ein Loblied auf die gesellschaftlichen Vorzüge digitaler Gemeingüter anstimmen.

Die Wahrheit ist: Sie mussten es tun. Die Programme basieren auf Softwarevorlagen, die ihnen keine Wahl ließen. Der Grund waren drei Buchstaben, die Aktivist*innen zum Schwärmen und manche*n in der IT-Industrie zum Fluchen bringen: GPL, die am weitesten gehende freie Software-Lizenz.

Freie Lizenzen prägen die digitale Gegenwelt. Sie stellen sicher, dass Software und Inhalte uneingeschränkt genutzt und weiterentwickelt werden können. Sie schaffen einen frei zugänglichen Garten des Gemeinguts. Die besonders umfassende General Public License (GPL) sorgt außerdem dafür, dass nichts privatisiert werden darf. Sie verbietet nur eines, nämlich dass jemand innerhalb dieses Gartens Zäune errichtet.

Das Hacker-Labor am MIT

Die Geschichte der digitalen Gegenwelt ist eng mit der Entstehung freier Lizenzen und einer Schlüsselperson verknüpft. Diese Lizenzen seien eine Gegenreaktion auf die Abkehr vom ursprünglichen sehr offenen Umgang mit Software gewesen, erzählt der Sozialwissenschaftler Volker Grassmuck bei einem Treffen im Oktober 2022. In seinem Buch *Freie Software – Zwischen Privat- und Gemeineigentum*, das bereits 2002 bei der Bundeszentrale für politische Bildung erschienen ist, hat Grassmuck die ersten Jahre beschrieben.[1]

Die Geschichtsschreibung geht so: In den 1960er Jahren, als Rechner noch ganze Räume füllten, sei Software prinzipiell frei gewesen und der Quellcode, die Bauanleitung von Programmen, öffentlich zugänglich. Geld habe man mit dem Verkauf von Geräten verdient.

In US-Universitäten habe sich eine Software-Hippie-Kultur entwickelt, so Grassmuck: «Man hing der Vorstellung an, dass Software eine wichtige Möglichkeit gesellschaftlicher Entwicklung und persönlicher Entfaltung ist, die nicht anders als frei sein kann.»

Der Informatiker Richard Stallmann sei ein Kind dieses Zeitgeistes gewesen. Es habe zu der Zeit noch keine unfreien Programme gegeben, sondern nur eher restriktive oder liberale Informatikinstitute, die den Zugang zu den teuren und seltenen Computern beschränkten oder offenhielten. Stallmann, ein Experte für Betriebssysteme, sei 1971 vom eher restriktiven Harvard in das «Hacker-freundlichere» Massachusetts Institute of Technology (MIT) gewechselt, dessen Labor für künstliche Intelligenz als «legendäres Hackerparadies» bekannt gewesen sei.

In den siebziger Jahren musste Stallmann allerdings erleben, wie seltsame Moden Einzug hielten, erzählt Grassmuck: «Die Hackerethik, die den freien Austausch von Wissen, Software und Zugängen hochhielt, drohte zu verfallen. Rechner wurden plötzlich mit Passwörtern geschützt, um unbefugte Nutzungen zu verhindern. Neue Generationen, die nicht mit der Hackerethik sozialisiert worden waren, verkauften ihre Arbeitskraft meistbietend an Unternehmen. Eigentum an Software galt plötzlich als normal.»

Anfang der achtziger Jahre seien Programme kaum noch frei gewesen.

Statt Open-Source-Software, bei der Quellcode veröffentlicht wird und die von allen für alle Zwecke genutzt werden kann, entstand mehr und mehr geschlossene (in der Fachsprache heißt es «proprietäre») Software. Deren Bauanleitung war Geschäftsgeheimnis, für die Nutzung musste man Lizenzen erwerben.

GPL: Freiheit durch Unfreiheit

Stallmann wollte die alte Welt retten und ein Universum freier Software schaffen. Ausgangspunkt sollte ein Betriebssystem sein. Er legte den Grundstein für das bis heute wichtigste Software-Projekt der digitalen Gegenwelt, die Betriebssystem-Familie Linux. Und er rührte den Klebstoff an, der seitdem die digitale Gegenwelt zusammenhält, die GPL.

Zu der Zeit gab es bereits ein teilweise freies Betriebssystem, eine Weiterentwicklung eines Systems namens Unix. Das war Ende der 60er Jahre in der Forschungsabteilung des US-Telefonmonopolisten AT&T entwickelt worden. Die Universität Berkeley schloss sich der Entwicklung an und entwickelte 1977 eine eigene Version namens Berkeley Software Distribution (BSD). Die an der Universität geschriebenen Bestandteile waren frei, das Betriebssystem enthielt aber noch Elemente von AT&T. Wollte man BSD nutzen, musste man dennoch eine Lizenz erwerben.

Stallmann schwebte ein komplett freies Betriebssystem vor. Ironisch nannte er das Vorhaben GNU, ein Akronym für «GNU's not Unix». 1983 kündigte er das Vorhaben in einer Mailingliste an. Ein Jahr später kündigte er seinen Job am MIT, damit seine Entwicklungen nicht der Universität gehören würden. 1985 gründete er eine Organisation, die die Finanzierung der wichtigsten Entwickler*innen, ihn eingeschlossen, sicherstellen sollte, die Free Software Foundation (FSF), bis heute ein Schlüsselakteur der digitalen Gegenwelt.

Flankiert werden sollte die Entwicklung von einer besonderen

Lizenz, die etwas Paradoxes bezweckte: Freiheit durch Unfreiheit schaffen. Die Rechtskonstruktion sollte die Freiheit gewähren, das Betriebssystem für alle denkbaren Zwecke zu nutzen, zu verändern, zu modifizieren und zu untersuchen. Aber es sollte nicht möglich sein, Weiterentwicklungen der Software der Allgemeinheit zu entziehen.

Im «GNU-Manifest» von 1985 beschrieb Stallmann das Konzept erstmals: «GNU ist nicht in der Public Domain. Jedermann wird erlaubt sein, GNU zu modifizieren und weiterzugeben, aber keinem Distributor wird erlaubt sein, die Weitergabe zu beschränken. Das heißt, proprietäre Modifikationen werden nicht erlaubt sein. Ich möchte damit sicherstellen, dass alle Varianten von GNU frei bleiben.»[2] Zusammen mit FSF-Jurist*innen goss er die Ideen in eine Lizenz.

Bis das Betriebssystem fertig war, dauerte es noch. Es brauchte einen noch fehlenden Software-Bestandteil, den Linux-Kernel, den ein finnischer Entwickler Anfang der 1990er Jahre liefern würde (siehe Linux-Porträt, S.179). Ab 1984 entwickelte Stallmann einzelne Bestandteile für das Betriebssystem und stellte sie einzeln unter die neu formulierte Lizenz. 1989 wurde Version 1 der «GNU General Public License» veröffentlicht, sodass auch andere Projekte sie als Regelwerk verwenden konnten.

1991 erschien Version 2 und 2007 die bis heute letzte Version 3 der GPL. Sie postuliert vier Freiheiten, die für Hacker die heiligen Gebote der Software-Welt sind. Auf der von der FSF betriebenen Webseite gnu.org heißt es: «Ein Programm ist Freie Software, wenn Nutzer eines Programms über vier wesentliche Freiheiten verfügen:

- Die Freiheit, das Programm auszuführen, wie man möchte, für jeden Zweck.
- Die Freiheit, die Funktionsweise des Programms zu untersuchen und eigenen Datenverarbeitungsbedürfnissen anzupassen.
- Die Freiheit, das Programm zu redistribuieren und damit Mitmenschen zu helfen.
- Die Freiheit, das Programm zu verbessern und diese Verbesserungen der Öffentlichkeit freizugeben, damit die gesamte Gesellschaft davon profitiert.»[3]

Die Voraussetzung für diese Freiheiten ist, dass Programme ihren Quellcode veröffentlichen und zur Verfügung stellen. Für alle, die diese Freiheiten in Anspruch nehmen, gilt eine einzige Einschränkung: Wenn das Programm verändert und neu veröffentlicht wird, muss das unter der gleichen Lizenz geschehen. Die GPL ist somit eine Art Anti-Lizenz. Mit dem ureigensten Instrumentarium des Schutzes geistigen Eigentums sorgt sie dafür, dass niemand Software einschränken kann. Dieses Prinzip wurde «Copyleft» genannt, eine Verballhornung des Begriffs Copyright.

Schon zuvor hatte es ähnliche Rechtskonstruktionen gegeben, die Software zur Nutzung freigaben. 1987 hatte Stallmanns damaliger Arbeitgeber die «MIT License» entwickelt. Der entscheidende Unterschied: Damit war es möglich, Software zu verändern und das Ergebnis nicht freizugeben und somit aus freier Software proprietäre zu machen.

Noch heute stehen sich zwei Schulen der freien Lizenzphilosophie gegenüber: die restriktiv genannten Lizenzen mit Copyleft sowie die permissiven, die proprietäre Abzweige ermöglichen.

Verbieten verboten

Die GPL ist ein Produkt des Software-Hippietums. Sie ist aber explizit nicht antikommerziell, das hat Stallmann immer wieder betont. Man kann auch mit maximal freier Software Geld verdienen.

Kommen wir zurück zum Bild des frei zugänglichen Gartens des Gemeinguts, den freie Lizenzen schaffen. Dieser Garten hat theoretisch unendliche Ausmaße, sodass Nutzungen sich nicht gegenseitig behindern. In diesem Garten können Privatpersonen tun, was sie wollen, Unternehmen ebenso. Sie können Obstbäume anpflanzen und die geernteten Äpfel, Birnen oder Kirschen verkaufen, daraus schmackhafte Marmelade, Saft oder Kuchen machen und als Produkte verkaufen. Nur eines geht nicht: Die Unternehmen können den Zugang zu den Bäumen nicht absperren. Auch alle anderen können das Obst ernten, privat essen und die Früchte veredeln und zu Geld machen. Alles ist erlaubt. Nur Verbieten ist verboten.

Die GPL ist wie ein Perpetuum Mobile des digitalen Gemeinguts:

Was entsteht, wird automatisch ebenfalls zu Gemeingut. Unternehmen, die freie Software nutzen, müssen sich Modelle überlegen, wie sie Geld verdienen können, obwohl sie kein exklusives Eigentum an einer Software haben.

Verfechter*innen dieses Konzepts sagen: Dank Copyleft wächst und wächst und wächst eine großartige Softwarewelt, die immer bunter und vielfältiger wird. In der IT-Industrie hingegen hat die Lizenz immer wieder für Unmut gesorgt. Ein Microsoft-Manager wählte drastische Worte, als er über die von Stallmann begründete Betriebssystem-Familie sprach, deren Software man nur einbauen kann, wenn man das Ergebnis freigibt: «Linux ist ein Krebsgeschwür, das in Bezug auf geistiges Eigentum alles befällt, was es berührt», wetterte der damalige Microsoft-Chef Steve Ballmer 2001 in einem Interview mit der Zeitung *Chicago Sun-Times*. Denn, Gott bewahre: «Wer Open-Source-Software einsetzt, muss auch den Rest seiner Software zu Open Source machen.»[4]

Kampf um Worte und Werte

Widerstand gab es allerdings nicht nur von Seiten der Industrie. Auch einigen Anhänger*innen der Idee frei nutzbarer Software ging das Copyleft-Prinzip von Stallmann zu weit. Es kam zu einem Kulturkampf, aus dem als Erstes ein Kampf um Worte wurde. Aus «Free Software» sollte «Open Source» werden.

Im Jahr 1998 gründete sich die «Open Source Initiative». Anlass war der überraschende Schritt des Unternehmens Netscape Communications gewesen, die Software des Browsers Netscape freizugeben, nachdem Microsoft dazu übergegangen war, das Betriebssystem Windows standardmäßig mit einem eigenen Browser auszustatten.

Die Überlegung von Netscape Communications war gewesen: Als klassisch kommerzielles Produkt hat der Browser keine Chance gegen den Internet Explorer von Microsoft, aber vielleicht, wenn er im Zusammenspiel mit einer ehrenamtlichen Community entwickelt wird? Aus dem Netscape Navigator würde später der Firefox-Browser werden.

Aus Sicht von Teilen der IT-Szene hatte Netscape damit ein Fenster der Möglichkeiten geöffnet: Ließen sich jetzt vielleicht auch andere Unternehmen für ein offenes Modell von Softwareentwicklung gewinnen? Dafür bräuchte es aber einen neuen Begriff, um sich des Ballasts von Hacker- und Hippie-Kultur zu entledigen, der Unternehmen abschrecke. Das Wort «Free» in «Free Software» habe für diese Strömung einen seltsamen Anklang gehabt, so Grassmuck. Für sie sei es ein «irgendwie kommunistisch klingendes Four-Letter Word» gewesen.

«Open Source» wurde zu einem neuen Oberbegriff für Lizenzen ohne Copyleft. Stallmann empfand das als Verrat, da es nun möglich wurde, ehrenamtliche Entwicklungen anderer für geschlossene Geschäftsmodelle zu nutzen. Der Begriff Open Source hat allerdings eine größere Karriere gemacht. Er wurde mehrheitlich von der Presse übernommen, in den Folgejahren gab es Dutzende Konferenzen und Bücher zu dieser abgespeckten Variante von Stallmanns Idealen.

Bei der Gründung offener Software-Projekte steht ganz am Anfang oft die Frage, ob man mit oder ohne Copyleft entwickelt. Als restriktive Lizenz wird meistens die GPL verwendet. Bei den freizügigen, «permissiven» Lizenzen konkurrieren drei Varianten: die MIT License des Massachusetts Institute of Technology, die Apache License der Apache Software Foundation und die BSD-Lizenz der Universität Berkeley. Der Anteil von Copyleft-Lizenzen wuchs bis 2001, seitdem geht er zurück.[5]

Das Erbe von Stallmann ist allerdings nicht auslöschbar. Einige der wichtigsten Projekte der digitalen Gegenwelt verwenden die GPL, etwa Mediawiki (die Software-Basis von Wikipedia), WordPress, der Mediaplayer VLC, Signal und Linux. Ist etwas einmal freie Software, haben darauf aufbauende Entwicklungen keine Wahl. Deshalb stehen Ubuntu, Fedora und Android unter der GPL, weil die Vorlage diese Lizenz erzwang. Die drei Projekte basieren auf Linux. Und WordPress war eine Weiterentwicklung einer GPL-lizensierten Software namens b2/cafelog.

Open Source = verlässliche Software?

Copyleft oder nicht – aus User-Sicht erfüllen alle Lizenz-Spielarten ihren Zweck. Die Software ist kostenlos und ohne Einschränkungen nutzbar. Die Offenlegung des Quellcodes hat außerdem noch einen weiteren Vorteil. Nur so kann unabhängig überprüft werden, wie Software arbeitet.

Klassisch proprietäre Software nimmt oft regelmäßig Kontakt mit den jeweiligen Anbietern auf. Die Datenströme sind verschlüsselt. Man erfährt nicht, was genau übertragen wird: nur anonymisierte technische Daten und Fehlermeldungen oder vielleicht Content? Bei quelloffener Software ist es möglich, unabhängig zu überprüfen, was ein Programm auf einem Gerät macht.

Ist solche Software also automatisch sicher? So einfach ist es leider nicht. Mathematisch könnte man sagen: Offener Quellcode ist die notwendige Bedingung dafür, dass man Software vertrauen kann, aber keine hinreichende. Es muss auch kompetente Leute geben, die den Quellcode tatsächlich untersuchen und unerwünschte Funktionen oder gar Hintertüren finden. Die Untersuchung muss regelmäßig geschehen, da über jedes Update etwas Neues in den Code geschmuggelt werden kann.

Open Source ist per se kein Garant für Sicherheit. Nur wenige Menschen können den Quellcode lesen und verstehen. Programme enthalten Zehntausende bis Millionen Zeilen Code. Oft sind Bestandteile anderer Softwareprojekte eingebaut, die ebenfalls Sicherheitslücken oder Hintertüren enthalten können.

Programmierfehler, in der Fachsprache «Bugs» genannt, gelangen meist unbeabsichtigt in den Quellcode. Ein Bug kann dazu führen, dass eine Software nicht läuft oder eine Funktion Fehler produziert. Dann wird er entdeckt, bevor die Software ausgeliefert wird. Anders ist es, wenn ein Bug (oder eine gezielt platzierte Hintertür) den Ablauf der Software nicht stört. Er verbleibt in der Software und landet auf den Geräten von Usern oder in Unternehmensnetzwerken.

Das Tückische ist: Hintertüren oder Sicherheitslücken können sich in nur wenigen Zeilen Code verstecken. Im Jahr 2003 wurde ein gefährliches, ausnutzbares Softwareelement im Linux-Softwarekern entdeckt. Bis heute ist nicht klar, ob es sich um einen unbeabsichtigt produzierten Fehler oder eine bewusst eingebaute Hintertür handelte. Die Schwachstelle verbarg sich in weniger als 100 Zeichen Code: «if ((options == (__WCLONE|__WALL)) && (current->uid = 0)) retval = -EINVAL;».[6] Solche unauffälligen Details zu entdecken, bedeutet, die Nadel im Heuhaufen zu finden.

Die Wahrscheinlichkeit ist umso größer, je mehr Leute sich am Software-Projekt beteiligen und je offener der Entwicklungsprozess ist. An einigen Projekten arbeiten tatsächlich Dutzende, manchmal auch Hunderte Entwickler*innen. Die technische Community von Debian setzt sich aus mehr als 1000 kompetenten Debian Members zusammen.

Manche Softwareprojekte hingegen werden faktisch nur von einer Person betrieben. VeraCrypt ist das wichtigste Programm für die Verschlüsselung von Dateien, Ordnern und Festplatten. Mehr als 90 Prozent der Beiträge, das lässt sich auf der vom Projekt genutzten Code-Plattform GitHub nachlesen, stammen von einer Person, dem VeraCrypt-Gründer. Ähnlich ist es bei uBlock Origin, der Werbeblocker-Standardempfehlung für Browser.

Reproductive Builds: Kann man dem Koch vertrauen?

Und es gibt noch eine weitere Gefahrenquelle: Wenn man Software herunterlädt – erhält man dann auch das, was dem überprüfbaren Quellcode entspricht, oder eventuell eine bösartige manipulierte Version?

Software existiert in zwei Zuständen. Zum einen ist da der von Menschen in einer Programmiersprache geschriebene Quellcode. Was für die einen IT-Kauderwelsch ist, können Menschen mit IT-Knowhow verstehen und analysieren. Diesen unabhängig überprüfbaren (und hoffentlich tatsächlich regelmäßig überprüften Quellcode) erhält man aber nicht, wenn man die Software für einen Browser, ein Betriebssystem oder eine Bürosoftware herunterlädt.

Der Download enthält einen aus dem Quellcode erzeugten Maschinencode in einer völlig verwandelten Form.

Nehmen wir an, wir gehen in ein Restaurant, das den Gedanken von Quelloffenheit auf den Gastronomiealltag überträgt. Für jedes Gericht hängt die Zutatenliste aus. Wir bestellen einen Eintopf, erhalten ihn, und es bleibt die Frage: Ist tatsächlich genau das drin, was die Zutatenliste vorsieht, oder wurde vielleicht eine andere Zutat hinzugefügt, eine ungesunde oder gar giftige? Nur eine aufwändige Laboranalyse könnte die Zusammensetzung genau rekonstruieren.

Bei Software ist eine solche Rekonstruktion nicht möglich. Damit technische Geräte die Anweisungen des Quellcodes elektronisch umsetzen können, muss dieser über ein «Compiler»-Programm in Maschinensprache umgewandelt werden. Dieser Binärcode besteht aus einer ewig langen Abfolge von Nullen und Einsen und ist für Menschen unmöglich zu verstehen.

An die Frage, ob Software Open Source ist, muss sich deshalb stets die Folgefrage anschließen: Bekomme ich beim Download den Binärcode, der dem Quellcode der Software entspricht? Theoretisch denkbar wäre, dass Projekte auf ihren Webseiten wissentlich oder unwissentlich manipulierten Binärcode zur Verfügung stellen – weil die Projektleitung doch nicht so integer ist wie erhofft, weil die Projektverantwortlichen bestochen oder erpresst wurden oder aber, weil jemand die Webseite gehackt hat.

Was kann man tun? Der Hamburger IT-Freelancer Holger Levsen ist nicht nur Teil der Debian-Community. Er engagiert sich auch in einem Projekt, das sich bemüht, eine Qualitätskontrolle für die Software-Lieferketten zu ermöglichen. Ein solches Kontrollsystem könnte eigentlich einfach sein: Unterschiedliche Akteure laden sich auf der Webseite eines Projekts den Binärcode herunter. Parallel besorgen sie sich den Quellcode und kompilieren daraus eigenständig ebenfalls Binärcodes.

Die beiden Binär-Versionen vergleichen sie miteinander. Auf inhaltlicher Ebene geht das nicht, man kann aber eine mathemische Checksumme berechnen: Entspricht die ellenlange Folge von Nullen und Einsen in beiden Versionen einander? Ist die Checksumme identisch, bedeutet das, dass der vom Projekt bereitgestellte Binärcode dem Quellcode entspricht.

Was in der Theorie einfach klingt, ist in der Praxis leider kompliziert. Wandeln zwei Menschen den gleichen Quellcode in Binärcode um, kommt typischerweise nicht das Gleiche heraus. Der Grund ist unspektakulär banal, erzählt Holger Levsen: «Die Gepflogenheiten der Kompilier-Programme machen einen Vergleich so gut wie unmöglich.»

Nicht nur der Quellcode wird in Nullen und Einsen übersetzt. Hinzu kommen Begleitinformationen, die eigentlich gar nicht relevant sind. Vor allem Zeitstempel verhindern eine Vergleichbarkeit. Der Quellcode des Debian-Betriebssystems, das auf Levsens PC läuft, besteht aus etwa 1000 einzelnen Paketen. Diese Pakete wandelt der Compiler hintereinander um. Der Binärcode für jedes Paket enthält millisekundengenau, wann die Übersetzung jedes einzelnen Quellcode-Pakets in Nullen und Einsen geschehen ist.

Eine andere störende Variable ist, dass der Compiler im Binärcode aufzeichnet, welchen Namen der Ordner hatte, in dem der zu übersetzende Quellcode lag.

Mit einfachen Maßnahmen, mit Standardisierung, lässt sich Reproduzierbarkeit erreichen, so Levsen: «Sowohl das Softwareprojekt als auch diejenigen, die die Nachbauten machen, verwenden die gleichen Variablen. Damit das geht, gibt das jeweilige Software-Projekt in einer extra erstellten Info-Datei das Datum der letzten Änderung am Quellcode an. Bevor der Compiler seine Arbeit beginnt, legt man fest, dass das Programm nicht mehr den Zeitpunkt der Kompilierung des Binärcodes aufzeichnet, sondern diese standardisierte Variable verwendet.» In dieser Info-Datei stehe außerdem der Name des Ordners, in dem der Quellcode beim Projekt liegt. Wer stichprobenartig zu Hause selbst Quellcode in Binärcode umwandelt, legt einfach einen Ordner mit genau diesem Namen an.

Hat man es geschafft, dass die Begleitvariablen beim Kompilieren identisch sind, sind Kontrollen der Software-Lieferkette möglich, so Levsen: «Wenn alle Begleitvariablen gleich sind, die Checksumme des heruntergeladenen und der selbst erzeugten Binärcodes aber nicht identisch ist, ist das ein Warnsignal. Berichten hingegen unterschiedliche Akteure – etwa ein bekanntes Mitglied des Chaos Computer Clubs, eine US-amerikanische und eine russische Digitalorganisation, die IT-Abteilung eines DAX-Konzerns und von Amnesty International – übereinstimmend, dass sie keine Abweichungen gefunden haben, ist klar: Die Software ist sicher. Es wurde nicht manipuliert, zumindest nicht beim Bau des Binärcodes.»

Oder, um auf das Bild des Restaurants zurückzukommen: Man kann davon ausgehen, dass im Eintopf tatsächlich genau das ist, was er laut Zutatenliste enthalten soll.

Das Vorhaben, Open-Source-Software reproduzierbar zu machen, steckt noch in den Kinderschuhen. Die verschiedenen Projekt-Communitys müssen überzeugt werden, Software so zu schreiben, dass sie reproduzierbar wird. Selbst bei Debian, wo Levsen und andere die Reproduzierbarkeit vorantreiben, sind im Frühjahr 2023 noch nicht alle Pakete, sondern nur 96 Prozent reproduzierbar. Die Debian-Richtlinien sehen momentan vor, dass Pakete reproduzierbar sein *sollen*. Levsen hofft, die Community davon zu überzeugen, dass daraus in den nächsten vier bis sechs Jahren eine *Muss*-Vorschrift wird.

Dass die Verfügbarkeit von Quellcodes eine garantiert sichere Software bedeutet, ist also erst dann mehr als eine Wunschvorstellung, wenn zwei Voraussetzungen erfüllt sind: Der Quellcode wird regelmäßig untersucht, und die Integrität der Lieferkette lässt sich durch Stichproben überprüfen.

Trotz dieser Begrenzung des Schutzversprechens hat Software mit offen liegendem Quellcode klare Vorteile. Dass man eine geschickt eingebaute Hintertür – die Nadel im Heuhaufen – findet, ist zumindest denkbar. Bei proprietärer «Closed Source»-Software hingegen ist der Raum mit dem Heuhaufen abgeschlossen. Und dass sich über Stichproben Software-Lieferketten überprüfen lassen, ist in greifbarer Nähe. Auch das ist ohne Zugang zum Quellcode prinzipiell nicht möglich.

Creative Commons

Mediawiki, die Softwarebasis der Online-Enzyklopädie Wikipedia, steht unter der General Public License. Für die Lizenzierung der einzelnen Artikel hingegen hat das Projekt ein anderes Regelwerk gewählt, Creative Commons.

Der Erfinder der Lizenz, der Juraprofessor Lawrence Lessig, wollte das Problem lösen, dass es für Inhalte zu der Zeit klassischerweise nur zwei Optionen gab. Entweder schützt man die Rechte komplett und erlaubt keinerlei Ausnahme oder man erklärt ein Werk pauschal zu Gemeingut und hat keinerlei Einfluss, was damit passiert.

Creative Commons ermöglichen eine abgestufte Freigabe: Vielleicht ist man damit einverstanden, dass private Blogs und Homepages ein Bild kostenlos nutzen, nicht aber kommerzielle Zeitschriften und Werbeagenturen? Vielleicht findet man es interessant, dass andere das Bild frei nach eigenen Vorstellungen verändern können, vielleicht behagt einem gerade das nicht? Mit diesen speziellen Inhalte-Lizenzen kann man festlegen, ob eigene Werke für alle frei nutzbar sind oder nur für nichtkommerzielle Kontexte, ob sie frei verändert oder nur in der bestehenden Form genutzt werden dürfen.

Creative Commons-Lizenzen bestehen aus vier Modulen:

– Das Kürzel «by» bedeutet, dass der*die Urheber*in genannt werden muss.
– sa (für «share alike»): Das Werk muss unter der gleichen Lizenz veröffentlicht werden, vergleichbar mit der Copyleft-Regelung bei Software.
– nc («noncommercial»): Nur nichtkommerzielle Nutzung ist erlaubt.
– nd («no derivatives»): Das Werk darf ausschließlich in der bestehenden Form verwendet werden.

Verschiedene Kombinationen dieser Module stehen zur Auswahl. Standardmäßig in allen Kombinationen ist «by» enthalten. Eine Ausnahme ist CC0. Damit kann man Werke ohne irgendwelche

Einschränkungen in Gemeingut überführen; auch die ansonsten obligatorische Urheber*innen-Nennung fällt weg.

Hinter den Lizenzen stehen komplizierte juristische Texte, die konkrete Handhabung soll jedoch niedrigschwellig möglich sein. Gibt man ein Bild frei, schreibt man in die Bildunterschrift eine Zusammenstellung der Kürzel. Steht ein Foto zum Beispiel unter der Lizenz CC-by-sa-nc-nd, bedeutet das: Das Bild ist nur für nichtkommerzielle Zwecke freigegeben und darf nicht verändert werden. Der*die Urheber*in muss genannt und das Bild darf nur unter der gleichen Lizenz weiterverbreitet werden. Optional kann man kleine Kreissymbole für die unterschiedlichen Module verwenden.

Wikipedia hat sich für CC-by-sa entschieden. Man darf die Inhalte für alle denkbaren Zwecke verwenden und variieren. Es gilt das Copyleft-Prinzip, und man muss Wikipedia als Quelle angeben.

Wie die vom ursprünglichen MIT-Wissenschaftler Richard Stallmann angestoßene Software-Lizenz GPL entstand auch Creative Commons im Herzen des US-amerikanischen Universitäts-Establishments. Lessig war Jura-Professor an der Stanford Law School. 2001 gründete er die gleichnamige Initiative, Ende 2002 veröffentlichte er den ersten Satz Lizenzen.

Für die Internationalisierung geht Creative Commons einen eigenen Weg. Bei der GPL gibt es eine verbindliche englischsprachige Version, die Übersetzungen sind inoffiziell. Creative Commons hingegen setzt ähnlich wie Wikimedia auf ein Franchisemodell.

Die von Lessig gegründete Mutterorganisation Creative Commons Corporation mit Sitz im Silicon Valley arbeitet mit 48 lokalen Partnern zusammen. Die Chapter übersetzen den von der Mutterorganisation erarbeiteten Lizenztext und achten darauf, dass er mit lokalen juristischen Gegebenheiten kompatibel ist. Das deutsche Chapter ist ein loser Zusammenschluss. Der Projektleiter von Creative Commons Deutschland ist der auf digitale Urheberrechte spezialisierte Berliner Jurist Paul Klimpel.

Die flexiblen Lizenzen wollen gleichermaßen für Rechtssicherheit und für Wahlfreiheit sorgen und einen freien Fluss von Kreativität ermöglichen. Blogger*innen sollen angst- und kostenfrei Bilder verwenden und Creators von Webvideos unbekümmert Musikstücke einbauen können. Genau wie die GPL für ein ständiges Wachstum von freier Software sorgt, will Creative Commons ein Perpetuum Mobile freier Inhalte sein.

Und auch Creative Commons schließt kommerzielle Geschäftsmodelle nicht aus. Auf Wikipedia haben die meisten Menschen regelmäßig Kontakt mit Creative-Commons-Inhalten. Auch andere nichtkommerzielle Internetprojekte verwenden die Lizenzen, etwa das Wikipedia-Schwesterprojekt Wikivoyage, das linke Mediennetzwerk Indymedia oder Blogs der Digitalszene wie Netzpolitik.org.

Bis 2017 hat das Creative Commons-Projekt öffentlich ausgewertet, wie viele Inhalte wo zu finden sind. 2017 kam das Projekt auf insgesamt 1,4 Milliarden Creative-Commons-lizensierte Inhalte. Mit 415 Millionen die mit Abstand meisten Dateien standen auf Flickr, einer kommerziellen Bilder-Plattform, auf der User Fotos und sonstige Bilder hochladen können. Dabei können sie sich für eine Creative-Commons-Lizenz entscheiden. Auf YouTube zählte das Projekt 49 Millionen Inhalte. Auf Wikipedia waren es 47 Millionen Artikel. Hinzu kamen 37 Millionen Bilder auf der Bilderplattform Wikimedia Commons, die vor allem für die Illustrierung von Wikipedia-Artikeln genutzt wird.[7]

Forks: getrennte Wege gehen

Dass digitale Gemeingüter nicht nur frei genutzt, sondern auch frei weiterentwickelt werden können, sorgt für permanente Bewegung. Für die Umsetzung einer Idee muss man das Rad nicht zwangsläufig neu erfinden, sondern kann eine bestehende Lösung variieren. «Fork» ist der Fachbegriff für die Abspaltung vom Mutterprojekt unter neuem Namen.

Freundliche und unfreundliche Abspaltungen

Manchmal nimmt der Fork eine völlig eigenständige Entwicklung. Manchmal bleibt er technisch eng mit dem Ursprungsprojekt verbunden und dockt an die jeweils letzte Version der Ursprungssoftware an. Oft geschieht das in Harmonie mit dem Mutterprojekt.

Der riesige Linux-Kosmos ist ein Resultat permanenter Wiederverwendung, Variierung und Abspaltung bestehender Software-Entwicklungen.

Der Anonymisierungsbrowser Tor ist eine Abwandlung des Firefox-Browsers, für die das Tor Project und Mozilla eng zusammenarbeiten.

Der Passwortmanager KeePass wurde von einem Entwickler aus Metzingen bei Stuttgart für das PC-Betriebssystem Windows entwickelt. Andere haben den Quellcode für andere Betriebssysteme zugeschnitten. KeePass XC läuft auch auf den Betriebssystemen macOS und Linux, KeePassium ist eine iPhone- und KeePass2Android eine Android-App. Im Downloadbereich seiner Webseite verlinkt der KeePass-Gründer Dominik Reichl stolz auf insgesamt 50 verschiedene Forks.

Allerdings geht es nicht immer harmonisch zu: Relevante Teile der Community sind mit dem Führungsstil oder mit der Strategie einer Projektleitung unzufrieden. In einer Abstimmung mit den Füßen machen sich enttäuschte Community-Mitglieder mit einer Abspaltung selbstständig.

LibreOffice statt OpenOffice

Das wichtigste deutsche Open-Source-Projekt ist das Ergebnis einer solchen unblutigen Revolution.

Ganz am Anfang des Entwicklungspfads stand das in Lüneburg entwickelte proprietäre und kostenpflichtige Softwareprodukt Star Office des Start-ups Star Division. 1999 übernahm das US-Unternehmen Sun Star Division, gab den Quellcode frei und lud eine ehrenamtliche Community ein, gemeinsam an einem neuen Softwareprojekt namens OpenOffice.org zu arbeiten.

Die Zusammenarbeit zwischen dem Unternehmen und der bald sehr aktiven OpenOffice-Community ging einige Jahre gut. Das änderte sich, als Sun 2010 seinerseits aufgekauft wurde. Es kam nur kurze Zeit später zu einer Abspaltung unter dem Namen LibreOffice.

Nach der Übernahme von Sun durch den IT-Konzern Oracle sei unklar gewesen, wie es weitergeht, erzählt Florian Effenberger, der schon seit 2004 in der OpenOffice.org-Community aktiv war und heute Geschäftsführer der LibreOffice-Organisation The Document Foundation ist: «Der Ruf der Community nach einer eigenen Entität wurde lauter und lauter und auch mein eigenes Bauchgefühl stärker: Es muss sich etwas ändern.» Man habe auf ein Zeichen von Oracle gewartet, wie es weitergeht. Und das sei nicht gekommen, so Effenberger: «Es gab Sorgen in Anbetracht der damaligen Konstellation. Wir waren quasi eine lose, aber bereits damals sehr große Gruppe. Wir hatten viele Leute, die sowohl Technik als auch Governance anders machen wollten und die sich Strukturen wünschten, bei denen man nicht auf die Abhängigkeit von einem einzelnen Unternehmen angewiesen ist.»

Im September 2010, wenige Monate nach der Übernahme von Sun, ging die Webseite LibreOffice.org mit einer frühen Version der OpenOffice-Abspaltung online. Am 17. Februar 2012 übernahm die in Berlin sitzende Stiftung The Document Foundation die Entwicklung.

Wikivoyage statt Wikitravel

Auch Creative-Commons-Lizenzen ermöglichen Community-Abspaltungen. Involviert in den bekanntesten Fork eines Inhalteprojekts war ein milliardenschweres US-Unternehmen, ein kleiner Verein in Halle in Sachsen-Anhalt und die Wikimedia Foundation. Die kam am Ende eines Streits, mit dem sich auch ein Gericht beschäftigte, zu einem neuen Familienmitglied.

Wikitravel ist ein werbefinanzierter Online-Reiseführer mit nutzergenerierten Inhalten. Reisende schreiben für Reisende. Sie erstellen Einträge zu Ländern, Städten und Regionen, Ausflugsmöglichkeiten, Sehenswürdigkeiten und lokalen Gepflogenheiten. Das von der großen Online-Enzyklopädie inspirierte Mitmachportal Wikitravel ging 2003 online. Die zwei Gründer*innen verkauften das Portal 2005 für 1,7 Millionen US-Dollar an das US-Unternehmen Internet Brands, das themenspezifische Internet-Portale betreibt.

Ein Jahr später spaltete sich die deutschsprachige Community ab. Sie kopierte alle deutschsprachigen Inhalte und nannte den Fork Wikivoyage. Der Träger des neuen Projekts war der Verein Wikivoyage e. V. in Halle. In der Wikivoyage-Pressemitteilung hieß es, die Community sei schon länger mit dem als autokratisch empfundenen Führungsstil unzufrieden gewesen. Wichtige Fragen der Community an die neuen Eigentümer seien unbeantwortet geblieben, und die Community habe eine zunehmende Kommerzialisierung befürchtet. Das so wichtige Konzept freier Reiseinhalte wolle man lieber unter einer transparenten und demokratischen Organisationsstruktur weiterführen.[8]

2012 bekam die Entwicklung einen neuen Dreh. Die Wikimedia Foundation verhandelte mit Wikivoyage darüber, den Reiseführer in die große Wiki-Familie aufzunehmen. Im März 2012 lud James Heilmann, Präsident des kanadischen Wikimedia-Chapters und Mitglied im für die Aufnahme neuer Projekte zuständigen Sister Project Committee von Wikimedia, den Verein ein, sich anzuschließen. Dieser stimmte in einer Mitgliederversammlung Anfang Juni zu.

Wenige Wochen später, am 29. August 2012, verklagte Internet Brands James Heilmann sowie einen langjährigen ehrenamtlichen Wikitravel-Administrator. Die Vorwürfe lauteten: Verstoß gegen Markenrecht, unfairer Wettbewerb sowie «zivilrechtliche Verschwörung». Heilmann habe im Februar 2012 auf Wikitravel die Community zum Wechsel aufgerufen, und der Administrator habe mit der gleichen Intention im August eine Mail an Hunderte Mitglieder der Community geschickt.

Obwohl die Klage nicht direkt an sie interessiert war, antwortete die Wikimedia Foundation mit einer Gegenklage. Das Gericht sollte klarmachen, dass Internet Brands keine exklusiven Rechte an den Wikitravel-Inhalten habe und ein neues Wikimedia-Reiseprojekt nicht länger behindern dürfe.

Einige Wochen lang stritten sich die Rechtsabteilungen des Unternehmens und der Organisation, wem freie Reiseinhalte gehören. Schließlich legten sie den Streit bei. Wikivoyage kopierte sämtliche Wikitravel-Inhalte in allen Sprachen und wurde im Januar 2013 offiziell als neues Mitglied der Wikimedia-Familie vorgestellt.

Nextcloud statt ownCloud

Drei Jahre später kam es zu einer weiteren prominenten Abspaltung, die ebenfalls wenig freundlich ablief. In diesem Fall entstand aus einem kommerziellen, freien Softwareprojekt ein anderes kommerzielles Projekt.

Mit ownCloud kann man eine eigene Cloud betreiben. Man speichert Daten auf einem eigenen Server oder auf einem angemieteten Platz in einem selbst gewählten Rechenzentrum. Das Projekt wurde 2010 gestartet, 2011 gründete sich die ownCloud GmbH in Nürnberg und als Mutterunternehmen die ownCloud, Inc. im US-amerikanischen Delaware.

Das Unternehmen hatte und hat ein typisches Open-Source-Geschäftsmodell. Es gibt zwei Versionen der Software. An der Community-Version arbeiten Angestellte des Unternehmens zusammen mit einer externen Community. Darauf baut eine Unternehmensversion mit zusätzlichen Funktionen auf. Gegründet hatte das Projekt Frank Karlitschek, das Mastermind der Technologie und technischer Leiter von ownCloud, zusammen mit dem Open-Source-Unternehmer Markus Rex, der Geschäftsführer (CEO) war. OwnCloud wurde zu einem Vorzeigeprojekt deutscher Softwareentwicklung und der kommerziellen Open-Source-Szene.

Nach einigen Jahren gab es einen Knall: Am 27. April 2016 schrieb Karlitschek auf seinem privaten Blog, es gebe «große Veränderungen»: «Ich verlasse heute ownCloud, Inc.» Er kritisierte vage, das Projekt sei zu kommerziell geworden und habe die Community zu wenig eingebunden. Am Ende schrieb er geheimnisvoll, die Reise sei noch nicht zu Ende. OwnCloud habe großes Potenzial und stehe unter einer freien Lizenz.[9]

Anfang Juni löste sich das Rätsel. In einem weiteren Blogpost verkündete Karlitschek, er und die meisten technischen Mitarbeiter*innen hätten beschlossen, ownCloud auf eine bessere Art neu zu starten: «Heute spalten wir ownCloud in ein neues Open-Source-Projekt namens Nextcloud ab und gründen eine neue Firma namens Nextcloud GmbH.»[10] Die Entwicklungsplanung werde nicht mehr hinter verschlossenen Türen stattfinden, es werde nur noch ein einziges Software-Produkt statt zwei Versionen geben, und die Community würde weniger gegängelt werden. Für die Abspaltung hatte sich Karlitschek mit einem Investor aus der deutschen Open-Source-Szene zusammengetan.

OwnCloud hatte der Schritt kalt erwischt. In einer Pressemitteilung klagte das Unternehmen, die Entscheidung von Karlitschek, «mit kurzfristig abgeworbenen Entwicklern» ownCloud Konkurrenz zu machen, «hat uns überrascht und – zugegebenermaßen – auch enttäuscht». Die Art der Trennung bedaure man zutiefst.[11]

Für das zurückgelassene Unternehmen hatte der Fork gravierende Folgen, wie es in der gleichen Pressemitteilung hieß. Als Reaktion sei der US-amerikanische Hauptkreditgeber abgesprungen, sodass die US-Mutterfirma ownCloud Inc. Konkurs anmelden musste. Karlitschek trat auf Twitter nach und schrieb, er hätte ownCloud nicht für so zerbrechlich gehalten. Und er erklärte, dass er das Personal seiner alten Firma gern übernehme. Die Nextcloud GmbH verfüge über genügend finanzielle Mittel, um alle ownCloud-Angestellten einzustellen, die einen neuen Job suchen.[12]

Chance und Wagnis

Eine Abspaltung kann dazu führen, dass eines der beiden Projekte, das alte oder das neue, zugrunde geht, im Worst Case auch beide, weil sich die Communitys durch die Aufspaltung zu sehr ausdünnen. Bei den drei prominenten Forks existieren jeweils beide Projekte noch heute.

Mit ownCloud ging es nach dem Schock weiter. Die US-amerikanische Mutterfirma war in Konkurs gegangen, die GmbH fand neue Geldgeber aus Deutschland, die seitdem die Mehrheit an der Firma halten.

Nextcloud und ownCloud leben in einer funktionierenden Koexistenz nebeneinander. Beide Unternehmen bieten eine freie Version der Cloud-Software an. Als das IT-Portal Heise im Jahr 2019 die konkurrierenden Softwarelösungen miteinander verglich, kam es zu dem Schluss, dass keine klar besser als die andere sei. OwnCloud richte sich hauptsächlich an größere, professionelle Kunden. Der Vorteil sei eine eingebaute Unterstützung für wichtige Microsoft-Anwendungen. Nextcloud mit seinem sehr offenen Ansatz sei hingegen für Privatanwender*innen und kleine Unternehmen besser geeignet.[13]

LibreOffice und OpenOffice machen sich auf unproduktive Art Konkurrenz. Noch vor der Gründung der Document Foundation hatte Oracle das OpenOffice-Projekt an die Apache Software Foundation übergeben, eine US-Organisation, die ansonsten freie Software für Entwickler*innen herausgibt.

In einem offenen Brief forderte der Vorstand der Document Foundation die Apache Foundation im Herbst 2020 auf, die fruchtlose parallele Entwicklung endlich aufzugeben. Zwar war der Großteil der Community schnell zu LibreOffice gewechselt. Die Abwanderung war so deutlich, dass die OpenOffice-Führung öffentlich überlegt hatte, das Projekt einzustellen. Der Name OpenOffice hat jedoch bis heute noch größere Bekanntheit. Die Marke sei dermaßen stark, hieß es im offenen Brief, dass, obwohl OpenOffice kaum noch weiterentwickelt werde, viele User immer noch nicht wüssten, dass LibreOffice überhaupt existiert.[14]

Wikitravel wird weiterhin von Internet Brands betrieben und ist ebenfalls deutlich kleiner als der Fork. Laut Google-Suche enthielt Wikitravel im Juli 2023 130 000 Unterseiten, bei Wikivoyage waren es 1,5 Millionen.[15]

Die schärfste Waffe der Community

In zwei Fällen wurde eine drohende Abspaltung durch ein Einlenken der Projektleitung verhindert. Im Jahr 2012 führte Mark Shuttleworth, der «selbsternannte wohlwollende Diktator auf Lebenszeit» von Linux Ubuntu, ein neues Geschäftsmodell ein. Das sorgte für Empörung in der Community. Eine Integration von Amazon hatte vorgesehen, dass Eingaben ins interne Suchfeld des Betriebssystems automatisch auch an den E-Commerce-Konzern gehen, damit dieser passende Kauflinks einblenden kann.

Statt wie ansonsten die neue Ubuntu-Version nur zu übersetzen, veröffentlichte die französische Community eine abgewandelte Version. Diese enthielt die Möglichkeit, die Kauflink-Funktion mit wenigen Klicks zu deaktivieren. Shuttleworth reagierte seinerseits. Zwar blieb die Amazon-Einbindung bis 2020 bestehen. In der nächsten offiziellen Ubuntu-Version, die auf den französischen Mini-Fork folgte, war es jedoch ebenfalls möglich, die Amazon-Integration abzuschalten.

Zehn Jahre zuvor hatte ein anderer selbstbewusster Guru der digitalen Gegenwelt eine Abspaltung abgewendet. 2002 war Wikipedia noch ein experimentelles Seitenprojekt von Nupedia gewesen, einer klassischen, von Expert*innen geschriebenen Online-Enzyklopädie der Firma Bomis des Wikipedia-Gründers Jimmy Wales. Nupedia war nicht erfolgreich, Wikipedia hingegen nahm international schnell Fahrt auf. Auf einer Wikipedia-Mailingliste schrieb Larry Sanger, der damalige Chefredakteur von Nupedia und Wikipedia, sein Arbeitsvertrag mit Bomis sei gerade aufgelöst worden. Damit er weiterhin Wikipedia leiten könne, bräuchte es nun alternative Wege, sein Gehalt zu finanzieren. Das könnte zum Beispiel Werbung sein.

Die spanische Community hielt nichts von dieser Idee und streikte. Dort wollte man keine Werbung, fürchtete eine Kommerzialisierung von Wikipedia und war eh mit der zu der Zeit zentralistischen Struktur des Projekts unzufrieden. Am 26. Februar 2002 gründeten große Teile der Community die «Enciclopedia Libre Universal en Español». Der Fork fand Unterschlupf im Rechenzentrum der Universität Sevilla, die Community kopierte alle bis dato geschriebenen spanischen Artikel auf die neue Seite. Infolgedessen kam das Artikelwachstum auf der spanischsprachigen Wikipedia nahezu zum Erliegen.

Wales versicherte schnell, dass er keinesfalls gegen den Willen der Community Werbung einführen würde. Trotzdem dauerte es zwei Jahre, bis sich die spanischsprachige Wikipedia-Version erholte. Erst 2004 erreichte sie einen Artikel-Gleichstand. Die «Enciclopedia

Libre Universal en Español» existiert noch heute (mit allerdings nur 35 000 Artikeln, auf der spanischsprachigen Wikipedia sind es 1,8 Millionen).

Zum zehnten Wikipedia-Geburtstag im Jahr 2012 hatte das IT-Magazin *Wired* das spanische Community-Mitglied Edgar Enyedy interviewt. Enyedy, der die Abspaltung angestoßen hatte, meinte in dem Interview, dass die Online-Enzyklopädie, wie wir sie heute als selbstverständlich ansehen, ohne den Fork wohl nicht möglich gewesen wäre: «Wales war besorgt, dass andere Communitys unserer Abspaltung folgen würden. Er hat von uns gelernt, was er in Zukunft tun und was er nicht tun sollte.»[16]

Digitales Gemeingut statt Freeware

Vieles in der digitalen Welt ist kostenlos. Die Möglichkeit eines Forks unterscheidet digitale Gemeingüter von schnöder «Freeware». Communitys gibt es auch auf kommerziellen Content-Angeboten. Als die deutschsprachige Wikitravel-Gemeinschaft sich abspaltete, war klar: Das wird dem Unternehmen nicht gefallen, es kann den Schritt aber nicht verhindern. Sowohl die Inhalte als auch die verwendete Software standen unter freien Lizenzen. Mal schnell die Plattformen YouTube, TikTok und Instagram zu klonen, die ebenfalls von den Inhalten ihrer Communitys leben, ist undenkbar.

Auch viele kommerzielle PC-Programme und Smartphone-Apps lassen sich als Freeware kostenlos nutzen. Nicht nur der Signal-Messenger ist kostenlos, sondern auch WhatsApp. Wenn User mit der strategischen Ausrichtung unzufrieden sind, wenn sie neue Funktionen einbauen oder Datenflüsse ausbauen wollen, können sie das Programm nicht nehmen, wie es ist, es verändern und unter anderem Namen veröffentlichen. Das ist praktisch schwierig, weil der Quellcode nicht offenliegt, und es wäre illegal.

Lizenzen sind der am wenigsten glamouröse Aspekt der digitalen Gegenwelt, aber sie sind das Kernstück. Sie halten die Welt zusammen, sorgen für ein stetiges Wachstum, verhindern die Privatisierung ehrenamtlicher digitaler Arbeit und sind die schärfste Waffe der Communitys. Manchmal reicht es schon, diese Waffe zu zeigen.

Freifunk

Das «WLAN-für-alle»-Netzwerk

Der Name Freifunk verspricht: Hier kommt man kostenlos ins Internet. Über dieses digitale Solidaritätsprojekt entstehen punktuelle Zugänge und manchmal auch große, unabhängige Netze.

Überhaupt Zugang zum Internet zu haben, ist die Voraussetzung dafür, die schöne digitale Welt zu nutzen. In westlichen Industrieländern ist das meist selbstverständlich. Zu Hause hat man eine WLAN-Verbindung und unterwegs auf dem Smartphone Zugang zu mobilem Internet.

Verreist man hingegen schlecht vorbereitet in ein anderes Land, kann es mit der Selbstverständlichkeit schnell vorbei sein. Eine SMS des heimischen Telefonie- und Internetanbieters teilt mit, dass man ab jetzt für jedes Megabyte 15 oder gar 19 Cent zahlen muss. Ein fünfminütiges Video zu streamen, verbraucht leicht 100 MB. Man ist vom bunten, schnellen Internet faktisch abgeschnitten. Ähnlich kann es Tourist*innen aus Nicht-EU-Ländern hierzulande gehen und Menschen, die kein Geld für einen Internet-Vertrag haben.

Hat man in einer solchen Situation Glück, taucht in der Liste der in der Nähe befindlichen WLAN-Netze der Name Freifunk auf. Problem gelöst: Hier gibt es kostenlosen Internet-Zugang.

Eine Flickenteppich-Community

Freifunk unterscheidet sich prinzipiell von sonstigen Initiativen der digitalen Gegenwelt. Es entsteht kein Gut, das von überall aus gleichermaßen verfügbar ist. Das Projekt setzt sich aus vielen einzelnen lokalen Internetanschlüssen zusammen.

Die kleinste Einheit ist, dass jemand auf dem eigenen Router einen Teil der heimischen Bandbreite freigibt. Dafür installiert man die Freifunk-Software selbst oder kauft sich einen Zweit-Router, auf dem sie bereits eingerichtet ist. Die Technologie erzeugt zwei verschiedene WLANs. Weiterhin gibt es das eigene, Passwort-geschützte Netz, das man nur selbst nutzt. Außerdem aber ein WLAN unter dem Namen Freifunk, mit dem sich alle verbinden können, die sich im Sendebereich des Routers aufhalten. Je nach Router-Typ und je nachdem, wo der Router steht, kann dieser Bereich zwischen 20 und 100 Metern liegen.

Wenn benachbarte Freifunk-Anschlüsse sich berühren, verbinden diese sich automatisch zu einem größeren Netz. Die «Meshnets», wie die spontan entstehenden Netzwerke heißen, sorgen für eine optimale Verteilung von Ressourcen. Nehmen wir an, dass sich in einer Stadt Dutzende benachbarte Freifunk-Anschlüsse verbunden haben. Im Sendebereich eines Anschlusses versammeln sich 30 Menschen. Würden diese alle gleichzeitig auf den einen Router zugreifen wollen, würde das die zur Verfügung gestellte Bandbreite sprengen. Der Freifunk-Algorithmus aber verteilt den Datenverkehr über das gesamte Meshnet.

Mit solchen Meshnets könnte man auch auf Blackouts reagieren, digitale Zensur in ihrer heftigsten Form, bei der eine Regierung das Internet in einer Region komplett abschaltet. Wenn man sich dann mit einem Freifunk-Meshnet verbindet, kommt zwar niemand ins (abgeschaltete) weltweite Internet, innerhalb des Meshnets aber können alle miteinander kommunizieren.

Freifunk ist ein bundesweiter Flickenteppich. In Berlin sind an einem Sonntag im Juli 2023 etwa 600 Zugangspunkte online. Im regionalen Freifunk Vogtland, der sich über die sächsische Kreisstadt Plauen und Umgebung erstreckt, sind es 400.

Nicht nur klassische Digital-Aktivist*innen beteiligen sich an der Initiative. In ländlichen Räumen mit Funklöchern setzen oft auch Kommunen und lokale Unternehmen auf Freifunk, um das zur Verfügung stehende Internet bestmöglich vor Ort zu verteilen.

Freifunk unter diesem Namen gibt es nur in Deutschland. Unter dem Namen Funkfeuer hat sich eine vergleichbare, kleinere «WLAN-für-alle»-Initiative in Österreich entwickelt, sie deckt die drei Städte Wien, Graz und Wels ab. In Spanien gibt es das Projekt Guifi, das vor allem in den Regionen Katalonien und Valencia aktiv ist, und in New York NYCMesh.

Völlig dezentral nur in der Theorie

Die Grundidee von Freifunk ist Dezentralität: User stellen unabhängig voneinander und unkoordiniert ihre Router zur Verfügung, deren Sendebereiche sich eventuell spontan verbinden. In der Praxis weicht das Projekt jedoch oft vom Dezentralitätsprinzip ab.

Zum einen will man die Reichweite vergrößern. Freifunk-Aktivist*innen klettern auf die Dächer von Kirchen, Rathäusern oder Vereinsgebäuden und installieren Richtfunk-Antennen, die lokale Freifunk-Zusammenschlüsse über größere Distanzen verbinden.

Zum anderen sind da rechtliche Zwänge, die «Störerhaftung»: Passiert über Freifunk etwas Illegales, ist stets die IP-Adresse, die digitale Postadresse der Anschluss-Inhaber*innen, sichtbar. Das ist vor allem bei Filesharing ein Problem. Nutzer*innen solcher illegaler Tauschplattformen für Filme und Musik erhalten von spezialisierten Kanzleien immer wieder Abmahnschreiben mit hohen Geldforderungen. Wurde die Filesharing-Plattform über einen Freifunk-Zugang genutzt, geht das Schreiben an die Person, die hinter der vom Router verwendeten IP-Adresse steht.

Das Problem der Störerhaftung sollte eigentlich längst nicht mehr bestehen. Eine 2017 vom Bundestag beschlossene Novelle des Telemediengesetzes räumte Freifunk einen ähnlichen rechtlichen Status wie kommerziellen Internetanbietern ein. Diese haften nicht, wenn in ihren Netzen Illegales passiert. Gerichte haben die Rechtslage allerdings immer wieder anders als beabsichtigt interpretiert und Schadenersatzforderungen wegen Filesharings gegen Inhaber*innen von Freifunk-Knoten bestätigt.

Deshalb gibt es bei Freifunk bis heute immer noch zentralisierte Strukturen, die die Community schützen sollen. Verbindet man sich mit einem Freifunk-Zugang, geht der Datenverkehr meist vom genutzten Router zu einem Sammelpunkt, den die lokale Freifunk-Initiative betreibt, und erst von dort aus ins große Internet. Dann ist nicht mehr die IP-Adresse des einzelnen Routers sichtbar, sondern die der Freifunk-Initiative, die definitiv von Störerhaftung befreit ist. Zum Einsatz kommt dabei VPN-Technologie («Virtual Private Network»), die ansonsten von kommerziellen Anonymisierungsdiensten genutzt wird.

Vereinslandschaft ohne «Zentralkomitee»

Die lokale Ausrichtung des Projekts spiegelt sich auch in der Organisationsform wider. Freifunk ist ein Nebeneinander von lose organisierten lokalen Communitys und Vereinen ohne Dachstruktur. Ein «Zentralkomitee des Freifunks» brauche schlicht niemand, meint die Berliner Aktivistin Elektra Wagenrad (siehe Interview, S. 203).

Eine Überblicksliste auf freifunk.net listet 394 Initiativen und insgesamt 44 Vereine auf, die beispielsweise Freifunk Nord e. V., Freifunk Dreiländereck oder Förderverein Freifunk Halle heißen.[17] Einige lokale Communitys haben sich zu Vereinen zusammengeschlossen, um ernster genommen zu werden, wenn sie mit Kirchengemeinden und Rathäusern darüber verhandeln, Richtfunkantennen zu installieren, und damit es eine Rechtsperson gibt, die Fördergelder beantragen und als juristischer Puffer herhalten kann.

Die Aktiven vor Ort legen fest, welche Version der Freifunk-Software jeweils zum Einsatz kommt (auch in diesem Punkt gibt es keine Einheitlichkeit). Sie stellen auf den lokalen

Projekt-Webseiten die Software zum Download zur Verfügung und erklären in Anleitungen, wie man sie einrichtet. Oft bieten sie zum Selbstkostenpreis, meist zwischen 20 und 80 Euro, Zweit-Router mit bereits installierter Freifunk-Technologie an und organisieren die Vergrößerung lokaler Netze über Richtfunkantennen sowie VPN-Verbindungen zur Aushebelung der Störerhaftung.

Die Vereine arbeiten ehrenamtlich. Den Kauf von Hardware für Richtfunkverbindungen und VPN-Tunnel finanzieren sie über Mitgliedsgebühren, Spenden und manchmal auch über staatliche Förderung. In Berlin etwa, in Nordrhein-Westfalen und in Sachsen-Anhalt haben die Verwaltungen jeweils mehrere Hunderttausend Euro für Hardware zur Verfügung gestellt sowie die Dächer öffentlicher Einrichtungen als Standorte für Richtfunkantennen freigegeben.

B. A. T. M. A. N. lernt fliegen

Alles begann mit einer Art Verfassung, einem Minimalkonsens für alle globalen Umsetzungen des Prinzips selbst organisierter Funk-Netzwerke. Das im Jahr 2002 auf einer Berliner Konferenz zu Stadtentwicklung und Architektur beschlossene «Pico Peering Agreement» schreibt einen diskriminierungsfreien und nicht manipulierten Transfer von Daten vor. Im Anschluss formierte sich eine Community von Interessierten, die sich jede Woche in der Berliner Hackerbar c base traf. 2003 entstand aus dieser Bewegung heraus der Berliner Förderverein Freie Netzwerke e. V.

Zu dieser Zeit gab es bereits eine Technologie für das Teilen von Internetzugängen, die allerdings noch Kinderkrankheiten hatte. 2004 testete die Berlinerin Elektra Wagenrad das OLSR-Protokoll zusammen mit den Teilnehmenden einer Berliner Open-Source-Konferenz – und es funktionierte nicht. 2006 entstand eine von Wagenrad und anderen umgeschriebene, nachgebesserte und funktionsfähige Version unter dem Namen B. A. T. M. A. N., die bis heute die technische Grundlage der meisten Freifunk-Communitys bildet.

Mein WLAN ist dein WLAN

Freifunk ist digitale Solidarität: Wer hat, der gibt. Das Projekt ist ein Hack der klassischen Internetinfrastruktur. Es nimmt das bestehende System aus Internetverbindungen, wie es ist, und erweitert es über einen Trick. «Wir bauen unsere eigenen digitalen Straßen», beschreibt die Berliner Freifunk-Aktivistin Elektra Wagenrad diesen kreativen Umgang mit Technik.

Mitmachen:

Sieht man auf dem Smartphone oder PC in der Liste der verfügbaren WLANs den Namen Freifunk, kann man sich ohne Anmeldung damit verbinden. Auf freifunk.net/community kann man lokale Initiativen recherchieren. Die lokalen Gruppen erstellen Karten, die anzeigen, wo in der jeweiligen Stadt oder Region Freifunk-Zugänge verfügbar sind.

LibreOffice

Das Bürosoftware-Paket aus Deutschland

LibreOffice bietet unter anderem ein Schreib-, Tabellen- und Präsentationsprogramm und ist das Produkt einer unblutigen Community-Revolte.

Programme, Plattformen und sonstige Dienste sind oft kostenlos, man zahlt mit Daten. Die Software für die Kernfunktion eines Computers hingegen, das Schreiben von Texten, kann viel Geld kosten. Kauft man einen Mac-Computer von Apple, bringt der ein leistungsfähiges Schreibprogramm mit, das bereits im Gerätepreis enthalten ist. Bei Privatanwender-Versionen von Windows hingegen ist das meistens nicht der Fall. Für eine Lizenz des Bürosoftware-Pakets Office Home & Student 2021 von Microsoft muss man im Frühjahr 2023 149 Euro zahlen.

LibreOffice ist ein freies Bürosoftware-Paket für PCs. Es besteht aus einem Schreibprogramm (LibreOffice Write), einem Tabellenprogramm (Calc) und einem Präsentationsprogramm (Impress) sowie anderen Anwendungen, unter anderem einem einfachen Zeichenprogramm und einem Formel-Editor. Die Zahl regelmäßiger User schätzt die LibreOffice-Mutterorganisation konservativ auf etwa 200 Millionen.

Entwicklung aus Lüneburg

Was später zu LibreOffice wurde, begann vor fast 40 Jahren im niedersächsischen Lüneburg. Das sechzehnjährige IT-Wunderkind Marco Dörries programmierte 1984 zusammen mit einem Freund ein Textprogramm namens Star Writer. Daraus wurde später ein vollwertiges Paket namens StarOffice, das bereits die jetzigen Kernelemente enthielt, ein Text-, ein Tabellen- und ein Präsentationsprogramm.

In den ersten Jahren kostete die Software Geld. Dann änderte Dörries das Modell. Für einen nichtkommerziellen Einsatz ließ sich die Software kostenlos auf der Webseite herunterladen. Alternativ wurde eine CD mit Handbuch für 79 DM verkauft. Nur Kunden im kommerziellen Bereich zahlten den vollen Preis.

Das von Dörries gegründete Startup Star Division war erfolgreich, wie der *Spiegel* 1997 berichtete. Mit der Software habe das Unternehmen im Vorjahr etwa 100 Millionen DM verdient.

1999 verkaufte Dörries StarOffice für 60 Millionen US-Dollar an den US-Hard- und Softwarehersteller Sun. Und der entschied sich für eine Open-Source-Strategie. Das Unternehmen gab den Quellcode frei. Eine weltweite Community sollte zusammen mit der Entwicklungsabteilung von StarOffice an einer neuen Version der Software unter dem Namen OpenOffice arbeiten. Auf dieser Software-Basis wollte Sun eine frühe Cloud-Lösung namens Star Portal entwickeln, bei der Unternehmen online an Texten, Tabellen oder Präsentationen arbeiten können, während die Software auf den Servern von Sun läuft.

Aus OpenOffice wird LibreOffice

Zehn Jahre lang lief die Zusammenarbeit, bis Sun 2010 seinerseits übernommen wurde. In der OpenOffice-Community war man unsicher, inwiefern der Käufer, der Software-Gigant Oracle, an der Unterstützung des OpenOffice-Projekts festhalten würde. Der Unmut wuchs, und die Community entschied sich für eine Abspaltung. Es entstand ein Fork unter dem Namen LibreOffice.

Bereits wenige Wochen später ging die Webseite LibreOffice.org mit einer ersten Version der Abspaltung online. Der damalige Träger war der deutsche Verein Freies Office Deutschland e. V. Dieser hatte sich schon 2008, damals noch unter dem Namen OpenOffice.org Deutschland e. V., als Chapter der deutschen OpenOffice-Community gegründet.

Die Community ging auf die Suche nach einer geeigneten Organisationsform für das nun völlig unabhängige Softwareprojekt und entschied sich für eine Stiftung nach deutschem Recht in Berlin. Im Frühjahr 2011 sammelte das Projekt in einem weltweiten Crowdfunding 50 000 Euro als Startkapital ein, am 20. Februar 2012 wurde The Document Foundation als Stiftung mit Sitz in Berlin gegründet.

Besonderer Stiftungstypus

Der formale Sitz ist seitdem Berlin, allerdings hat die Stiftung dort kein eigenes Büro. Die Arbeit geschieht remote. Die Document Foundation beteiligt sich nur am Rande an der Entwicklung der Software. Die Stiftung koordiniert die Fertigstellung immer wieder neuer Software-Versionen und hält die Community mit ihren unterschiedlichen Fraktionen zusammen.

Das Modell der deutschen Stiftung, das traditionell geschlossene Strukturen vorsieht, hat die Community umgedeutet und mit vielen partizipativen Elementen versehen. Man habe quasi einen neuen Stiftungstypus geschaffen, meint Florian Effenberger, Geschäftsführer der Document Foundation (siehe Interview «Es gab keine Blaupause», S. 201).

Das Mitglieder-Kuratorium steht allen Aktiven der Community offen. Voraussetzung laut Satzung ist, «dass man dem Stiftungszweck über mehr als drei Monate nachweisbar Zeit und geistige Arbeit gewidmet hat und nach willkürfreier Einschätzung des Mitgliederkomitees belegbare oder durch Mitglieder bestätigte, nicht triviale oder offensichtlich geringfügige Beiträge geleistet hat».

Über den Mitgliedsstatus entscheidet jährlich ein Mitgliederkomitee, das vom Kuratorium gewählt wird. Das Kuratorium wählt den Vorstand mit einer Amtszeit von zwei Jahren.

Dieses Board of Directors besteht aus sieben Leuten und bestimmt die Geschäftsführung.

Spenden und Firmenbeiträge

Die Organisation ist schlank und hat nur 14 Mitarbeiter*innen.[18] 2021 lagen die Einnahmen bei 1,4 Millionen Euro, größtenteils kam das Geld über Einzelspenden zusammen.[19] Während man LibreOffice von der Webseite herunterlädt, öffnet sich ein Spendenaufruf, und auch innerhalb des LibreOffice-Programms wird man alle drei Monate um Spenden gebeten.

Die eigentliche Software-Wertschöpfung geschieht außerhalb der Foundation über Personalspenden von Unternehmen. Laut einer Auswertung der LibreOffice-Version 7.2 im Jahr 2021 kamen nur 8 Prozent der Code-Beiträge von der Document Foundation, 27 Prozent von 120 Einzelentwickler*innen und der Rest von Unternehmen, darunter vor allem von zwei Firmen: 29 Prozent der Beiträge steuerte das britische Unternehmen Collabora bei, das eine Cloud-Lösung für LibreOffice anbietet, und 27 Prozent die IBM-Tochter Red Hat, die hinter den Linux-Versionen Fedora und Red Hat Enterprise Linux steht, in denen LibreOffice als Schlüsselanwendung eingebaut ist.[20]

Berliner Modell

Was hält eine Software-Community zusammen? Vor etwa zehn Jahren hat die Community in einer Art Labor-Situation entworfen, was sie für ein optimales Organisationsmodell hält: Die Macht liegt, zeitlich begrenzt, bei den jeweils Aktiven der Community, die die Organisation kontrollieren. Teil dieser Community sind Unternehmen, die gerade aufgrund der Freiheit der Software Anreize haben, sich mit eigenen Ressourcen zu beteiligen. Herausgekommen ist nicht nur ein überzeugendes Modell für digitale Zusammenarbeit, sondern bis heute ein leistungsfähiges kostenloses Schreib-, Tabellen- und Präsentationsprogramm.

Mitmachen:

Download des Programms für Windows, macOS oder Linux unter libreoffice.org/download. Das Projekt selbst stellt keine «offiziellen» Smartphone-Apps zur Verfügung, empfiehlt aber eine Entwicklung aus der Firmen-Community, die kostenlose Bürosoftware-App Collabora Office (collaboraoffice.com/collabora-office-android-ios).

6

Der Umgang mit Daten

Technologie, die nicht spioniert

Er hatte es geschafft. Der junge Mann war ins Zentrum des Bösen vorgedrungen. Von der Existenz dieses Ortes hatte er vorher nur gerüchteweise gehört. Hier also würden die irrsinnigen Ausmaße des US-Überwachungsprogramms greifbar werden.

In den letzten Wochen vor seinen Enthüllungen hatte der Whistleblower Edward Snodwen in Hawaii für einen Dienstleister der NSA, des technischen Geheimdiensts der USA, gearbeitet. Dort hatte er Zugang zum XKeyScore-Programm, das, wie er in seiner Biographie *Permanent Record* schreibt, eine Suchmaschine für Menschen war. Sie führte zusammen, was die NSA gesammelt hatte. Snowden konnte im System beliebige Namen, E-Mail-Adressen oder Telefonnummern eingeben. Gab es einen Treffer, was meistens der Fall war, konnte er E-Mails der betreffenden Person lesen, in den Suchbegriffen der letzten Jahre, den Social-Media-Posts oder den Browser-Chroniken stöbern.[1]

Was er in diesem Raum empfand, war eine Mischung aus Faszination über die Science-Fiction-artigen Möglichkeiten und Abscheu vor der dreisten Missachtung von Privatsphäre.

Eine gespenstische Szene, die er im Kapitel «Der Junge» schildert, ist ihm besonders in Erinnerung geblieben. Eine Person, die er beobachten sollte, war ein indonesischer Ingenieur. Das NSA-Überwachungssystem hatte nicht nur unzählige Daten über ihn gesammelt. Eine Abteilung, die für das Hacken von Geräten zuständig war, hatte auch Zugriff auf seine Webcam erlangt. War der Rechner an, konnte Snowden auf die Bilder der Webcam zugreifen.

Und an diesem Tag im Frühjahr 2013 ist er an: Snowden sieht dem Mann zu, wie er in Indonesien vor seinem Computer sitzt, auf dem Schoß sein Sohn, ein Kleinkind. Das gluckst vor Lachen, wie Snowden per Kopfhörer mitbekommt. Dann blickt der Junge direkt in die Kamera. Der Überwachungswahnsinn, den Snowden anfangs mit ermöglicht hatte und den er schließlich aufdecken würde, hat ein Gesicht bekommen. Edward Snowden hält den Atem an. Er hat das Gefühl, dass der Junge ihm direkt in die Augen schaut.

Im Laufe der Jahre hatte sich Snowden Zugriff auf Tausende interne Berichte, Analysen und Präsentationen verschafft, sie hinausgeschmuggelt und der Öffentlichkeit zugänglich gemacht. Das löste am 6. Juni 2013 die NSA-Affäre aus. Die Enthüllungen zeigten, was vorher nur in Hackerkreisen geraunt worden war: Die netten Webseiten, Programme und Geräte, die wir nutzen, sind gleichzeitig die Augen und Ohren für staatliche Überwachung. Die Datenmassen, die in den Rechenzentren der großen IT-Konzerne anfallen, ermöglichen es, sich in die Leben der halben Welt und ganzer Bevölkerungsgruppen hineinzuzoomen.

Der Traum ist aus

«Das Internet ist kaputt», schrieb Johnny Haeusler, prominenter Blogger und Mitgründer der Internetkonferenz Re:publica, einen Monat später in einem Gastkommentar für die Zeitschrift *Capital:* «Es ist beunruhigend zu wissen, dass meine Kommunikationsdaten grundlos bei der NSA landen, dort gespeichert und analysiert werden.» Deshalb frage er sich: «Wie verhalte ich mich ab jetzt? Wie verändert das Wissen um die Überwachung mein eigenes Verhalten in der digitalen Welt? Und vor allem: Wie kann ich sicherstellen, dass ich meine Grundrechte auch im Netz wahrnehmen kann?» Gar nicht, sei die frustrierende Antwort: «Der Traum von der freien Kommunikation im Netz ist vorerst aus.»[2]

Viele Aktivist*innen arbeiten daran, das Internet zu reparieren und wieder zu einem traumhaften Ort zu machen: einer digitalen

Welt, die nicht nur praktisch und bunt ist, sondern die Privatsphäre respektiert, statt Menschen dreist auszulesen, als wären sie nicht mehr als Sammlungen von Datenpaketen auf zwei Beinen.

Dem Verlangen kommerzieller Akteure und staatlicher Überwachungsapparate, möglichst alles zu erfassen und auszuwerten, setzt die digitale Gegenwelt das Prinzip Datensparsamkeit entgegen: Daten sollen gar nicht erst unnötigerweise entstehen und übermittelt werden, sodass nichts gesammelt und für Überwachung verwendet werden kann.

Das Internet ist eine Datenerzeugungs- und -sammelmaschine. Die wirtschaftliche Logik ist simpel: Je genauer Webseiten, Apps, Programme und Werbenetzwerke ihre User kennen, desto attraktiver sind sie für Unternehmen, die Anzeigen schalten wollen. Werbung wirkt umso besser, je individueller sie auf die Interessen und Lebenslagen einzelner Menschen zugeschnitten ist. Das ist die Grundlogik der Internetwirtschaft. So läuft das Business.

Die Ausbeutung von Daten ist nicht per se ein Problem. Problematisch sind die Umstände der Akkumulation. Datentechnisch besteht das Internet mit seinen Milliarden Usern, Millionen Apps und Webseiten nicht aus Tausenden kleinen Zentren, bei denen die Informationsbruchstücke der Menschheit isoliert voneinander anfallen. Eher lässt es sich als kleine Welt beschreiben, in der wenige gigantische Staubsauger Daten wie schwarze Löcher anziehen.

Die großen Fünf

Die Informationen, die in kommerziellen Betriebssystemen, Suchmaschinen, Browsern, Social-Media-Plattformen und sonstigen Diensten entstehen, ermöglichen detaillierte Einblicke in die Leben von Milliarden Menschen.

Die wichtigsten Bausteine der digitalen Welt gehören wenigen großen Konzernen. Zum Alphabet-Konzern gehören die Suchmaschine Google, die Videoplattform YouTube, das Smartphone-Betriebssystem Android, der Browser Chrome, der E-Mail-Anbieter Gmail und der Kartendienst Google Maps. All diese Produkte sind in ihren jeweiligen Bereichen Marktführer. Gesellschaftliches Miteinander läuft oft über Meta. Zu dessen Konzernkosmos gehören das soziale Netzwerk Facebook.com, der Messenger WhatsApp sowie das Bildernetzwerk Instagram.

Allein diese beiden Konzerne haben Möglichkeiten des Einblicks, von denen Geheimdienste in analogen Zeiten nur hätten träumen können. Die Stasi, der berüchtigte Inlandsgeheimdienst der DDR, musste viel Aufwand investieren, um Wohnungen zu verwanzen, Telefonate abzuhören und Spitzel in möglichst allen Ecken der Gesellschaft zu positionieren. Das Bild des Lebens in der DDR, das sich so ergab, war stets lücken- und fehlerhaft. Bei Alphabet und Meta würden wenige Klicks in Datenbanken und Archiven genügen, um über Milliarden User zu erfahren, wen sie kennen, wofür sie sich interessieren, wie es ihnen geht und wo sie sich wann aufgehalten haben.

Hinzu kommen die Datenschätze von Microsoft, Apple, Amazon und vielen mittelgroßen und kleineren Unternehmen, die Daten sammeln und rege austauschen.

No Place to Hide

Und dann gibt es noch die Datenströme im Hintergrund. Wenn jemand YouTube-Videos schaut, WhatsApp-Nachrichten verschickt, Suchbegriffe bei Google eingibt oder ein Produkt auf Amazon kauft, weiß die Person (oder könnte leicht wissen), dass persönliche Informationen bei den jeweiligen Unternehmen landen.

Aber auch Millionen anderer Webseiten und Apps liefern den Konzernen zu. Besucht man ein beliebtes Gesundheitsmagazin oder eine Nachrichtenseite, nutzt eine Wetter- oder Dating-App, ist es sehr wahrscheinlich, dass der eigene PC oder das Smartphone nicht nur mit dem eigentlichen Anbieter des Dienstes Kontakt aufnimmt, sondern auch mit einer Reihe anderer Unternehmen kommuniziert. Diese wurden als externe Dienstleister eingebaut, weil ihre Produkte beim Geldverdienen, bei der Useranalyse oder beim technischen Betrieb helfen.

Alphabet ist die Königin der Hintergrund-Datenströme und fast immer mit im Boot, weil der Konzern einen beliebten Analysedienst betreibt. Mit Google Analytics können Betreiber*innen von Webseiten und Apps detailliert auswerten, wie viele User welche Inhalte nutzen, wo sie herkommen, wie sie sich auf der Webseite oder App bewegen und was sich optimieren lässt. Die Informationen landen dabei stets auch bei Google.

Beliebt ist auch der Einbau von Werbenetzwerken. Alphabet, Amazon und Meta sind auch Werbevermittler. Wenn eine Wetter-App oder die Webseite einer lokalen Tageszeitung die *Google Marketing Platform* oder *AdMob* (beides gehört zu Alphabet), das *Facebook Audience Network* oder *Amazon Ads* integriert, können werbetreibende Unternehmen über diese Vermittler dort Anzeigen schalten. Die Werbenetzwerke sind so populär, weil sie über massenhaft detaillierte Daten verfügen, die über die sonstigen Produkte des jeweiligen IT-Konzerns gesammelt wurden. Unternehmen können User somit sehr zielgerichtet ansprechen.

Hintergrund-Datenströme entstehen außerdem durch die Nutzung großer Clouds. Cloud-Dienstleister betreiben in Dutzenden Ländern Rechenzentren. Die Betreiber*innen von Webseiten und Apps können sich entscheiden, ihre Daten Cloud-Dienstleistern anzuvertrauen, die sie speichern und zu den Usern bringen. Das ist oft preiswerter und störungsfreier, als wenn man die Datenspeicherung und -übermittlung selbst organisiert. Der globale Cloud-Marktführer ist *Amazon Web Services*, auf den Plätzen zwei und drei folgen *Microsoft Azure* und *Google Cloud*.

Hintergrund-Datenströme finden sich vor allem bei kommerziellen Angeboten. Manchmal gibt es sie aber auch dort, wo man es kaum vermuten würde, auf Webseiten und in Apps von Arztpraxen, Kliniken, Parteien, kleinen Vereinen und Kirchen. Sogar vatican.va hat Google-Dienste eingebaut. Die Beichtgeheimnisse sind beim Heiligen Vater und seinen Hirten vielleicht sicher. Nicht aber die Browserdaten, die beim Besuch der Onlinepräsenz des Kirchenstaats anfallen. Die gehen stets auch an Google.

Der Journalist Glenn Greenwald hatte im Sommer 2013 die Leaks von Edward Snowden öffentlich gemacht. *No Place to Hide* hieß sein ein Jahr später veröffentlichtes Buch zum NSA-Skandal. Beschäftigt man sich mit Hintergrund-Datenströmen, merkt man schnell, wie sehr der Titel passt. Tatsächlich bietet das Internet fast «keinen Platz zum Verstecken». Egal, was man tut, ob es um Nachrichten, Wetter, Partnersuche, Fitness oder sogar Religion geht – die eingebauten Dienstleister stellen sicher, dass fast immer Daten bei Alphabet landen, oft auch bei Amazon und Meta.

Big Brother schaut zu

Die von Greenwald aufbereiteten Leaks haben gezeigt, dass die privatwirtschaftlichen Datenballungen Futter und Quelle für paranoide staatliche Überwachungsbemühungen sind.

Eine Folie, die der Journalist in seinem Buch veröffentlichte, brachte die Philosophie des US-Geheimdiensts NSA seiner Meinung nach auf den Punkt. Sie stammte aus einer Präsentation der NSA aus dem Jahr 2011 auf der Jahreskonferenz der «Five Eyes», eines Zusammenschlusses der Länder USA, Kanada, Australien, Großbritannien und Neuseeland, die geheimdienstlich eng zusammenarbeiten. Auf der Folie waren kreisförmig sechs Prinzipien der Datensammelei angeordnet: «Sniff it All» («Schnüffel alles aus»), «Know it All» («Wisse alles»), «Collect it All» («Sammel alles»), «Process it All» («Verarbeite alles»), «Exploit it All» («Beute alles aus») und «Partner it All» («Teile alles mit Partnern» – als Beispielpartner wurde in der Folie der britische Geheimdienst GCHQ genannt).

Mit anderen Worten: Wenn Daten entstehen und es technisch möglich ist, auf sie zuzugreifen, passiert das auch. Nicht nur ausgewählte Informationen über bestimmte Gruppen oder Einzelpersonen, sondern am besten alle Daten aller Menschen. Irgendetwas wird man damit schon anfangen können.

Besonders prominent wurde *Prism*, eines von mehreren Überwachungsprogrammen. Eine Folie aus einer internen Prism-Präsentation nannte sieben NSA-Datenquellen, darunter Microsoft, Google, Facebook und Apple. Aus einer anderen Folie ging hervor, an welche Arten von Daten die NSA gelangt: E-Mails, Audio- und Videochats, von Usern in Clouds gespeicherte Daten sowie Details aus der Nutzung sozialer Netzwerke. Wieder eine andere Folie legte den Schluss nahe, dass die NSA über das Prism-Programm einen direkten Vor-

Ort-Zugriff auf die Datenbanken der großen US-IT-Unternehmen habe (was diese allerdings unisono verneinten.)

Unklar ist, wie freiwillig und freigiebig die Konzerne der NSA ihre Datenschätze zur Verfügung stellen. Gewiss ist hingegen: Der US-Geheimdienst- und Sicherheitsapparat will «alles wissen», «alles sammeln» und «alles auswerten».

Dafür hat er weit reichende Zugriffsrechte. Die Daten von US-Bürger*innen sind halbwegs geschützt. Wollen US-Behörden Personen in den USA überwachen, muss das durch ein Sondergericht genehmigt werden. Für die Überwachung im Ausland braucht es keine solchen externen Prüfungen. Der 2018 unter Donald Trump beschlossene Cloud Act («Clarifying Lawful Overseas Use of Data Act») stellte unmissverständlich klar: Zugriff auf Datenbanken können die Behörden auch dann verlangen, wenn das Tochterunternehmen eines US-Konzerns im Ausland sitzt.

Es geht auch anders

Viele Aktivist*innen der digitalen Gegenwelt hadern mit den aktuellen Daten-Realitäten. Welche Antworten bieten die Projekte und die Communitys?

Zum einen stellen sie schlicht Alternativen bereit. Statt Windows von Microsoft oder macOS von Apple kann man eines der vielen Linux-Betriebssysteme nutzen. Firefox ist eine Alternative zu Chrome (Google), Safari (Apple) oder Microsoft Edge, Thunderbird zu Outlook (Microsoft) oder dem Mail-Programm von Apple. Statt Google Maps kann man OpenStreetMap nutzen, statt Twitter (X) Mastodon, statt WhatsApp Signal.

Unabhängig von der Frage, wie die einzelnen Projekte konkret mit Daten umgehen, liegt der Beitrag schlicht darin, dass sie überhaupt eine unabhängige, nichtkommerzielle Lösung anbieten.

Und die meisten Projekte bemühen sich tatsächlich nach bestem Wissen und Gewissen um Datenvermeidung. Die Programme und Dienste kommunizieren sehr viel weniger mit den Anbietern, im Idealfall nur, um nachzufragen, ob ein Software-Update verfügbar ist. Persönliche Daten erfassen sie nur, wenn es unbedingt nötig ist.

Fast noch wichtiger: Sie verzichten auf Hintergrund-Datenströme. Da sich die Plattformen, Webseiten und Apps nicht über Werbung finanzieren und keine Gewinne abwerfen müssen, gibt es keinen Anreiz, die Werbenetzwerke von Google, Amazon und Facebook einzubauen oder die betriebswirtschaftliche Performance mithilfe von Google-Analytics-Daten zu optimieren.

Die Enzyklopädie Wikipedia, der Reiseführer Wikivoyage, das Terminvereinbarungs-Werkzeug Nuudel, das Internetarchiv Archive.org, die linke Medienplattform Indymedia, die Wissenschafts-Schattenbibliothek Sci-Hub – sie allen haben weder Google Analytics noch eines der großen Werbenetzwerke eingebaut. Im «No Place to Hide»-Internet gehören sie zu den wenigen Freiräumen, die nicht an die großen Datenstaubsauger angeschlossen sind.

Exkurs: Datenschutz ist Umweltschutz

Dass die Programme, Dienste und Webseiten der digitalen Gegenwelt zurückhaltender dabei sind, Daten durchs Netz zu schicken, hat noch einen weiteren Vorzug. Sie sind tendenziell energiesparender. Die Studie «Environmental impact assessment of online advertising» kam im Jahr 2018 zu dem Schluss, dass bei Webseiten durchschnittlich 50 Prozent des Datenverkehrs durch Werbung und Tracking verursacht werden – also durch Kommunikation nicht mit der eigentlichen Internetadresse, sondern mit externen Dienstleistern.[3] Datenschutz ist auch Umweltschutz.

Die Konferenzreihe *Bits & Bäume* versucht, die digitale und die ökologische Zivilgesellschaft zusammenzubringen. Auf der Berliner Ausgabe im Herbst 2022 widmeten sich mehrere Veranstaltungen dem CO_2-Fußabdruck digitaler Technologien. Der Verfahrenstechniker Jens Gröger vom Berliner Öko-Institut e. V. hielt einen Vortrag zum Energieverbrauch von Software und präsentierte eine selbst entwickelte Möglichkeit, den Verbrauch zu messen.[4] In einem Forschungsprojekt für das Umweltbundesamt hat er unter anderem eine kommerzielle Bürosoftware mit LibreOffice verglichen. Das Ergebnis: Die kommerzielle Lösung verbrauchte auf dem lokalen Computer vier Mal so viel Strom wie die des nichtkommerziellen Open-Source-Projekts.

Nichtkommerzielle Software sei oft nicht so aufgeblasen, meint Gröger: «Man konzentriert sich beim Entwickeln auf die Kernfunktion. Die Software benötigt weniger Rechenleistung, weniger Arbeits- und Festplattenspeicher und verschickt weniger Daten.» Kommerzielle Software hingegen, vor allem, wenn sie in der Cloud läuft, zapfe ständig Daten vom Gerät ab. Für Software wie für Webseiten gelte: Sobald Geschäftsmodelle datengetrieben sind, ist es für den Anbieter attraktiv, möglichst viele User-Daten zu erfassen. Damit gehe einher, dass sowohl im Netzwerk als auch in den Rechenzentren sehr viel mehr Energie und sonstige Ressourcen verbraucht werden.

Nichtkommerzielle Open-Source-Software habe außerdem oft noch einen weiteren Vorteil. Sie verlängere die Nutzungszeit für Hardware: «Kommerzielle, proprietäre Software ist oft Hardware-gierig. Wenn Unternehmen eine neue Betriebssystemversion anschaffen müssen, weil der Support für das alte System ausläuft, braucht es oft auch neue Computer.» Eigentlich noch funktionsfähige Geräte werden aussortiert, weil die Anforderungen neuer Software-Versionen zu hoch sind. Mit Open-Source-Software hingegen gebe es solche Probleme oft nicht: «Mit einem Linux-Betriebssystem können auch noch zehn Jahre alte Computer mit freier und aktueller Software ausgestattet werden und erhalten Sicherheits-Updates aus der Entwickler-Community.» Der Umwelteffekt durch die Vermeidung unnötiger Neugeräte sei vielleicht sogar noch größer als der des reduzierten Energieverbrauchs bei der Software-Nutzung.

Das Haar in der Suppe

Viele Projekte betonten in ihren Selbstbeschreibungen, dass sie respektvoll mit Daten umgehen und verlässliche Werkzeuge für den Schutz der Privatsphäre sind. Zwei Vertreter der digitalen Gegenwelt weisen bei genauem Hinsehen allerdings Tücken auf. Leider handelt es sich bei ihnen nicht um vernachlässigbare Nischenanwendungen, sondern um zwei der Säulen der digitalen Gegenwelt, deren jeweils mehr als 100 Millionen User davon ausgehen, dass ihre Daten bestmöglich geschützt sind. Bei beiden kann man nur mit Bauchschmerzen von Datenvermeidung reden, beide liefern außerdem Daten an mindestens einen der üblichen verdächtigen IT-Giganten.

Firefox: «automatische Suchvorschläge»

Firefox ist ein «Browser, der das schützt, was dir wichtig ist» erfährt man, wenn auf Mozilla.org die PC-Version des Internetbrowsers herunterladen will. Das «Mozilla-Manifest» enthält zehn Prinzipien, Prinzip vier widmet sich dem Umgang mit Daten: «Die Sicherheit und der Schutz der Daten einer Person im Internet sind von grundlegender Bedeutung und dürfen nicht als optional betrachtet werden.»

Das klingt gut. Anders als die Mozilla Foundation in ihrer Selbstdarstellung verspricht, ist der maximale Schutz von Daten in Wahrheit aber doch keine Voreinstellung, sondern eine Option, für die man sich bewusst entscheiden muss.

Lässt man die Standardeinstellungen, wie sie sind, schickt Firefox massenhaft Daten an Alphabet. Google ist der wichtigste Geldgeber des Projekts und hat in den letzten Jahren jeweils Hunderte Millionen US-Dollar dafür gezahlt, die eingebaute Firefox-Standardsuchmaschine zu sein.

Gibt man in die Adresszeile des Browsers einen Begriff ein und klickt Enter, öffnet sich eine Trefferliste der Google-Suchmaschine. Aber auch, wenn man die Webadresse schon kennt und eine Webseite direkt ansteuern will, produziert das Programm Hintergrund-Datenflüsse. Ab dem zweiten in die Adresszeile eingegebenen Buchstaben zeigt Firefox «automatische Suchvorschläge» an, die sich während des Tippens verändern. Gibt man «Si» ein, werden einem beispielsweise «Silvester» oder «Sido» als Ergänzungen angeboten, bei «Sie» wird daraus «Sieh an» oder «Siemens Aktie». Das geht so lange, bis man einen Punkt (.) eingibt.

Anhand dieser Informationen kann Google in Teilen Browser-chroniken rekonstruieren, also herausfinden, welche Webseiten besucht werden. Google erhält den Adresskörper bis zum ersten Punkt und muss sich dann nur noch fragen, wie die Internetendung nach dem Punkt lautet. Hierzulande genutzte Webadressen enden meist entweder auf .de oder auf .com.

Diese automatischen Datenflüsse dürften den wenigsten Usern bewusst sein. Lädt man den Browser auf der Mozilla-Webseite herunter, sieht man unterhalb des Download-Links einen kleinen grauen Textlink zum «Firefox Datenschutzhinweis».[5]

Klickt man diesen an, scrollt etwas herunter und klickt in der Zeile «Suche» auf ein kleines Plus-Zeichen, öffnen sich verschiedene Textabsätze. Im Abschnitt «Suchanfragen» schreibt Mozilla: «Firefox sendet Suchanfragen standardmäßig an Ihren Suchanbieter, damit Sie Suchbegriffe entdecken, nach denen andere Benutzer bereits häufig gesucht haben, und um Ihre Sucherfahrung zu verbessern, sofern Ihr Suchanbieter Suchempfehlungen unterstützt.» Es folgen «Links zu unseren Standard-Suchanbietern». Verlinkt sind die Datenschutzerklärungen von Google und Bing.

Längst nicht allen dürfte klar sein, dass Firefox unter «Suchanfragen» alles versteht, was man bis zum ersten Punkt in die Adresszeile eingibt. Klickt man auf «Weitere Informationen», öffnet sich eine separate Unterseite namens «Suchvorschläge in Firefox». Erst dort heißt es eindeutig: «Sind die Suchvorschläge aktiviert, werden Ihre Eingaben in ein Suchfeld bereits während des Tippens an Ihre Standardsuchmaschine gesendet – außer die Eingabe sieht wie eine URL oder ein Hostname aus.»

Im gleichen Abschnitt macht Mozilla klar, dass das Projekt für die weitergegebenen Daten nicht garantieren kann: «Je nach den Datenschutzbestimmungen Ihrer Standardsuchmaschine werden diese Daten dort möglicherweise gespeichert.» Wer das nicht will, muss selbst aktiv werden: «Nutzer mit Bedenken hinsichtlich Datenerfassung und -speicherung können die Suchvorschläge deaktivieren oder eine andere Standardsuchmaschine wählen, deren Datenschutzrichtlinie ihren Wünschen besser entspricht.»

Signal: Telefonnummernzwang und Cloud-Anbindung

Auch Signal ist ein Schlüsselvertreter der digitalen Gegenwelt. Anders als WhatsApp gehört der Messenger nicht zu einem großen IT-Konzern, ist Open Source und gibt sich Mühe, Privatsphäre technisch zu schützen.

Der Messenger ist stolz auf sein «Zero-Knowledge-Prinzip». Signal verschlüsselt alle Nachrichten automatisch, das Projekt hat also keinen Einblick in Kommunikationsinhalte. Und Signal bemüht sich noch nicht einmal, zu erfahren, wer wann mit wem kommuniziert. Eine Funktion namens «Sealed Sender» (auf Deutsch: «versiegelter Absender») sieht vor, dass Signal eine Nachricht zustellt und dabei nur erfährt, für wen sie bestimmt ist, und nicht, von wem sie kommt. Die Absender*innen-Information wird nicht, wie sonst üblich, als Begleitinformation für den Messenger-Anbieter mitgeschickt. Stattdessen wird die Information ebenfalls verschlüsselt und ist nur auf Empfänger*innen-Seite sichtbar.[6]

Auch Signal vermarktet sich offensiv als technischer Kämpfer für Privatsphäre. «Unsere Mission», heißt es auf signalfoundation.org, sei es, «quelloffene Datenschutztechnologie zu entwickeln, die die freie Meinungsäußerung schützt und sichere globale Kommunikation ermöglicht».

Allerdings kann man auch hier nur eingeschränkt von Datenminimierung reden. Signal vermeidet auf der einen Seite Daten, erzwingt auf der anderen Seite aber die Preisgabe einer verräterischen, individuellen Information. Und Signal arbeitet mit kommerziellen Anbietern zusammen, darunter die drei weltgrößten Cloud-Dienstleister.

Kleiner Bruder des Klarnamenszwangs

Will man ein Signal-Profil anlegen, muss man als Erstes eine Telefonnummer angeben. Das kann eine Handy- oder Festnetznummer sein. Man bekommt per SMS oder per Anruf einen Verifizierungscode mitgeteilt. Diesen gibt man in den Messenger ein und verknüpft damit das Signal-Profil und die verwendete Telefonnummer.

Ein Telefonnummernzwang ist der kleine Bruder des Klarnamenszwangs. Die meisten Menschen nutzen ihre Telefonnummer zusammen mit einem auf ihren Namen laufenden Mobilfunkvertrag. Mobilfunk-Unternehmen kennen somit zu fast jeder Telefonnummer den dazugehörigen Klarnamen samt Adresse und Bankverbindung. Behörden kommen leicht an diese Information.

Die meisten Menschen verfügen über genau eine Telefonnummer, die sie außerdem oft mit diversen Social-Media-Profilen, anderen Messengern, einer E-Mail-Adresse oder einem Webshop-Profil verknüpfen. Deshalb können auch Unternehmen viel aus einer Telefonnummer herauslesen, wenn sie Zugriff auf in der IT- und Werbewirtschaft kursierende Datensammlungen haben.

Hinzu kommt, dass nicht nur Signal die Telefonnummer kennt, der Messenger zeigt sie auch standardmäßig bei der Kommunikation an. Die Telefonnummer *ist* das Profil. Man kann deshalb auch anderen gegenüber nur mit Tricks anonym bleiben. Gerade für politisch sensible Kommunikation, wenn etwa Aktivist*innen in autoritär regierten Ländern Demonstrationen über eine Signal-Gruppe organisieren, kann die Nutzung des Messengers sogar gefährlich werden. Der Messenger macht es Behörden leicht, Gruppenstrukturen auszulesen. Es genügt, dass die Polizei Zugriff auf ein einziges Handy aus einer Signal-Gruppe erlangt, weil sie ein beschlagnahmtes Gerät hackt oder ein festgenommenes Mitglied zwingt, das Handy freizuschalten – und die Telefonnummern aller Mitglieder der Signal-Gruppe sind sichtbar.

In puncto Telefonnummernzwang schneiden selbst kommerzielle Messenger besser ab. Bei Threema muss man gar nichts verknüpfen, das Standardprofil ist eine von Threema erzeugte achtstellige Zeichenkombination. Bei Wire kann man sich statt über eine Telefonnummer alternativ über eine Mail-Adresse verifizieren.

Startet man die App zum ersten Mal, bittet sie nicht nur um eine Telefonnummer, sondern auch um den Zugriff auf die Kontakte, also das Telefonbuch des Smartphones. Melden sich neue Leute auf Signal an, gleicht der Messenger in regelmäßigen Abständen ab, in welchen Telefonbüchern die neue Nummer steht. Bereits angemeldete User bekommen eine Benachrichtigung: Nummer X ist jetzt auch bei Signal. Das Telefonbuch gehört zu den privatesten Informationen überhaupt. Nicht nur die Nummern von Familienangehörigen, Freund*innen, Bekannten, Liebschaften und Kolleg*innen stehen da drin, sondern vielleicht auch von einer Therapiepraxis oder einer spezialisierten Arztpraxis.

Der Messenger verspricht einen Spagat, der dafür sorgen soll, dass das kein Privatsphären-Problem darstellt: Der Abgleich von Kontaktlisten finde in einem technisch abgeschirmten Bereich im Signal-Rechenzentrum statt, auf den die Hauptdatenbank keinen Zugriff habe. Das von Signal entwickelte «Private Contact Discovery»-System[7] klingt technisch plausibel. Man kann von außen allerdings nicht überprüfen, wie sicher die beiden Systeme tatsächlich voneinander getrennt sind und ob die Telefonbuch-Daten tatsächlich nur dort und nirgendswo anders gespeichert werden.

Hinzu kommt, dass Signal seit 2020 das Telefonbuch der User sogar standardmäßig hochlädt. Im Blogpost «Introducing Signal PINs» stellte das Projekt eine neu eingeführte PIN vor.[8] User wurden seitdem in der App aufgefordert, ein mindestens 4-stelliges Passwort festzulegen. Der Nutzen dieser neuen Funktion ist kryptisch: Im Erklär-Artikel auf der signal.org-Seite heißt es, die PIN «unterstützt Funktionen wie Identifikatoren, die nicht auf Telefonnummern basieren».[9] Das klingt so, als würde das Projekt es bald ermöglichen, Signal auch ohne die Preisgabe einer Telefonnummer zu nutzen. Das ist aber nicht geschehen.

Wer den ursprünglichen Blogpost genau las, verstand, dass ab jetzt anscheinend auch noch etwas anderes passiert: Signal erstellt automatisch ein Backup des Telefonbuchs, es sei denn, man deaktiviert die Funktion gezielt. Der Vorteil sei, so Signal, dass man das eigene Kontaktnetzwerk wiederherstellen könne, wenn man das Gerät verliert. Dieses Backup verschlüsselt das eigene Gerät vor dem Hochladen auf die Signal-Cloud mit der PIN.

In der Hackerszene, in der Signal traditionell gefeiert wurde, kam das nicht durchgehend gut an. Das Problem: Der Schutz des Telefonbuchs vor einem Zugriff durch Signal hängt ausschließlich von der Stärke des Passworts ab. Wieso das wenig beruhigt, erläuterte Felix von Leitner («Fefe»), ein Meinungsführer der deutschen Hacker-

Organisation Chaos Computer Club. Am 7. April 2021 regte er sich auf seinem Blog Fefe-typisch in motzigen Worten über das «desaströse Pin-Update» auf: «Inhaltlich hat das bedeutet, dass sie dein Telefonbuch in die Cloud hochladen. War nicht so klar kommuniziert, aber das war das.» Smartphones mit ihren kleinen Bildschirmen würden sich dermaßen schlecht für die Eingabe von Texten und Passwörtern eignen, dass die meisten Leute so schwache PINs wählen, dass man sie mit ein wenig Durchprobieren leicht knacken könne. Das Projekt habe seine User noch nicht einmal gefragt: «Und Signal hat diese verkackte Pin nicht Opt-In gemacht, sondern einmal allen aufgezwungen. Das war der Moment, seitdem ich Signal nicht mehr benutze.»[10]

Signal und die kommerziellen Dienstleister

Außerdem arbeitet der Messenger mit insgesamt vier kommerziellen Akteuren zusammen, die standardmäßig Daten von Signal-Usern erhalten. Ein Abschnitt im Form990-Jahresbericht für 2021[11] listet die Dienstleister auf, mit denen das Projekt in Geschäftsbeziehungen steht. Für «Cloud Hosting Services» hat Signal im Jahr 2021 3,9 Millionen US-Dollar an Microsoft, 3 Millionen an Amazon Web Services und 1,3 Millionen an Google gezahlt.

Die IT-Konzerne können in die Daten nicht hineinschauen, da die Datenströme verschlüsselt sind. Ein physischer Zugriff bedeutet aber, dass Musteranalysen gut möglich sind. Man kann etwa anhand der Menge und Größe der Datenpakete schlussfolgern, dass nicht nur Textnachrichten verschickt werden, sondern auch Bilder oder Audionachrichten. Und Amazon, Microsoft und Google sehen die von Signal-Usern verwendeten IP-Adressen und können grob schlussfolgern, welche Adressen aus welchen Ländern miteinander kommunizieren.

7 Millionen US-Dollar für «Phone Verification Services» gingen an das auf Telefonie-Dienstleistungen spezialisierte US-Unternehmen Twilio, Inc.

Wollen Behörden wissen, welche Telefonnummern bei Signal registriert sind, oder hätten sie gern Zugriff auf die verschlüsselten

Datenströme und die involvierten IP-Adressen, müssen sie nicht zur Signal Foundation gehen, die sich unter Umständen mit juristischen Mitteln gegen solche Anfragen wehrt und sie öffentlich problematisiert. Stattdessen können sie bei den kommerziellen Dienstleistern nachfragen, die vermutlich weniger aufsässig sind.

Auch Signal bindet einem nicht auf die Nase, dass die «Datenschutztechnologie» Unternehmen der klassischen IT-Wirtschaft eingebunden hat. Die Datenschutzerklärung ist kurz gehalten und nur auf Englisch verfügbar. Unter «Informationen, die wir möglicherweise teilen» (eigene Übersetzung) heißt es: «Wir arbeiten mit Drittanbietern zusammen, um einige unserer Dienste bereitzustellen. Zum Beispiel senden unsere Drittanbieter einen Verifizierungscode an Ihre Telefonnummer, wenn Sie sich für unsere Dienste anmelden. Diese Anbieter sind durch ihre Datenschutzregeln verpflichtet, diese Informationen zu schützen.»[12] Selbst wenn man in die Datenschutzerklärung schaut (was kaum jemand macht), wird man nicht schlauer. Welche Partner konkret mit im Boot sind, erfährt man nicht.

Werkzeuge für den Do-it-yourself-Datenschutz

Einige Projekte treten explizit als Werkzeuge der digitalen Selbstverteidigung an. Sie ermöglichen es, mit technischen Mitteln den Schutz der Privatsphäre in die eigene Hand zu nehmen. Es gibt drei große Strategien der digitalen Selbstverteidigung: das Verschleiern von IP-Adressen, das Verschlüsseln von Dateien und das Blockieren von Hintergrund-Datenströmen. Die Dezentralisierung, eine vierte Strategie der digitalen Gegenwelt, die sich nicht an User, sondern an Anbieter von Diensten richtet, sorgt dafür, dass das Problem mit zu viel Datenmacht an einer Stelle gar nicht erst entsteht.

Strategie eins: IP-Adressen verschleiern

Egal, was man im Internet tut, Kommunikation läuft stets über IP-Adressen, die so etwas wie digitale Postadressen sind. Ruft man eine Webseite auf, verschickt eine E-Mail oder nutzt eine App, wird die Kommunikation in Tausende einzelne kleine Pakete unterteilt. Diese werden auf den Weg geschickt, und auf jedem Datenpaket steht die digitale Postadresse des Ursprungs und des Ziels der Kommunikation, so wie auf einem Brief steht, wer gerade an wen schreibt.

Webseiten haben stets feste IP-Adressen. 2620:0:862:ed1a::1 lautet beispielsweise die digitale Postadresse von Wikipedia, und 128.65 210.8 die von Spiegel online. Mit diesen Zahlenkolonnen hat man üblicherweise nicht direkt zu tun. In den Browser gibt man eine menschlich verständliche Adresse ein, etwa wikipedia.org oder spiegel.de. Der Router, dieser blinkende kleine Kasten, der das WLAN nach Hause, ins Büro oder Café bringt, erfragt die dazugehörige IP-Adresse und schickt die Daten auf die Reise. Auch als User hat man eine IP-Adresse. Die bekommt man vom jeweiligen Netz, mit dem man sich verbindet, zugewiesen.

Dieses System ermöglicht zielgenaue Kommunikation. Es sorgt aber auch für Überwachbarkeit: Von außen lässt sich nachvollziehen, wo Daten herkommen und wo sie hingehen. Der eigene Internetanbieter sieht alle IP-Adressen, die man ansteuert. Er speichert unterschiedlich lange, welche IP-Adressen wann welchen Usern zugeordnet waren. Auf Anweisung von Behörden kann er diese Daten für einzelne User dauerhaft aufzeichnen. Geheimdienste, die Massenüberwachung betreiben, können dank IP-Adressen Datenströme grob nachvollziehen.

Außerdem kann man zensieren. Internetanbieter, die sehen, welche digitale Postadresse aufgerufen werden soll, können das auf Geheiß von Regierungen unterbinden. In vielen Ländern schneiden Regierungen ihre Bevölkerung auf diese Art vom freien Zugang zum weltweiten Internet ab.

Umweg über drei Ecken

Tor schickt Daten über mehrere Ecken ans Ziel und ist die wichtigste Technologie zur Verschleierung von Datenströmen. Die globale digitale Zivilgesellschaft betreibt die dafür benötigte Infrastruktur, die aus etwa 9000 Tarnstationen besteht. Mit Tor kann man alle denkbaren Arten von Internetkommunikation anonymisieren, üblicherweise verwendet man Tor jedoch, um anonym und zensurfrei zu surfen.

Das dafür verwendete Werkzeug ist ein abgewandelter Firefox-Browser. Ruft man mit diesem Tor-Browser eine Webseite auf, holt er sich einen Überblick über alle verfügbaren Knoten, wählt drei aus und schickt die Daten auf den Weg. Sie gehen nicht direkt zum Ziel, sondern zum ersten Tor-Knoten. Der erfährt die Adresse des zweiten Knotens, der gibt die Daten an den dritten Tor-Knoten weiter. Erst für die dritte Tarnstation ist sichtbar, wo die Reise hingeht. Das sorgt für Anonymität: Der Internetanbieter sieht nur die IP-Adresse des ersten Tor-Knotens, aber nicht das eigentliche Ziel. Die angesteuerte Webseite hat nur Kontakt mit dem dritten Tor-Knoten, und mithorchende Geheimdienste können nur Datenflüsse von und zu Tarnstationen beobachten.

Mit Tor Zensur austricksen

Anonymisierungstechnologie ist stets auch Anti-Zensur-Technologie. Da der Internetanbieter nicht erfährt, welche Webseite man aufrufen will, kann er das Ziel nicht mit einer staatlichen Sperrliste abgleichen.

Zensurregime wollen sich ihre Internetkontrolle nicht einfach so kaputtmachen lassen. Es kommt zu einem Katz-und-Maus-Spiel. Die IP-Adressen von Tor-Verschleierungsstationen sind bekannt. Die Anonymisierung basiert darauf, dass niemand nachvollziehen kann, welche drei Stationen gerade zum Einsatz kommen. Eine Regierung, die die digitalen Postadressen missliebiger Webseiten oder Apps blockieren lässt, kann auf die Verbotsliste schlicht auch die IP-Adressen aller Torknoten setzen und somit den Zugang zum Netzwerk blockieren.

Als Antwort darauf gibt es versteckte Brückenknoten («Bridges»). Bei denen ist von außen nicht erkennbar, dass es sich um Verschleierungsstationen handelt. Lädt man den Tor Browser herunter, bekommt man automatisch Bridges mitgeliefert. Funktionieren die nicht, kann man bei der Tor-Mutterorganisation Tor Project weitere anfordern.

Lange Zeit geriet man auch mit diesem Trick schnell an Grenzen. Es gab viel zu wenige Brückenknoten. Waren diese enttarnt, konnte man sie nicht mehr nutzen. Dank einer innovativen Lösung hat Tor aber zumindest aktuell gegenüber den Zensurregimen die Nase vorn.

2019 stellte das Tor Project die Browser-Erweiterung *Snowflake* vor, über die Menschen in zensurfreien Ländern beim Zugang zum Tor-Netzwerk helfen können. Hat man die Erweiterung installiert und aktiviert, macht sie aus dem eigenen Browser und der im Moment genutzten Internetverbindung eine Tor-Brücke für User in zensierten Weltregionen. Diese immer wieder wechselnden, von der Crowd erzeugten Bridges lassen sich deutlich schwerer erkennen und blockieren. Laut Testmessungen auf ooni.org, einem Projekt zur Beobachtung von Internetzensur, war es im Juli 2023 selbst in China in den meisten Fällen möglich, mithilfe einer Snowflake-Brücke Tor zu nutzen und somit ins weltweite freie Internet zu gelangen.[13]

Strategie zwei: Dateien verschlüsseln

Verschlüsselung schützt Dateien vor den Blicken Unbefugter und baut einen unknackbaren Safe um Inhalte. Mit mathematischen Verfahren werden sie in unverständlichen Zeichensalat umgewandelt. Der lässt sich nur wieder lesbar machen, wenn man das dazugehörige Passwort kennt.

Ordnerverschlüsselung mit VeraCrypt

VeraCrypt richtet geschützte Ordner auf PCs ein. Alles, was in solchen «Containern» landet, wird automatisch mit einem selbst gewählten Passwort verschlüsselt. Man kann Ordner auf PCs verschlüsseln, ganze Festplatten sowie USB-Sticks. Auch wenn Dritte Zugriff auf die Datei des VeraCrypt-Ordners erlangen, ist das kein Problem. Da sie das Passwort nicht kennen, müssen sie alle theoretisch möglichen Passwortkombinationen durchprobieren. Je nachdem, wie lang und gut es ist, kann das mehrere Jahre dauern.

Cloudverschlüsselung mit Cryptomator

Liegen Dateien auf dem eigenen Rechner, wird ein unbefugter Zugriff allein schon dadurch erschwert, dass Dritte sich erst einen physischen Zugriff auf das jeweilige Gerät verschaffen müssten. Diese Schutzebene entfällt, wenn Inhalte in der Cloud liegen. Cloudanbieter könnten die Daten automatisiert scannen oder sie an Behörden weitergeben. Werden die Dienste gehackt, können auch Cyberkriminelle an die Daten kommen. Das lässt sich mit dem Cloudverschlüsselungsprogramm Cryptomator verhindern.

Bevor etwas in die Cloud geladen wird, verschlüsselt die Software alle hochzuladenden Dateien. Bei den Cloudanbietern landet nur Zeichensalat. Cryptomator ist nur teilweise digitales Gemeingut. Die PC-Version ist kostenlos. Die Smartphone-Apps kosten einmalig 14,99 Euro.

E-Mail-Verschlüsselung

Wenn beide User unterschiedliche E-Mail-Anbieter verwenden, können üblicherweise mindestens zwei unbefugte Parteien in die Mails hineinschauen, der eigene Anbieter und der des Gegenübers. Das lässt sich verhindern, wenn E-Mails verschlüsselt werden, bevor sie auf die Reise gehen, und erst am Ziel wieder entschlüsselt werden.

Die naheliegendste Möglichkeit wäre, dass sich beide Seiten auf ein gemeinsames Passwort einigen. Das würde funktionieren, wäre aber sehr aufwändig. Man müsste für jeden Kontakt ein eigenes Passwort aushandeln sowie beim Aushandeln sicherstellen, dass niemand mithört.

E-Mail-Verschlüsselung über die OpenPGP-Technologie (PGP steht für «Pretty Good Privacy») geht einen anderen Weg und verwendet einen mehrstufigen Ansatz. Ein Mail-Programm, das OpenPGP eingebaut hat, erzeugt mithilfe eines Zufallsgenerators vor dem Absenden einer Nachricht ein Einmal-Passwort und verschlüsselt damit die jeweilige Mail samt Betreff und Anhang.

Damit das Gegenüber den Zeichensalat wieder lesbar machen kann, muss es dieses Einmal-Passwort kennen. Das Mail-Programm schickt es mit, allerdings nicht im Klartext, ansonsten würde auch der E-Mail-Anbieter das Passwort erfahren. Es muss über ein anderes Verfahren abgesichert werden. Das ist das eigentliche Meisterstück hinter OpenPGP: Die Technologie ermöglicht es, auch mit völlig fremden Personen von Anfang an sicher verschlüsselt zu kommunizieren, selbst wenn man von der Person nur eine E-Mail-Adresse kennt.

Richtet man E-Mail-Verschlüsselung ein, erzeugt das verwendete Programm zwei kleine Textdateien. Diese enthalten jeweils ein langes Passwort, bestehend aus mehreren Tausend Zeichen. Ein Passwort ist der «Private Key». Dieser private Schlüssel verbleibt auf dem eigenen Rechner oder Smartphone. Damit, und nur damit, kann man eine verschlüsselte E-Mail wieder lesbar machen.

Den «Public Key» hingegen teilt man mit der Welt. Den benötigen andere, um einem eine verschlüsselte Mail zu schicken (bzw. das jeweilige Einmal-Passwort zu verschlüsseln). Man sendet diesen öffentlichen Schlüssel entweder einzeln an alle Kontakte oder lädt ihn auf eine Datenbank hoch, sodass andere ihn finden können. Meist wird dafür die Datenbank keys.openpgp.org verwendet.

Will man verschlüsselt kommunizieren, müssen beide Seiten E-Mail-Verschlüsselung auf Basis von OpenPGP eingerichtet haben. Und sie müssen einmal ihre Public Keys ausgetauscht haben.

Verschlüsselung in Thunderbird

Das E-Mail-Programm Thunderbird, das unter dem Dach der Firefox-Mutterorganisation Mozilla entwickelt wird, hat Verschlüsselung als Kernfunktion eingebaut. In weniger als zehn Klicks ist sie eingerichtet. Thunderbird gibt es nur für PCs. Auf Android kann man die Mail-Apps K9-Mail und FairEmail verwenden, die man mit einer separaten Verschlüsselungs-App namens OpenKeyChain verbinden muss. Eine kostenlose Open-Source-Lösung für iPhones ist die App PGPPro.

Will man E-Mail-Verschlüsselung parallel auf dem PC und Smartphone nutzen, muss man das Schlüsselpaar einmal vom PC auf das Smartphone (oder umgekehrt) übertragen, am besten per Kabel. Die geräteübergreifende Verschlüsselung könnte in den nächsten Jahren leichter werden. Mitte 2022 hat Thunderbird die Android-App K9-Mail in das Projekt integriert und arbeitet daran, Thunderbird und K9-Mail anzugleichen. Und das Projekt stellt vage in Aussicht, dass es irgendwann auch eine iPhone-App aus dem Hause Thunderbird geben könnte.

Strategie drei: Hintergrund-Datenströme blockieren

Eine weitere Strategie der digitalen Selbstverteidigung nimmt sich einen besonders harten Brocken vor, die überbordenden Hintergrund-Datenströme. Nahezu alle kommerziellen Webseiten und Apps haben verschiedene «Tracker» eingebunden, die Daten sammeln und an externe Unternehmen schicken. Werbeblocker verhindern auf Basis von Filterlisten, dass Webadressen kontaktiert werden, die bekanntermaßen von Analyse- oder Werbenetzwerken genutzt werden.

Am verbreitetsten ist das Prinzip in Browsern. Die nichtkommerzielle Standardempfehlung ist uBlock Origin, eine Browser-Erweiterung für Firefox, Chrome und Microsoft Edge. Wenn man dieses kleine Programm installiert hat, eine Webseite aufruft und auf das Logo der Erweiterung im Browser klickt, öffnet sich eine Liste mit allen Adressen, mit denen sich der Browser eigentlich im Hintergrund verbinden soll. Ein grüner Balken signalisiert: Der Datenstrom wird zugelassen. Ist der Balken rot, wird die Kommunikation unterbunden.

UBlock Origin kann man auch in Browser-Apps auf dem Smartphone nutzen. Werbung in anderen Apps zu blockieren, ist komplizierter und arbeitet mit einem Trick: Blocker-Apps manipulieren das Domain Name System, die Übersetzung von menschlich verständlichen Adressen wie facebook.com in die dazugehörigen IP-Adressen (im Falle von Facebook 2a03:2880:f136:83:face:b00c:0:25de).

Apps benötigen, genau wie Webseiten, diese digitalen Postadressen für die Kommunikation. Smartphone-Blocker nutzen eine Funktion, die eigentlich für kommerzielle Verschleierungsnetzwerke gedacht ist, die den Datenverkehr des gesamten Smartphones umleiten. Die Blocker-Apps bekommen alle geplanten Datenflüsse zu sehen. Auch sie greifen auf Filterlisten für die Erkennung von Tracking- und Werbenetzwerken zurück. Befindet sich eine Adresse, mit der die App Kontakt aufbauen will, auf der Liste, sorgt die Blockade-App dafür, dass keine Übersetzung in eine IP-Adresse stattfindet.

Mike Kuketz, ein freier IT-Entwickler und versierter Beobachter von Privatsphäre-Technologien, empfiehlt auf seiner Webseite Kuketz-Blog.de für Android die kostenlose App AdAway.[14] Für iPhones empfiehlt er die Bezahlversion der App Adguard. Mit der kostenlosen App-Version kann man nur im Safari-Browser Werbung blockieren, mit der Bezahlversion (einmalig 9,99 €) auch Werbung in anderen Apps.[15]

Für technisch versierte User gibt es eine noch weiter gehende Möglichkeit. Man kann Datenströme gleich auf dem eigenen Router unterbinden. Werden Tracker bereits auf diesem blinkenden Kasten blockiert, gilt das für die Datenströme aller Geräte im jeweiligen WLAN.

Neben einem speziellen Programm benötigt man dafür einen Vertreter der Digitale-Gegenwelt-Kategorie Freie Hardware: den Minicomputer Raspberry Pi. Den verbindet man mit dem Router und spielt die Software Pi-hole auf den Minicomputer. Auch Pi-hole verhindert die Übersetzung bestimmter Internetadressen in IP-Adressen.

Das Dilemma des Blockierens

Trackingblocker sind ein schlagkräftiges Werkzeug der digitalen Selbstverteidigung. Sie schützen auch dort vor ungewünschten Datenflüssen, wo Hintergrund-Dienstleister exzessiv eingesetzt werden. Die Nutzung kann aber auch zu Problemen führen.

Betreiber*innen von Webseiten versuchen, zu erkennen, ob User Adblocker verwenden. Gelingt die Erkennung, werden User ausgesperrt und aufgefordert, den Blocker zu deaktivieren. Was für Erweiterungen in Browsern gilt, gilt noch mehr, wenn in Apps oder im gesamten WLAN Hintergrunddatenströme blockiert werden. Stehen die benötigten IP-Adressen immer wieder nicht zur Verfügung, kann es sein, dass Dienste permanent Fehlermeldungen produzieren oder sich völlig verweigern.

Diese Technologien zum Schutz der eigenen Daten haben außerdem eine gesellschaftspolitische Schattenseite. Trackingblocker sind zwangsläufig auch Werbeblocker. Würden große Teile der Bevölkerung Tracker und damit Werbung blockieren, würde es vielen Internetdiensten noch schwerer fallen, sich zu finanzieren. Das wäre nicht immer gesellschaftlich verheerend, etwa, wenn es statt 30 kommerziellen Wetter-Apps nur noch fünf geben würde. Aber auch Kultur im Netz, vor allem Journalismus, finanziert sich über Werbung. Schon momentan funktioniert das eher schlecht als recht, sodass Medien immer mehr dazu übergehen, vormals frei zugängliche Inhalte hinter Bezahlschranken zu stellen.

Wie könnte ein ethischer Umgang mit diesem effizienten Datenschutz-Werkzeug aussehen? Vielleicht, indem man den Blocker in einigen Fällen gezielt deaktiviert oder sich bei bestimmten digitalen Angeboten bewusst für ein Bezahlmodell entscheidet.

Strategie vier: Datenmacht dezentralisieren

Jeweils mehr als eine Milliarde Menschen nutzt jeden Monat Facebook und Instagram, sogar mehr als zwei Milliarden Menschen nutzen YouTube. Sind das noch Onlinedienste oder schon Weltreiche?

Eine vierte Datenstrategie der digitalen Gegenwelt versucht, das Grundproblem des heutigen Internets zu lösen: dass überhaupt zu viele Informationen zentral anfallen. Daten werden stattdessen auf verschiedene Einzelanbieter verteilt. Eine gemeinsam genutzte Technologie sorgt dafür, dass sich das, was entsteht, aus Sicht der User trotzdem wie ein einheitliches Netzwerk anfühlt.

Weil Tor genau auf die Art arbeitet, ist das Anonymisierungsnetzwerk kommerziellen Verschleierungsdiensten überlegen. Auch von Unternehmen betriebene Virtual Private Networks (VPNs) leiten Daten um. Man schickt den gesamten Datenverkehr eines Smartphones oder Laptops an das Unternehmen, das Verschleierungsstationen betreibt. Auch das ermöglicht verschleierte Kommunikation: Der eigene Internetanbieter erfährt nicht, was man macht, und kann nicht zensieren, die Webseite sieht nicht, wo die Daten herkommen. Beim Virtual Private Network allerdings fallen sämtliche Daten der User an.

Anders bei Tor: Dort läuft die Kommunikation stets über drei verschiedene Knoten, die von unterschiedlichen Akteuren betrieben werden. Ein Knoten weiß entweder, wer man ist, oder, was man macht, niemals aber beides. Der Datenschatz der gesammelten Tor-Userschaft verteilt sich in Bruchstücken auf viele Anbieter in verschiedenen Ländern.

Tor wurde ab Mitte der 1990er Jahre entwickelt. In anderen digitalen Bereichen beginnt zu dieser Zeit das Prinzip der Dezentralisierung gerade erst, groß zu werden.

Auf den ersten Blick ist *Element*, von einem britischen Startup betrieben, kein besonders aufregender Messenger: Er ist Open Source und verschlüsselt, genau wie Signal, Threema und Wire auch. Die Daten laufen über Cloudflare, einen der großen US-amerikanischen Anbieter von Datenwolken.

Auf den zweiten Blick aber ist etwas fundamental anders. Meldet man sich in der App an, kann man die Standarddatenbank Cloudflare wählen oder alternativ eine andere angeben. Element ermöglicht es, Kommunikationsdaten über ein selbst gewähltes Rechenzentrum zu schicken. Das könnte die Datenbank eines vertrauenswürdigen IT-Unternehmens vor Ort sein, vielleicht auch das Rechenzentrum einer überwachungskritischen Hacker-Organisation oder eines lokalen Vereins, in dem man Mitglied ist. Obwohl die Daten über die Rechenzentren verschiedener Anbieter laufen, ergibt sich ein gemeinsamer Kommunikationsraum. Alle Element-User können mit allen anderen schreiben, audio- und videotelefonieren.

Fediverse: Zurück zum dezentralen Internet

Das Fediverse – ein Sammelbegriff für ähnlich funktionierende, miteinander verbundene Plattformen – will über dieses Prinzip Social Media neu erfinden. Der bekannteste Vertreter ist Mastodon. Wenn man die Alternative zu Twitter (X) nutzen will, legt man sich als Erstes bei einer frei gewählten «Instanz» ein Profil an. Das kann die Instanz des Mastodon-Gründers Eugen Rochko sein – oder alternativ die des Vereins Digitalcourage, des Chaos Computer Clubs, einer lokalen Initiative oder eines kommerziellen Anbieters. Postet man auf der jeweiligen Instanz Inhalte, sind diese nicht nur dort sichtbar, sondern auch im großen Netzwerk, das alle miteinander kommunizierenden Mastodon-Instanzen bilden.

Mastodon ist das zur Zeit prominenteste Mitglied der Fediverse-Familie. Daneben gibt es eine Reihe anderer Plattformen: Auf *PeerTube* kann man (wie auf YouTube) Videos, auf *Funkwhale* (wie auf Soundcloud) Musik hochladen und streamen. *Hubzilla* und *Friendica* erlauben, wie Facebook, lange Statusmitteilungen. *Pixelfed* ist ein Bildernetzwerk à la Instagram. Auf *Lemmy* postet und diskutiert man Links, wie auf dem in der IT-Szene beliebten Reddit. *Mobilizon* ist ein Dienst, über den man öffentliche oder private Veranstaltungen organisieren kann.

Alle Fediverse-Vertreter verteilen die Datenmacht innerhalb des jeweiligen Netzwerks auf mehrere Instanzen. Gemeinsam können sie zudem etwas, das in der Welt von YouTube, Instagram und TikTok undenkbar ist. Auch zwischen den unterschiedlichen Plattformen ist ein Austausch möglich. Mit einem Profil auf einer Mastodon-Instanz kann man problemlos Usern folgen, die Videos auf PeerTube, Bilder auf Pixelfed oder Musik auf Funkwhale veröffentlichen.

Das verteilte Prinzip erleichtert der digitalen Gegenwelt, eine Konkurrenz zu den Produkten der IT-Konzerne aufzubauen. Nicht nur die entstehenden Daten werden dezentralisiert. Auch die Kosten, die dabei entstehen, die Kommunikation der User abzuwickeln und Inhalte zu moderieren, fallen nicht mehr an einer Stelle an. Nur deshalb ist möglich, was schwer vorstellbar scheint: Einer der großen Herausforderer von Elon Musk, Besitzer von Twitter (X), Tesla-Besitzer und reichster Mensch der Welt, ist eine gemeinnützige GmbH in Berlin. Das kleine Team um den Gründer Eugen Rochko entwickelt die Mastodon-Technologie und betreibt eine eigene Instanz. Die Kosten für das gesamte Netzwerk verteilen sich jedoch auf Dutzende Schultern. Viele Zwerge formen einen Riesen.

Der Berliner Sozialwissenschaftler Volker Grassmuck begleitet die Wege und Irrungen der digitalen Welt seit Jahren wachsam. In Diensten wie Mastodon sieht er einen heilsamen Weg zurück zu den Wurzeln. Das Internet sei eine tolle Sache, meint er, nur irgendwann sei es leider falsch abgebogen: «Es ist dezentral geboren, als Netzwerk der Netzwerke. Das System von Mails, von vielen privaten Homepages und Blogs basierte und basiert darauf, dass viele einzelne Akteure und Knoten ohne Hierarchie und zentrale Punkte miteinander kommunizieren. Zusammen ergeben sie ein Ganzes, das größer als die Summe seiner Teile ist.» Ab 2010 aber habe sich die Entwicklung radikal gedreht. Mehr und mehr dominierten wenige Plattformen, auf denen sich plötzlich das digitale Leben von Hunderten Millionen bis Milliarden Usern abspielte. Die großen IT-Konzerne sammeln massenhaft Daten, «einfach, weil sie es können».

Es gebe aber endlich wieder Hoffnung: «Das Fediverse ist eine Antwort auf die Machtballungen. Es sorgt für eine Re-Dezentralisierung des Internets.»

Linux

Die große PC-Betriebssystem-Familie

Linux demonstriert die Kraft freier Lizenzen. Die verwendete «General Public License» erzwingt, dass alle Weiterentwicklungen ebenfalls frei und offen sind. So ist ein Universum miteinander verwandter PC-Betriebssysteme entstanden.

Will man seine Daten auf dem PC schützen, kann man an vielen Stellen aktiv werden. Übrig bleibt oft ein großer blinder Fleck, das wichtigste Programm überhaupt. So wie das Gehirn vorgibt und genau registriert, was in einem Körper passiert, ist das Betriebssystem die Kommandozentrale eines technischen Geräts und hat einen Rundumblick, dem nichts entgeht. Es bestimmt die Spielregeln. Ist im Betriebssystem eine Hintertür eingebaut, lassen sich darüber alle Inhalte eines PCs ungeschützt anzapfen.

Den Markt der PC-Betriebssysteme haben sich zwei Unternehmen aufgeteilt: Auf 78 Prozent der deutschen PCs läuft im Juni 2023 Windows von Microsoft und auf 17 Prozent macOS von Apple.[16] Diese Betriebssysteme sind Closed Source. Man kann nicht überprüfen, was sie auf dem Rechner tun und welche Daten sie an die Anbieter schicken. Mit Linux gibt es eine riesige Familie an alternativen Open-Source-Betriebssystemen.

Ein System, zwei Väter

Es war irgendwann Anfang der 1980er Jahre: Der Informatiker Richard Stallmann am Massachusetts Institute of Technology (MIT) ärgerte sich über die zunehmende Kommerzialisierung der Softwarewelt. Er wollte eine starke Bewegung freier Software begründen, der erste Baustein sollte ein Betriebssystem sein.

1984 kündigte er seine Stelle am MIT, um sich dem Projekt zu widmen, das GNU heißen sollte (für «Gnu's Not Unix»), ein

Bezug auf das zu der Zeit existierende unfreie System UNIX. Nach einigen Jahren Arbeit fehlte ihm noch ein entscheidendes Element, der Kernel – eine Software, die regelt, wie ein Betriebssystem mit der Hardware eines Geräts kommuniziert.

Hilfe kam aus Europa. Der finnische Student Linus Torvalds veröffentlichte im September 1991 einen selbst geschriebenen Kernel unter dem Namen Linux – erst unter einer geschlossenen, ein Jahr später unter einer freien Lizenz. Stallmann entschied sich, beide Projekte zu fusionieren. Es entstand GNU/Linux, wozu heute abgekürzt viele nur noch Linux sagen (worüber sich manche Freie-Software-Aktivist*innen ärgern, da sie meinen, dass die Arbeit des eigentlichen Initiators dadurch unsichtbar gemacht wird). Alle Linux-PC-Betriebssysteme basieren auf dem GNU/Linux-Softwarekern. Und der steht unter der maximal freien General Public License (GPL), die dafür sorgt, dass alle Weiterentwicklungen und Abspaltungen ebenfalls so lizensiert sein müssen.

Das Linux-Ökosystem

Heute enthält der Linux-Stammbaum mehr als 600 «Distributionen» genannte einzelne Linux-Betriebssysteme. Es gibt Großfamilien mit diversen Abspaltungen und Abspaltungen von Abspaltungen.

Zieht man als Maß für die Verbreitung die monatlichen Abrufe der jeweiligen Artikel in der deutschsprachigen Wikipedia heran, zeigt sich folgende Verteilung: Die populärste Distribution ist Ubuntu (11 700 monatliche Artikelaufrufe im zweiten Quartal 2023), es folgen Debian (10 200) und Mint (8300), mit großem Abstand Fedora (3700), OpenSUSE (3200) und mit noch größerem Abstand Tails (130 Aufrufe).

Die ersten drei Systeme sind sehr eng miteinander verwandt. **Debian** hat eine eigene Linux-Großfamilie begründet. Das System ist technisch sehr anspruchsvoll und vor allem unter professionellen Usern verbreitet. Es läuft in vielen Rechenzentren und in internen Systemen von Unternehmen. Die Bedeutung auf dem Personal-Computer-Markt liegt darin, dass die zwei wichtigsten populären Betriebssysteme Abspaltungen («Forks») von Debian sind.

Ubuntu ist ein kommerzieller Debian-Fork und entstand unter dem Motto «Linux for Human Beings». Es nimmt Laien-User bei der Installation und bei der Nutzung mit intuitiver Navigation an die Hand. **Mint** hat sich als reines Community-Projekt von Ubuntu abgespaltet. Eine weitere Debian-Abspaltung ist **Tails**. Das anonyme Betriebssystem installiert man nicht direkt auf dem PC. Es läuft auf einem USB-Stick oder einer DVD, hinterlässt keinerlei Spuren und schickt sämtlichen Datenverkehr über das Anonymisierungsnetzwerk Tor.

Fedora und **openSUSE** entstammen eigenen Linux-Großfamilien.

Ein Programm-Baukasten

Jede Distribution ist ihrerseits ein Baukasten verschiedener Projekte der digitalen Gegenwelt. Stets sind verschiedene Basis-Programme vorinstalliert. Über ein Software-Center kann man zusätzlich Dutzende bis Hunderte andere Programme mit wenigen Klicks nachinstallieren. Ubuntu kommt beispielsweise standardmäßig mit dem Browser Firefox, der Bürosoftware LibreOffice und dem Mail-Programm Thunderbird. Mint liefert außerdem den Mediaplayer VLC und das Grafikprogramm GIMP mit, Tails unter anderem den Anonymisierungsbrowser Tor und den Passwortmanager KeePassXC.

Ein buntes Gemisch

Der Linux-Kosmos ist ein wildes Durcheinander verschiedener Organisations- und Ökonomie-Modelle. Oft spielen Ressourcen von Unternehmen eine wichtige Rolle, selbst wenn das nicht immer sofort ersichtlich ist. Die Firmen im Linux-Ökosystem entwickeln über Open-Source-Modelle eigene Distributionen oder bezahlen Angestellte dafür, als Teil einer Corporate Community an einer Distribution mitzuarbeiten.

Der *Kernel* – der Softwarekern aller Distributionen – wird von der Linux Foundation entwickelt, einem Industrie-Konsortium aus mehr als 1000 Unternehmen. Das Stimmrecht, um Mitglieder des Vorstands der Linux Foundation zu wählen, richtet sich nach der Höhe des gezahlten Jahresbeitrags. Platin-Mitglieder, darunter Microsoft, Meta, Huawei und IBM, zahlen 500 000 US-Dollar pro Jahr und können jeweils einen Direktor*innen-Posten besetzen. Goldmitglieder (100 000 US-Dollar jährlich) haben das Recht, als Gruppe drei Direktor*innen zu bestimmen. Und die Gruppe der 1200 Silbermitglieder kann insgesamt genau einen Sitz vergeben. Hinzu kommen fünf Vorstands-Mitglieder, die selbst rekrutiert vom jeweiligen Board gewählt werden.

Die US-Organisation hatte im Jahr 2020 199 Angestellte. Unter anderem beschäftigt sie Linus Torvalds, einen der beiden Linux-Väter. Die Arbeit am Kernel wird allerdings nur zum kleinen Teil von Angestellten der Linux Foundation geleistet. Vor allem stammt sie aus der Corporate Community. Dutzende Firmen, meist Mitgliedsunternehmen, arbeiten mit eigenem Personal an Elementen des Kernels mit.

Andere Distributionen entstehen in losen Kollektiven oder in Communitys mit ausgefeilten Strukturen.

Debian verfügt über keinerlei eigene formale Rechtsperson und ist eine Eliten-Basis-Demokratie. In der Community sind etwa 2000 Leute aktiv. 1000 davon sind Debian Members, die ein uneingeschränktes Schreibrecht an der Software besitzen. Um in diesen Kreis aufgenommen zu werden, muss man bereits einige Zeit aktiv an Debian mitgearbeitet haben und durchläuft ein Aufnahmeverfahren. Einmal pro Jahr wählen alle Members eine*n Projektleiter*in mit vor allem repräsentativen Aufgaben. Auch bei diesem auf den ersten Blick komplett nichtkommerziellen Projekt spielen Unternehmen allerdings eine wichtige Rolle. Viele im Projekt aktive Entwickler*innen werden von Firmen für ihre Arbeit an Debian bezahlt.

Die Ubuntu-Abspaltung *Mint* ist ebenfalls ein Community-Projekt. Formaler Anbieter ist das Unternehmen Linux Mint Limited mit Sitz in Irland. Dessen Geschäftsführer ist der französische Mint-Gründer und -Projektleiter Clement Lefebvre. Und *Tails* wird von einem völlig anonym agierenden Kollektiv entwickelt, das nicht offenlegt, wie die Strukturen im Hintergrund aussehen und wer in der Community aktiv ist.

Linux als Geschäftsmodell

Hinter anderen Distributionen wiederum stehen federführend Unternehmen mit einem klaren Geschäftsmodell. Betreiberin von *Ubuntu* ist die Firma Canonical Limited mit Sitz auf der Isle of Man. Das Unternehmen mit weltweit 1000 Angestellten finanziert sich über ein Open-Source-Geschäftsmodell. Canonical bietet Support für Firmenkunden und kommerzielle Zusatz-Dienstleistungen und -Produkte für Ubuntu an. Das bei Laien-Usern populärste PC-Linux-System entsteht in einem Miteinander von Angestellten und den Mitgliedern einer weltweiten Community, die in Arbeitsgruppen mitentscheiden und punktuell Software-Entwicklungen beisteuern.

Auch Fedora und openSUSE sind Unternehmens-Community-Hybride. Hinter *Fedora* steht federführend die IBM-Tochter Red Hat, hinter *openSUSE* die Nürnberger SUSE Software Solutions Germany GmbH. Die Entwicklung geschieht im Zusammenspiel mit einer externen Community. Auf Basis der so entstehenden «Community-Version» entwickeln die Unternehmen jeweils komplett eigenständig eine für Unternehmenszwecke optimierte kommerzielle Version; Red Hat Enterprise Linux bzw. SUSE Linux Enterprise wird über Abo-Lizenzmodelle vertrieben.

Zusammengehalten werden die hybriden Projekte durch pseudodemokratische Gremien. Der Projektleiter von Ubuntu ist der Canonical-Gründer und -Chef Marc Shuttleworth, der sich als «wohlwollender Diktator auf Lebenszeit» bezeichnet. Für die beiden Leitungsgremien, das Ubuntu Community Council und das Ubuntu Technical Board, können alle Community-Mitglieder potenzielle Kandidat*innen vorschlagen. Shuttleworth bestimmt allerdings darüber, wer gewählt werden kann, hat einen ständigen Sitz in diesen Gremien und bei einer Pattsituation die ausschlaggebende Stimme.

Der openSUSE-Vorstand besteht aus sechs Personen. Fünf davon werden gewählt, der Vorsitzende wird stets von SUSE bestimmt. Beim zehnköpfigen Fedora-Board werden fünf Sitze von der Community gewählt und fünf von Red Hat bestimmt, darunter der Vorsitzende. Dieser ist zugleich auch Fedora-Projektleiter und hat bei Entscheidungen ein Vetorecht.

Linux überall

Die PC-Betriebssysteme sind die bekanntesten GNU/Linux-Entwicklungen. Auch jenseits von Personal Computern spielt Linux eine Rolle, sogar eine deutlich größere. Viele Rechenzentren und interne Systeme von Unternehmen und Organisationen sowie fast alle Supercomputer verwenden eine Linux-Distribution. Und da *Android* eine Abspaltung von Linux ist, läuft das System außerdem auf mehr als einer Milliarde Smartphones.

Erfolg und Misserfolg

Ein geflügeltes Wort in der IT-Szene besagt, dass Linux den Krieg gleichermaßen gewonnen wie verloren hat. Ja, aus dem, was der Hacker und Software-Hippie Richard Stallmann in den 1980ern fantasiert hatte, ist eine Erfolgsgeschichte geworden. Ein vielfältiges Universum an freier, hoch leistungsfähiger Software ist entstanden. Die läuft in vielen Rechenzentren und IT-Netzwerken – nur leider dort nicht, wo so viele Daten entstehen, auf den Milliarden einzelner PCs zuhause und auf Büro-Arbeitsplätzen. Der Marktanteil von Linux auf PCs liegt in Deutschland bei unter 3 Prozent.

Die Leistungsfähigkeit und die Anreizsysteme des Software-Projekts haben dazu geführt, dass Google das offene System auch auf Smartphones gebracht hat. Genau dieses Android-Betriebssystem ist aber einer der wichtigsten Säulen des IT-Konzerns geworden, der dank Linux seine digitale Übermacht auch auf Smartphones ausweiten konnte. Das hätte Stallmann mit Sicherheit nicht gewollt.

Mitmachen:

Ein PC-Betriebssystem zu installieren, ist komplexer, als einen neuen Browser einzurichten, aber keine Raketenwissenschaft. Die Vorgehensweise ist stets gleich: Man lädt von der Webseite des jeweiligen Linux-Betriebssystems die letzte Software-Version herunter und zieht diese mithilfe eines Programms auf einen USB-Stick oder eine DVD. Dann muss man dem Rechner einmalig beibringen, dass er beim Hochfahren überprüfen soll, ob ein externer Datenträger mit einem Betriebssystem eingelegt ist. Nun kann man sein Windows- oder Mac-System komplett durch Linux ersetzen oder beide Welten kombinieren. Man installiert das Linux neben dem bestehenden Windows- oder Mac-System und wählt beim Hochfahren stets aus, welches Betriebssystem starten soll.

Die Systeme bringen jeweils eine Reihe an vorinstallierten Open-Source-Programmen mit. Ein Nachteil: Für einige kommerzielle Software-Lösungen gibt es keine angepassten Linux-Versionen. Das gilt für Programme wie Photoshop und für einige Spiele, vor allem aber für Treiber von Software. Deshalb gibt es manchmal Probleme, mit Linux auf externe Geräte wie Drucker oder Beamer zuzugreifen. Meist findet man eine Lösung, die auch darin bestehen kann, zweigleisig zu fahren, das alte Windows oder Mac auf dem Rechner zu lassen und nur dann zu starten, wenn es unbedingt sein muss.

Viele Linux-Betriebssysteme erfordern viel IT-Knowhow. Gut zugänglich auch für Anfänger*innen sind das auf Debian basierende Ubuntu und das davon abgeleitete Linux Mint.

In vielen Städten gibt es Linux-User-Gruppen oder «CryptoPartys», die ehrenamtlich beim Umstieg auf Linux-Betriebssysteme helfen.

Links: linuxfoundation.org, debian.org, linuxmint.com, fedoraproject.org, opensuse.org, tails.boum.org

Android (ohne Google)

Das nur irgendwie freie Smartphone-Betriebssystem

Ein unabhängiges Smartphone-Betriebssystem ist gerade erst im Entstehen. Die Lösung und das Problem kommen vom gleichen Unternehmen. Das von Google entwickelte Android ist frei. Der IT-Konzern hat das System aber so geschickt konstruiert, dass es in der Praxis nur sehr bedingt ganz ohne Google geht.

Ein Smartphone ist nahezu allwissend. Dieser ständige technische Begleiter ist das praktischste Werkzeug, das Menschen jemals zur Verfügung stand, und gleichzeitig eine dreiste Plaudertasche. Massenhaft schickt das Gerät private Informationen durchs Netz, vor allem an die Unternehmen hinter den Betriebssystemen. Nutzt man ein iPhone, läuft darauf iOS von Apple, auf fast allen anderen Geräten Android von Google.

Dieses Android ist eine Weiterentwicklung von Linux. Und weil die Linux-Vorlage das erzwingt, steht das Smartphone-System ebenfalls unter der maximal freien General Public License.

Kauft man ein handelsübliches Android-Smartphone, läuft darauf neben dem freien Betriebssystem allerdings stets noch ein großer Strauß an zusätzlicher Google-Software. Die macht aus dem Smartphone eine Datenschleuder und einen verlässlichen Umsatzbringer für den IT-Konzern.

Die Bewegung, das in der Theorie unabhängige Android auch in der Praxis von Google zu befreien, ist noch in den Kinderschuhen. Auf 60,7 Prozent der Smartphones in Deutschland läuft im Juni 2023 Android, auf 38,4 Prozent iOS von Apple.[17] Es gibt keine Zahlen, wie viele von den geschätzt mehr als drei Milliarden aktiven Android-Smartphones «Standard-Google-Android» oder alternatives Android sind. In China haben sich unabhängige Abspaltungen entwickelt. Im Rest der Welt dürfte sich der Anteil im Promillebereich bewegen.

Google hinauszudrängen gelingt außerdem nur teilweise.

Auch bei den alternativen Ansätzen ist der IT-Konzern zumindest punktuell meist dennoch mit im Boot.

Geteilte Welt

Faktisch besteht Android aus zwei Teilen. Das Android Open Source Project (AOSP), zu dem das Betriebssystem in seiner Grundform sowie verschiedene Basis-Apps gehören, steht unter einer freien Lizenz. Soll ein Smartphone auf AOSP-Basis wie erwartet funktionieren, benötigt man allerdings weitere Dienste, die nicht Open Source sind. Der bekannteste Zusatzdienst ist der Marktplatz Google Play, über den man Apps installieren kann (handelt es sich um Bezahl-Apps, erhält Google meist 30 oder 15 Prozent Provision). Außerdem benötigen viele Apps die Google-Play-Dienste. Ist die Software dafür nicht vorhanden, produzieren Apps immer wieder Fehlermeldungen.

Smartphone-Hersteller wie Samsung können das freie Basis-Betriebssystem installieren, ohne Google um Erlaubnis zu bitten. Wenn sie aber wollen, dass auch der App-Marktplatz und die Google-Play-Dienste mit auf dem Gerät sind, müssen die Hersteller doch Verträge mit Google abschließen. Über solche Verträge kann Google Bedingungen diktieren und dafür sorgen, dass stets noch Software auf dem Gerät läuft, die sich kaum kontrollieren lässt und die sicherstellt, dass ein Smartphone standardmäßig in hoher Frequenz Daten an Google übermittelt. Die gröbsten Datenflüsse kann man in den Einstellungen deaktivieren. Es lässt sich aber nicht überprüfen, ob die Software diese Entscheidung auch tatsächlich respektiert.

Blitzschnelle Reaktion auf das iPhone

In der ersten Januarwoche 2007 hatte Apple das iPhone mit dem Betriebssystem iOS auf den Markt geworfen. Schon am Ende des Jahres zauberte Google ein Konkurrenzprodukt aus dem Hut. Android war eine Weiterentwicklung eines auf Linux basierenden Betriebssystems, das ursprünglich für smarte Digitalkameras entwickelt worden war. Die beiden Google-Gründer hatten diese Software-Vorlage zwei Jahre zuvor für etwa 50 Millionen US-Dollar aufgekauft.

Überraschend stellte der Konzern der Öffentlichkeit am 5. November 2007 kein klassisches Software-Produkt vor, sondern die Open-Source-Initiative Android Open Source Project (AOSP). Das präsentierte Konzept sah vor, dass ein Industriekonsortium namens Open Handset Alliance die freien Android-Bestandteile unter Führung von Google entwickelt. Schon ein Jahr später brachten Hardwarehersteller wie Samsung, Nokia und Motorola die ersten Android-basierten Geräte auf den Markt.

Die Open Handset Alliance ist ein Mysterium. Auf der minimalistischen Webseite (openhandsetalliance.com) findet man eine Liste mit 48 Mitgliedern, allesamt Unternehmen aus der Top-Liga der globalen Digitalwirtschaft. Die Mobilfunkanbieter T-Mobile, Vodafone und China Mobile sind dabei, die Gerätehersteller Samsung, Toshiba und Huawei und die Chiphersteller Intel, Qualcomm und ARM.

Darüber hinaus allerdings liefert die Webseite kaum Informationen. Der letzte Blogartikel stammt von 2011, es werden keine Organisationsstrukturen beschrieben und hinter der Open Handset Alliance scheint noch nicht einmal eine eigene Rechtsperson zu stehen. Die Webseite android.com, auf der der Quellcode des Betriebssystems liegt, wird von Google betrieben. Auch die Markenrechte liegen beim Unternehmen und nicht beim Konsortium.

Anfangs sah es so aus, als würde eine mit der Linux Foundation vergleichbare Organisation entstehen, die die Software unabhängig und offen entwickelt. Bis heute ist unklar, ob das Konsortium von Anfang an als Alibikonstruktion gedacht war, die die Google-Dominanz verschleiern sollte, oder ob eine anfänglich angedachte Zusammenarbeit auf Augenhöhe mit der Zeit heruntergefahren wurde.

Die Befreiung von Android

Android von Google zu befreien, ist eine Gemeinschaftsinitiative der digitalen Gegenwelt. Auf Basis des Android Open Source Projects will man ein Betriebssystem zum Laufen bringen, das voll funktionsfähig ist, obwohl die wichtigen Google-Zusatz- und -Hilfsdienste nicht installiert sind.

Herausforderung Nummer eins: Ohne den Play-Store von Google braucht es eine andere Möglichkeit, Apps zu installieren. Eine Option wäre der Open-Source-Store F-Droid (siehe Kurzporträt, S. 213 f.). In ihm findet man mit 5000 Apps allerdings nur einen Bruchteil aller verfügbaren Apps. Meistens zum Einsatz kommt eine Mittelsmann-Lösung, Aurora Store, ein ehrenamtliches Ein-Personen-Projekt des indischen Entwicklers Rahul Patel. Der Aurora Store schlägt Apps im Play Store von Google nach und lädt sie herunter. Man bezieht Apps also weiterhin (indirekt) von Google. Man muss bei diesem Modell allerdings nicht bei Google angemeldet sein und hat Zugriff auf alle 2,7 Millionen Apps des Play Stores, obwohl dieser nicht auf dem Smartphone läuft.

Herausforderung Nummer zwei ist, Google-Play-Dienste zu ersetzen. Die wecken beispielsweise inaktive Messenger-Apps auf und sorgen dafür, dass Nachrichten sofort ankommen. Und sie ermöglichen, dass Apps den Standort bestimmen oder Karten einblenden können.

Marvin Wißfeld hat mit viel Kreativität und Knowhow auch dafür eine Lösung gebastelt. Der junge Informatiker aus Saarbrücken hat beobachtet, wie die Hilfsdienste mit der jeweiligen App und mit der Google-Datenbank kommunizieren und für MicroG diese Prozesse nachgebaut. Teilweise fungiert auch MicroG als Mittelsmann. Wenn Google die Benachrichtigung zustellen will, dass eine Nachricht angekommen ist, nimmt MicroG sie stellvertretend entgegen und leitet sie an die jeweilige Messenger-App weiter.

Teilweise ersetzt MicroG Google komplett.

Für die Standort-Bestimmung eines Geräts greifen Android-Apps normalerweise auf eine Google-Datenbank zurück, die für Hunderte Millionen einzelne WLANs vermerkt hat, wo genau sie zuletzt beobachtet wurden. MicroG nimmt die Standort-Anfrage entgegen und leitet sie an die alternative WLAN-Datenbank Mozilla Location Services der Firefox-Mutterorganisation weiter. Und wenn Apps Kartenausschnitte einbinden wollen, fordert MicroG den jeweiligen Ausschnitt nicht wie sonst bei Google Maps, sondern bei OpenStreetMap an.

Noch nicht für alle Hilfsdienste hat Wißfeld eine Lösung gefunden, beispielsweise noch nicht für In-App-Zahlungen. Dank des Hacks aus Saarbrücken ist es aber möglich, Apps größtenteils fehlermeldungsfrei zu nutzen, auch ohne Google-Play-Dienste.

Das Ökosystem alternativer Androids

Mittlerweile ist ein Ökosystem aus Initiativen entstanden, die beim Verbannen von Google unterschiedlich weit gehen. Einige alternative Android-Lösungen, die in der Tech-Sprache «Custom ROMs» heißen, haben MicroG und Aurora Store vorinstalliert. Bei anderen kann man diese Software-Hacks nachrüsten.

Lineage: Lineage OS ist eine Abspaltung von CyanogenMod, der schon 2009 entstandenen ersten Android-Alternative überhaupt. Die war kommerziell gescheitert, 2016 stellte das Start-up CyanogenMod Inc. die Entwicklung ein. Ehemalige Angestellte des Unternehmens nahmen die Software und machten unter neuem Namen weiter. Einige andere Android-Alternativen basieren vollständig oder teilweise auf der Software. Die Anbieterin ist die US-Firma Lineage OS LLC, die nach Angaben des Projekts jedoch nur als notwendige Rechtsperson fungiert, während Lineage in der Praxis ein Community-Projekt ohne Geschäftsmodell ist.

Graphene: Auch GrapheneOS ist eine Abspaltung. 2014 trennten sich nach einem Streit die beiden Gründer des kanadischen Open-Source-Unternehmens Copperhead Ltd., das die gleichnamige Android-Alternative Copperhead entwickelt hatte. Für den Umgang mit Google-Hilfsdiensten geht Graphene einen eigenen Weg: Über das Projekt Open GApps können Nutzer*innen Google-Zusatz- und -Hilfsdienste für einzelne Apps manuell installieren. Graphene sorgt aber dafür, dass die Google-Software so wenig Zugriff wie möglich auf das sonstige Smartphone hat, indem es die jeweilige App samt Google-Software vom sonstigen System separiert. GrapheneOS hat keine eigene Rechtsperson und wird vom ehemaligen Copperhead-Mitgründer und damaligen Technikchef Daniel Micay geleitet.

Replicant: Den striktesten Anspruch hat Replicant. Das System versucht, komplett ohne Google sowie ohne alle anderen nicht freien Software-Elemente auszukommen. Dieser Maximal-Ansatz sorgt allerdings dafür, dass manches nicht oder nicht sofort funktioniert. WLAN ist nur nutzbar, wenn man manuell die Software für das entsprechende Hardware-Bauteil aufspielt oder einen externen WLAN-Empfänger anschließt. Bluetooth lässt sich gar nicht nutzen. Hinter Replicant steht ein ehrenamtlich arbeitendes, pseudonym agierendes Kollektiv.

/e/OS: Das /e/-System wiederum entsteht im Rahmen eines Open-Source-Geschäftsmodells. Für die Installation von Apps hat /e/OS eine eigene Mittelsmann-Lösung entwickelt, die ähnlich wie der Aurora Store arbeitet: Die «App Lounge» lädt Apps über den Google-Play-Store herunter oder (falls dort verfügbar) über den F-Droid-Store. Formaler Anbieter der Software ist der Verein /e/ Foundation, der vom französischen /e/-Gründer Gaël Duval ins Leben gerufen wurde. Dessen Unternehmen Murena Retail SAS mit Sitz in Paris verkauft über einen eigenen Webshop Smartphones, auf denen das System bereits installiert ist, und bietet Zusatzprodukte für /e/-User an, etwa einen Cloud-Dienst.

Das Hacker-Imperium schlägt zurück

Zugespitzt könnte man sagen, dass Google mit Android die digitale Gegenwelt gehackt hat. Das System basiert auf Linux, dem Ur-Projekt aller freien Softwarelösungen, und verwendet regelkonform die maximal freie Lizenz GPL. Der Konzern hat das Projekt aber so kreativ ausgestaltet, dass es nur mit vielen Tricks und Einschränkungen ohne Google geht. Die digitale Gegenwelt hackt zurück und versucht, das theoretisch freie Android endlich auch in der Praxis von Google zu befreien – auch wenn das vielleicht nie vollständig gelingen wird.

Umsteigen:

Man kann ein handelsübliches Google-Android selbst umrüsten. Das ist allerdings technisch deutlich komplizierter, als wenn man bei einem PC auf Linux umsteigt. Und es gibt Einschränkungen, denn die Alternativen laufen oft nur auf bestimmten Gerätemodellen.

Eine andere Möglichkeit ist, ein Gerät zu kaufen, auf dem das System bereits vorinstalliert ist. Auf ihren Webseiten bieten die alternativen Android-Systeme teilweise selbst Geräte zum Kauf an oder verlinken auf Shops, mit denen sie zusammenarbeiten. Wie beim Umstieg auf Linux kann man sich Hilfe auf «CryptoPartys» holen, die in vielen Städten ehrenamtliche Unterstützung beim digitalen Umstieg anbieten.

Links: source.android.com, lineageos.org, grapheneos.org, replicant.us und e.foundation.

7

Ausblick

Ein verheißungsvoller Gegenentwurf

«Der Traum ist aus. Das Internet ist kaputt.» So lautete eine Diagnose wenige Tage nach den Enthüllungen des Whistleblowers Edward Snowden. In den Tagen im Sommer 2013 war allen klar geworden: Die schönen, oft kostenlosen Dienste, Programme und Plattformen, die das Leben bereichern, sind gleichzeitig dreiste Datensammelmaschinen. Grell leuchten sie ihre User aus, in denen sie beliebig anzapfbare wandelnde Datenpakete sehen. Die so entstehenden Daten sind die Grundlage eines paranoiden staatlichen Überwachungsapparats, der alles sammeln und alles wissen will.

Macht über Technologie und damit über Daten, Geldströme und gesellschaftliche Regeln ist Macht über Menschen. Und die ist auf eine absurde Art ungleich verteilt.

Auf die unbefriedigenden Verhältnisse im kommerziellen Internet haben Politik und Wirtschaft bisher kaum funktionierende Antworten gefunden. Die Zivilgesellschaft im Netz hat Antworten.

Zu fast jedem kommerziellen Produkt gibt es eine Alternative. Nicht alle sind perfekt. Nicht alle sind so datensparsam und partizipativ, wie sie es sein könnten. Einige Projekte laden auch Laien zur Mitarbeit ein, andere sind voraussetzungsvoll oder eher verschlossen. Projekte wie Wikipedia, Firefox und Signal haben jeweils mehr als 100 Million User. Andere sind nischig.

Die zehn detailliert vorgestellten Projekte sowie die 25 im Anhang skizzierten Initiativen sind nur ein Ausschnitt der Vielfalt. Es gibt

Hunderte solcher Projekte zu freien Inhalten, freier Software und vielem mehr, die nicht in dieses Buch gepasst haben.

Communitys, Organisationen und Unternehmen

Diese digitale Gegenwelt hat eigene Logiken. Viel entsteht in ehrenamtlicher Arbeit. Menschen beteiligen sich, weil sie in der Befreiung von Bits und Bytes einen Beitrag zur Befreiung der Gesellschaft sehen. Die Communitys, die mal nur aus wenigen Personen, mal aus Tausenden Aktiven bestehen, treibt die Freude an, Technologie zu verstehen und deren Grenzen zu sprengen. Bewaffnet nur mit einem scharfen Verstand und einer Tastatur hebeln sie die Übermacht von Konzernen und staatlichen Überwachungs- und Zensurapparaten aus.

Die Aktivist*innen wollen Privatsphäre dort technisch schützen, wo die Wirtschaft übergriffig ist, der Staat nur unzureichende Lösungen parat hat und mitunter selbst Teil des Problems ist. Sie treibt das ur-menschliche Bedürfnis an, mit anderen zusammen an etwas Großem zu arbeiten. Oft sitzt man dabei vor einem Bildschirm. Manchmal besteht die Zusammenarbeit auch darin, in einer Kneipe Bier zu trinken, auf Konferenzen in Hunderte Augen zu schauen oder aufmerksam durch die Nachbarschaft zu gehen, um eine freie Weltkarte zu komplettieren.

Organisationen sind oft eine zweite Säule. Sie sind mal winzig klein und mal Giganten. Einige erledigen den Großteil der Arbeit, andere dienen im Hintergrund dezent und bescheiden der Community.

Und dann sind da noch die Unternehmen, die auf den ersten Blick wie Fremdkörper wirken. Ohne ihre Beteiligung wäre die digitale Gegenwelt allerdings sehr viel ärmer. Mit ihren Open-Source-Geschäftsmodellen sprengen sie die Grenzen von Gemeinwohl und Kommerz.

Das Zauberelixier dieser magischen Welt sind die freien Lizenzen. In ihrer radikalsten Form verwandeln sie alles, was sie benetzen, ebenfalls in digitales Gemeingut. Die Lizenzen zähmen die Unternehmen, weil immer die Möglichkeit im Raum steht, dass unzufriedene Communitys rebellieren und sich mit Abspaltungen selbstständig machen. Und sie sorgen für ein permanentes Wachstum, weil immer neue Projekte entstehen.

Noch nicht am Ziel

Die Begeisterung darf nicht den Blick darauf verstellen, dass die aktuellen Machtverhältnisse im Internet erdrückend sind. Die meisten Menschen surfen nicht mit Firefox oder dem Tor-Browser im World Wide Web, sondern mit Chrome von Google oder Safari von Apple. Sie kommunizieren nicht über Signal, sondern über WhatsApp. Nicht OpenStreetMap leitet sie durch die Welt, sondern Google Maps. Keine Frage: Bis sich die Machtverhältnisse auch praktisch ändern, muss viel passieren.

Jede*r kann sich auf verschiedene Arten beteiligen. Die Nutzung der Dienste, Plattformen und Programme ist kostenlos. Man bezahlt noch nicht einmal mit Daten. Die digitale Gegenwelt ist eine Mitmachwelt. Mit allen neuen Usern wird sie vielfältiger.

Projekte, die einem am Herzen liegen, kann man mit Spenden unterstützen. Das macht sie stark und unabhängig.

Und man kann aktiv mitarbeiten und Zeit und Arbeitsbeiträge spenden.

Mastodon und Wikipedia, LibreOffice und OpenStreetMap, Firefox und Signal, Debian und Tor. Im Zusammenspiel ergeben diese Projekte einen ernst zu nehmenden Gegenentwurf, der darauf wartet, entdeckt und genutzt zu werden.

Eine andere digitale Welt ist nicht nur möglich. Sie ist schon lange da.

Anhang

Interviews

Wikipedia: «Nette und hilfreiche Begegnungen überwiegen»

Die Berliner Wikipedia-Nutzerin, die unter dem Projekt-Pseudonym ***Grizma*** *aktiv ist, hat mehr als 10 000 Bearbeitungen in der deutschsprachigen Ausgabe der großen Online-Enzyklopädie vorgenommen. Sie setzt sich vor allem dafür ein, dass die Community inklusiver wird und die Inhalte von Wikipedia vielfältiger werden.*

Ein Vorurteil lautet, dass auf Wikipedia alle allen Unsinn schreiben können. Gibt es eine Qualitätskontrolle?
Das Projekt verfügt über verschiedene Kontrollmechanismen. Vandalismus ist ein großes Thema. Schüler*innen z. B. lieben es, komische Dinge in Wikipedia zu schreiben. Wir haben automatisierte Programme, die Rechtschreibfehler melden. Wenn eine Person sich neu anmeldet oder ganz ohne ein Profil einen Artikel bearbeitet, werden die Änderungen erst sichtbar, wenn sie von anderen Benutzer*innen überprüft wurden. Diese Qualitätssicherung in Wikipedia wird auch aktiv, wenn der Verdacht besteht, dass Firmen Artikel über sich anlegen oder PR-Agenturen versuchen mitzuschreiben.

Wie viel PR steckt in Wikipedia?
Das kommt immer wieder vor. Seltener bei großen Unternehmen, da deren Einträge bei vielen Benutzer*innen auf der Beobachtungsliste stehen, da schlägt schnell mal jemand Alarm. Gelegentlich ist auch ein Promi dabei. Oft fliegen PR-Inhalte jedoch auf, weil Marketingleute lexikalisches Schreiben, wie in Wikipedia gefordert, oft nicht beherrschen.

Was machen Sie selbst bei Wikipedia?

Ich habe einige Dutzend Artikel angelegt und viele ergänzt und überarbeitet. Bisher habe ich mehr als 10 000 Bearbeitungen in der deutschsprachigen Wikipedia durchgeführt und auch an der französischen und englischen Wikipedia mitgeschrieben. Daneben bin ich organisatorisch und aktivistisch tätig, im Rahmen der Berliner Schreibgruppe WomenEdit, die sich alle zwei Wochen trifft, als Teil des Teams für den lokalen Berliner Raum WikiBär und als Mitgründerin des feministischen Netzwerks in Wikipedia, FemNetz. Es dient dem Austausch und der gegenseitigen Unterstützung. Man trifft mich auch auf Edit-a-thons.

Was passiert da?

Das sind Schreibmarathons. Benutzer*innen arbeiten zu einem gemeinsamen Thema an Artikeln. Ich organisiere jedes Jahr den Film-Frauen Berlinale-Edit-a-thon, bei dem fehlende Artikel zu Frauen aus der Filmbranche entstehen. Sinn der Edit-a-thons ist auch, die Community im Rahmen von Anfänger*innen-Workshops zu erweitern und damit vielfältiger zu machen. Biografie-Artikel über Frauen machen in der deutschsprachigen Wikipedia nur rund 17 Prozent aus, und auch die Zahl weiblicher Bearbeiterinnen liegt unter 20 Prozent. Das wirkt in die Inhalte zurück.

Wie ist die Kultur in der Wikipedia-Community? Man hört immer wieder Klagen, dass der Ton mitunter rau ist.

Der Ton kann abschreckend sein. Wikipedia-Neulinge machen ihre erste Änderung und werden mit Zurechtweisungen bombardiert, welche Regeln sie unbedingt kennen sollten und missachtet haben. Auch bei mir gibt es Momente, in denen ich denke, beim nächsten Mal werfe ich hin. Ich würde aber sagen, dass es sich wie mit Begegnungen in der U-Bahn verhält: Im Gedächtnis bleiben die problematischen Erfahrungen – trotzdem überwiegen nette und hilfreiche Begegnungen.

LibreOffice: «Es gab keine Blaupause»

Vom idyllischen Kaufbeuren aus leitet ***Florian Effenberger*** *als Geschäftsführer die LibreOffice-Mutterorganisation The Document Foundation. Seit 2004 ist er in der Community des Projekts aktiv, das erst OpenOffice.org hieß und sich über eine Abspaltung selbstständig machte.*

Was ist LibreOffice?
LibreOffice ist eine Office-Suite. Damit kann man zum Beispiel Briefe schreiben, Kalkulationen oder Präsentationen erstellen. Die Software ist Open Source und kostet nichts. Es steht nicht nur ein einzelnes Unternehmen dahinter, sondern eine gemeinnützige Stiftung und eine weltumspannende Gemeinschaft.

Wer entwickelt LibreOffice?
LibreOffice ist ein Miteinander von bezahlten Kräften und ehrenamtlich Beitragenden. Die Programmierleistung kommt zum großen Teil von Unternehmen, die eigene Produkte auf Basis von LibreOffice im Portfolio haben oder als Dienstleister die Software für Kunden anpassen.

Was macht die Stiftung?
Die Document Foundation gibt unter anderem die Software heraus und fungiert als Treuhänder für Marken und Domains. Mit einem bezahlten Team von derzeit 14 Leuten ermöglicht sie der Community, zum Projekt beizutragen. Wir betreiben beispielsweise die Webseite und verschiedene Server, unter anderem für Übersetzungen, die Qualitätssicherung und die Dokumentation sowie für den Download des Quelltexts und des Programms.

Wieso hat sich das Projekt für eine Stiftung als Organisationsform entschieden?
Wir wollten Garantien einbauen, die das Mitspracherecht der Beitragenden manifestieren. Diese Garantien ließen sich am besten mit einer deutschen Stiftung verwirklichen. Außerdem hatten wir in

Deutschland viele Leute in der Community. Das Stiftungsmodell mussten wir allerdings neu interpretieren. Ich würde fast behaupten, dass wir einen neuen Stiftungstypus geschaffen haben.

Inwiefern?

Eine Stiftung hat typischerweise ein Kuratorium, in dem nur eine Handvoll ausgewählter Leute sitzt. Wir aber wollten ein Meritokratieprinzip: Im Mitglieder-Kuratorium, das den Vorstand wählt, können alle Mitglied werden, die etwas zum Projekt beitragen. Im Schnitt sind knapp 200 Leute in unserem Kuratorium. Ein Mitgliederkomitee bestimmt, wer ins Kuratorium kommt. Umgekehrt wählt das Kuratorium dieses Komitee, ähnlich einem System von Checks and Balances. Auf die Art haben wir das konservative Modell der deutschen Stiftung mit den partizipativen Prinzipien freier Softwareentwicklung zusammengebracht. Das den Stiftungsaufsichten zu erklären, war eine Herausforderung. Berlin hat die Stiftung nach längeren Diskussionen anerkannt.

LibreOffice geht auf eine Abspaltung zurück. Wie kam es dazu?

Im Jahr 1999 hat das Unternehmen Sun das deutsche Unternehmen StarDivision aufgekauft, das die Bürosoftware StarOffice vertrieb. Sun machte daraus ein Open-Source-Projekt namens OpenOffice.org. Als Sun im Jahr 2010 seinerseits übernommen wurde, war ungewiss, wie es weitergeht. Die Community hatte vergeblich auf ein klares Statement des neuen Besitzers Oracle gewartet. Irgendwann hatten wir das Gefühl, dass es nichts bringt, noch länger zu warten. Am 28.9.2010 sind wir mit dem neuen Projekt live gegangen. Auf LibreOffice als Projektnamen haben wir uns geeinigt, weil wir nicht wussten, ob wir den Namen OpenOffice.org verwenden dürfen, wozu es dann auch nie gekommen ist. Für das, was wir vorhatten, gab es keine Blaupause. Wir wussten: Das ist ein großes Softwareprojekt mit vielen Zeilen Code, es kann schiefgehen. Aber wir waren bereit, das Risiko einzugehen.

Freifunk: «Wir bauen unsere eigenen digitalen Straßen»

*Die Berlinerin **Elektra Wagenrad** hat maßgeblich «B. A. T. M. A.N» entwickelt, den Algorithmus, der dem «WLAN-für-alle»-Projekt Freifunk zugrunde liegt. Ein Gespräch über die gesellschaftspolitische Bedeutung offener Internetzugänge und über die Frage, was ein Hack ist.*

Wie würden Sie einer nicht IT-affinen Person Freifunk erklären?
Mit Freifunk erweitert man von zu Hause aus das Netz. Du teilst über Freifunk deinen heimischen Internetanschluss. Es gibt dann weiterhin ein privates WLAN nur für dich, daneben aber noch einen öffentlichen Zugang, über den andere kostenlos ins Internet kommen. Eine andere Anwendung ist: Jemand lebt in einem Dorf, in dem es nur langsames Internet gibt. Das kenne ich aus dem Schwarzwald oder aus Orten in Brandenburg. Leute verbinden sich vom Kirchturm aus über eine Richtfunkantenne mit dem Nachbardorf, das schon schnelles Internet via Glasfaser hat. Das verteilen sie dann über Freifunk-Technologie im eigenen Dorf. Freifunk liefert Do-it-yourself-Werkzeuge, um selbst organisierte Netzwerke aufzubauen. Wir bauen unsere eigenen digitalen Straßen.

Das Freifunk-Projekt hat keinerlei übergeordnete Struktur, oder?
Freifunk setzt sich aus unterschiedlichen regionalen und lokalen Communitys zusammen. Einige von denen geben sich eine Vereinsstruktur. Der Berliner Förderverein Freie Netzwerke e. V. betreibt die Webseite freifunk.net, hat aber keine leitende Funktion. Ein Zentralkomitee des Freifunks braucht keiner.

Was motiviert Sie, bei Freifunk mitzumachen?
Hinter Freifunk steht das Prinzip der gegenseitigen Hilfe, das ist es, was mich interessiert. Als die sogenannte Flüchtlingskrise war, haben viele Geflüchtete über Freifunk Internet bekommen. Die Leute hatten ein Dach überm Kopf, aber keine Kommunikationsinfrastruktur in den Flüchtlingsheimen. Auch viele linke Hausprojekte und Wagenburgen beteiligen sich. Da kommt deren Idee von gemeinschaft-

lichem Eigentum mit der Freifunk-Philosophie geteilter Infrastruktur zusammen. Und in einigen Regionen werden Freifunk-Hotspots vor allem von Jugendlichen genutzt, weil es halt freien Internetzugang gibt.

Lässt sich mit Freifunk auch Internetzensur aushebeln, wenn Regierungen über einen Blackout ganze Regionen vom Netz abtrennen?
Wenn eine Regierung das Internet abschaltet, kann man mit Freifunk eine lokale, unabhängige Infrastruktur aufbauen. Das geht tatsächlich. Die Freifunk-Technologie sieht vor, dass sich benachbarte Zugangspunkte verbinden, wenn sich deren Sendebereiche berühren, und ein größeres Netz entsteht. Auch wenn wegen eines Blackouts niemand ins weltweite Internet kommt, können alle innerhalb dieses Netzes miteinander kommunizieren. Allerdings bekomme ich Bauchschmerzen beim Gedanken, Leuten in autoritär regierten Ländern oder in Kriegsgebieten in Aussicht zu stellen, dass sie mit Freifunk den Kampf gegen Zensur gewinnen. Dann kommt vielleicht die Polizei vorbei, nimmt einen fest und es passiert wer weiß was.

Sehen Sie sich selbst als Hackerin? Wenn ja, was bedeutet dieser Begriff für Sie?
Eine solche Zuschreibung muss von anderen kommen. Aber ja, andere sehen mich als Hackerin. Ich laufe auch gern mit einem Kapuzenpullover herum. Hacken bedeutet, kreativ mit Technik umzugehen. Wenn jemand einen Plastikrouter auseinandernimmt, eine andere Geräte-Software bastelt und einbaut und das dann selbst organisierte Netze ermöglicht, ist das für mich Hacken.

Open Search Foundation: «Diese quasimonopolistische Struktur ist extrem gefährlich»

Im schönen Starnberg sitzt der von ***Stefan Voigt*** *gegründete und geleitete Verein Open Search Foundation. Der Verein ist Teil der Gemeinschaftsinitiative Open Web Search. Ausgestattet mit EU-Fördergeldern, will die schaffen, woran bisher alle anderen gescheitert sind: endlich den von Google dominierten Suchmaschinenmarkt knacken.*

Anders als viele Aktive digitaler Communitys tragen Sie keinen Kapuzenpullover und gehen sicher eher selten in Hacker Spaces. Was ist Ihr Hintergrund?
Wir sind keine Hacker, niemand von uns ist beim Chaos Computer Club. Wir kommen alle aus der Großforschung, aus Universitäten, Rechenzentren und der klassischen Zivilgesellschaft. Wir sind einfach Europäer, die überzeugt sind, dass sie etwas tun müssen.

Welches Problem wollen Sie lösen? Und wie?
Der Suchmarkt wird zu 90 Prozent von Google dominiert. Diese quasimonopolistische Struktur ist extrem gefährlich. Wir verlegen zunehmend unser wirtschaftliches, gesellschaftliches, wissenschaftliches und privates Leben in den digitalen Raum. Wer diesen strukturiert, hat die Deutungshoheit und damit sehr viel Macht. Wir als Gesellschaft müssen diesen Markt öffnen. Unser Ansatz ist, dass wir den Such-Index von der Suchmaschine trennen. Dafür schalten wir öffentliche Rechenzentren und Wissenschaftszentren zusammen, die gemeinsam ein großes Verzeichnis möglichst aller Inhalte im Web aufbauen. Das ist keine leichte Aufgabe. Das Web ist verdammt groß.

Wie wird aus diesem Verzeichnis von Inhalten dann eine Suchmaschine?
Wenn der Index da ist, werden wir als Community selbst auch Such-Prototypen zur Demonstration der Möglichkeiten bauen. Die Grundidee ist aber, anderen nichtkommerziellen und kommerziel-

len Ideen den Markt zu überlassen und mehr Vielfalt im Suchmaschinen-Geschäft zu ermöglichen. Dabei mag es dann ganz verschiedene Geschäftsmodelle geben: solche, die etwas Geld für die Services nehmen; andere, die ihr Angebot mit Werbung finanzieren. Solche, die auf maximale Transparenz ihrer Algorithmen setzen, oder auch Suchmaschinen, die gar nichts über den Endkunden «wissen»: Der Index liefert z. B. 1000 Suchantworten. Das Filtern auf die zehn besten Ergebnisse geschieht dann auf dem eigenen Rechner, nach Kriterien, die man selbst bestimmt.

Das Projekt Openwebsearch.eu hat 8,5 Millionen Euro aus dem Topf Next Generation Internet der EU erhalten. Was passiert mit dem Geld?
Wir werden drei Jahre lang mit fünf Rechenzentren, verschiedenen Universitäten, Firmen und NGOs einen Prototyp für einen offenen Webindex bauen. Dann skalieren wir und schauen: Wie kann Europa eine solche offene, verteilte Suche auf Dauer operativ betreiben? Die 8,5 Millionen Euro sind Kosten für Personal und Rechenleistung. Außerdem geht auch Geld an Drittpartner, die Komponenten liefern und testen.

Wie wird das europäische Projekt am Ende organisiert sein?
Das ist noch offen, vielleicht über einen gemeinnützigen Verein oder eine Stiftung. Auch an den Nutzungsregeln und am Algorithmus für den Index arbeiten wir noch. Alles soll transparent und partizipativ entstehen. Klar ist, dass die beteiligten Rechenzentren das nicht auf Dauer pro bono machen können. Vielleicht werden 10 000 Zugriffe auf den Index pro Tag frei sein. Wer dann mehr will, zahlt ein paar Millicents pro Abfrage. Die Grundfinanzierung muss allerdings von den europäischen Mitgliedsstaaten kommen – ein Such-Index als öffentliche Infrastruktur und Element der Daseinsvorsorge in Europa.

OpenStreetMap: «OpenStreetMap ist ein guter Grund, in die Welt zu gehen»

***Amanda McCann** saß von Dezember 2019 bis Dezember 2022 im Vorstand der OpenStreetMap Foundation. Die gebürtige Irin ist 2014 von Dublin nach Karlsruhe gezogen und arbeitet dort in einem kleinen Unternehmen (Geofabrik GmbH), das Beratung und Support zum Kartenmaterial des Projekts anbietet. Die Informatikerin ist seit etwa 15 Jahren in der OpenStreetMap-Community aktiv.*

Was interessiert Sie an OpenStreetMap?
Ich finde Karten spannend. Ich habe Informatik studiert, mag den Gedanken von freier Software und finde es toll, wenn alles offen ist und allen gehört. OpenStreetMap ist eine Weltkarte, die alle verändern und verbessern können. Sie ist kostenlos und offen für alle denkbaren Zwecke. Auch viele externe Karten- und Navigationsdienste und nichtkommerzielle Projekte nutzen unsere Daten. Und das Projekt macht Spaß. OpenStreetMap ist ein guter Grund, in die Welt zu gehen. Wenn ich nicht draußen bin und mich umschaue, sitze ich vor dem Rechner und zeichne etwas nach. Das ist sehr entspannend. Es ist cool, etwas zu mappen, und das steht dann in dieser großen Weltkarte.

Wie entsteht diese riesige Weltkarte?
Die Art der Arbeit hat sich im Laufe der Zeit verändert. Anfangs gab es viel Pionieraktivität, das Kartenmaterial musste überhaupt erst aufgebaut werden. Leute aus der Community haben sich für Mapping Partys am Wochenende getroffen und die Stadt in Bereiche aufgeteilt. Sie sind mit GPS-Geräten Straßen abgefahren und haben sich Notizen zu Straßennamen und Hausnummern gemacht. Dann haben sie zu Hause auf Basis der GPS-Spuren die Karte ergänzt. Heute gibt es Luftbilder, die wir abzeichnen können, und das meiste ist schon kartografiert. Wir aber sagen: OpenStreetMap wird nie fertig sein. Hier in Karlsruhe gibt es eine aktive lokale Community. Die ergänzt zum Beispiel vor Ort fehlende Straßennamen oder Points of

Interest – besondere Punkte wie Läden, Cafés, Bäume, Fahrradständer oder Hydranten.

Was sind das für Leute in der Community?
Die meisten wollen mappen, also inhaltlich an der Karte arbeiten. Es gibt Leute, die zeichnen von Luftbildern der eigenen Stadt ab oder kartografieren Wälder in den USA. Andere halten in der eigenen Stadt nach Points of Interest Ausschau oder mappen gezielt die Fahrradinfrastruktur oder die Öffnungszeiten von Restaurants. Es gibt in der Community auch Leute, die sich speziell für Softwareentwicklung und Datenimporte interessieren. Allerdings haben wir deutlich mehr Mapper als Techies.

Inwiefern gibt es in der Community Hierarchien und feste Rollen?
So gut wie keine. Edits aller sind sofort sichtbar und können auch von allen rückgängig gemacht werden. Die Community schaut, ob etwas Seltsames passiert, vor allem in der eigenen Gegend. Nur wenn User nicht auf einen grünen Zweig kommen, greift die Data Working Group ein. Dieses Community-Gremium kann User vorübergehend oder für immer sperren.

Was sagen Sie zum Zustand des Internets?
Gut und schlecht. Das Schlimmste ist die Zentralisierung. Das große Internet ist überhaupt nicht offen. Ich will keine Welt, in der so gut wie alle Karten und Daten Google gehören. Es gibt aber Hoffnung. Immer mehr Leute arbeiten an einer nichtkommerziellen Welt mit freien Daten. OpenStreetMap ist Teil meiner Hoffnung. Wir machen Geo-Gemeingüter für eine Welt ohne Geschäftsmodell. In OpenStreetMap entsteht so vieles aus Liebe zu einer besseren, freien Welt.

Linux Debian: «Für all das steht Debian»

Als Debian Member gehört ***Holger Levsen*** *zum Community-Kern des wichtigsten Linux-Betriebssystems. Das technisch sehr anspruchsvolle Debian ist die Softwarebasis vieler Unternehmensnetzwerke und Rechenzentren. Gleichzeitig sind die bei IT-Laien beliebten PC-Betriebssysteme Linux Ubuntu und Linux Mint Debian-Abspaltungen.*

Was ist Debian?
Linux Debian ist zweierlei: eine Sammlung von Software, die auf vielen Geräten läuft, und eine Gemeinschaft von Menschen, die bestimmte Vorstellungen vom Projekt haben. Der Gedanke freier Software funktioniert nur mit einer Community. Debian ist die Basis von mehr als 500 abgeleiteten Linux-Distributionen, die Ubuntu, Mint, Tails, Knoppix oder Trisquel heißen. Debian läuft außerdem auf den meisten Webservern der Welt, zum Beispiel auch auf den internen Systemen von Google.

Woraus besteht die Arbeit an Debian?
Debian setzt sich aus etwa 30 000 verschiedenen Softwarepaketen zusammen. Die Leute in der Community schreiben einige Pakete selbst. Vor allem aber integrieren sie neue Paketversionen aus anderen Projekten. Sie polieren sie ein bisschen weiter, damit sie in Debian passen und das System nicht kaputtmachen. Vieles, was Teil von Debian ist, wurde von Menschen außerhalb des Projekts geschrieben. Das gilt beispielsweise für die Beiträge von Linus Torvalds, der bei der Linux Foundation angestellt ist und am Kernel arbeitet, dem Softwarekern aller Linux-Betriebssysteme.

Wie sieht die Debian-Community aus?
Die Community besteht aus etwa 2000 Menschen. Die meisten kümmern sich um bestimmte Softwarepakete, oft nicht als Einzelperson, sondern in einem Team. Debian Maintainer dürfen bestimmte Pakete hochladen, aber nicht alle. Diese Position ist die Vorstufe zum Debian Member, ein Status, der in einem Aufnahme-

prozess verliehen wird. Etwa 1000 Leute sind Debian Members. Sie können uneingeschränkt Pakete hochladen. Sie können sich an Abstimmungen, den General Resolutions, beteiligen und an Wahlen zur Debian-Projektleitung. Diese gewählten Project Leads haben allerdings keine wirkliche Macht, sondern vor allem repräsentative und administrative Aufgaben.

Wie organisiert die Community ihre Arbeit?
Unterschiedlich. Mal läuft es völlig chaotisch ab, mal über lose Absprachen. Mal tauscht man sich auf Events aus oder mithilfe von Roadmaps und verschiedenen Onlineplattformen. Grundsätzlich gilt: Die, die ein Paket betreuen, entscheiden auch darüber. Wenn zwei oder mehr in einem Team sich streiten, kann das Technical Committee, bei dem sieben Leute öffentlich tagen, eine Entscheidung treffen. Und wenn jemand mit dieser Entscheidung nicht einverstanden ist, wäre die nächste Eskalationsstufe eine General Resolution, bei der alle Debian Members über eine konkrete Fragestellung abstimmen. Das passiert aber sehr selten.

Wieso machen Sie selbst bei Debian mit?
Viel am gesellschaftlichen Leben läuft digital ab. Mich interessiert der Aspekt von Wissensverbreitung, die Ermöglichung von Teilhabe und dass Software garantiert frei von kommerziellen Hintertüren ist. Für all das steht Debian.

Kurzporträts 25 weiterer wichtiger Projekte

Archive.org: Zeitreisen im Web
Seit 27 Jahren macht Archive.org regelmäßig Schnappschüsse von Millionen Webseiten. Das ermöglicht Zeitreisen: Wenn Onlinetexte verändert werden oder Artikel von Medien und ganze Webseiten offline gehen, verschwinden die Inhalte nicht sang- und klanglos. Auf Archive.org kann man den inhaltlichen Stand einer Webseite zu einem bestimmten Zeitpunkt nachschlagen. Gegründet wurde das Projekt vom US-Unternehmer Brewster Kahle, der es seitdem als Mäzen finanziert. Kahle hatte im Jahr 1999 Alexa Internet, einen Dienst zur Messung von Webseitenpopularität, für 250 Millionen US-Dollar an Amazon verkauft. Kahle ist Vorstandsvorsitzender der US-Organisation Internet Archive, die im Jahr 2019 ein Budget von 37 Millionen US-Dollar und 169 Angestellte hatte und neben Webseiten auch Bücher, Filme, Audiodateien, Onlinespiele und Software archiviert. Archive.org

BigBlueButton: datensparsame Videokonferenzen
Plötzlich hatten fast alle Zoom genutzt, den kommerziellen Videokonferenzdienst, der in der Corona-Pandemie irgendwie zur richtigen Zeit am richtigen Ort war. Mit der Software BigBlueButton können technisch erfahrene Privatpersonen und Gruppen sowie Bildungseinrichtungen, Behörden oder Unternehmen eigene browserbasierte Videokonferenzen organisieren, bei denen die Daten über selbst gewählte Rechenzentren laufen. Ein für alle offener Anbieter ist das von einem Verein in Darmstadt betriebene Senfcall. Die Software wird vom Non-Profit-Unternehmen BigBlueButton Inc. im kanadischen Ottawa entwickelt. Die Gründer und Hauptentwickler

des Projekts finanzieren sich über ein externes Unternehmen, Blindside Networks, das kommerzielle Cloud- und Support-Dienstleistungen zu BigBlueButton anbietet. bigbluebutton.org, senfcall.de

Cryptomator: verschlüsselte Datenwolken
Wenn man Inhalte in der Cloud speichert, haben die dafür genutzten Anbieter normalerweise unkontrollierbare Zugriffsmöglichkeiten. Sie könnten die Daten scannen, manuell einsehen oder an Behörden übergeben. Die Cryptomator-Software verschlüsselt Dateien, bevor sie in die Cloud geladen werden, und entschlüsselt sie nach dem Herunterladen wieder auf dem eigenen Gerät. Cloudanbieter sehen dann nur den verschlüsselten Zeichensalat und nicht die tatsächlichen Inhalte. Hinter Cryptomator steht die Bonner Skymatic GmbH, ein Gemeinschaftsunternehmen dreier junger Informatiker. Das PC-Programm ist kostenlos, Cryptomator bittet für die Weiterentwicklung um Spenden. Die Apps kosten einmalig 14,99 Euro. Und das Unternehmen bietet eine Firmenkunden-Lösung namens Cryptomator Hub an. cryptomator.org

Element/Matrix: Messenger mit verteilter Datenbank
Element ist ein besonderer Smartphone-Messenger: Beim Einrichten kann man auswählen, dass die Kommunikation nicht über die voreingestellte Standard-Datenbank geht, sondern über einen selbst gewählten Anbieter, dem man seine Daten lieber anvertraut. Die Grundlage dieser dezentralen Logik ist das Matrix-Protokoll. Das britische Start-up New Vector Ltd. mit 118 Mitarbeiter*innen ist der Anbieter des Element-Messengers und entwickelt federführend die Matrix-Technologie. Das Unternehmen, das bisher 96 Millionen US-Dollar von Investor*innen erhalten hat, finanziert sich darüber, dass es Unternehmen, Organisationen und Behörden hilft, Element bzw. Matrix für die interne Kommunikation einzubauen. Für die Entwicklung des Matrix-Protokolls haben die Element-Gründer*innen die Stiftung Matrix.org Foundation eingerichtet, in dessen Vorstand sie sitzen. element.io, matrix.org

Fediverse: alternativer Social-Media-Kosmos
Das Fediverse ist ein Netzwerk miteinander verbundener Plattformen, die ihre Datenmacht verteilt organisieren: Es gibt stets nicht nur einen einzigen Anbieter, über den die komplette Kommunikation läuft. Stattdessen wählt man zwischen unterschiedlichen «Instanzen» aus, die die Plattform-Software eingebaut haben, und legt sich dort ein Profil an. Damit kann man sich auch mit Nutzer*innen anderer Instanzen verbinden, mit ihnen kommunizieren und ihre Inhalte sehen und teilen.

Das Twitter/X-ähnliche Mastodon ist das bekannteste Mitglied der Fediverse-Familie. PeerTube ist eine Video-Plattform, Pixelfed ein Bildernetzwerk, auf Funkwhale kann man Lieder hochladen und streamen. Auf Hubzilla und Friendica sind lange Statusmitteilungen möglich. WriteFreely ist ein Blog-Netzwerk, auf Lemmy kann man Links posten und öffentlich diskutieren und auf Mobilizon Veranstaltungen planen. Alle Plattformen stehen im Austausch. Mit einem Mastodon-Profil ist es auch möglich, die Inhalte von PeerTube, Pixelfed oder Funkwhale zu sehen, mit ihnen zu interagieren und Usern zu folgen.

Hinter der jeweiligen Plattform-Software stehen in der Regel nichtkommerzielle Modelle. Mastodon beispielsweise wird von der gemeinnützigen Mastodon gGmbH in Berlin entwickelt, PeerTube und Mobilizon vom französischen Verein Framasoft, Funkwhale vom ebenfalls französischen Verein The Funkwhale Collective. Pixelfed ist ein Projekt des kanadischen Einzelentwicklers Daniel Supernault, und hinter Friendica steht ein lose organisiertes Kollektiv. joinmastodon.org, joinpeertube.org, pixelfed.org, funkwhale.audio, pleroma.social, hubzilla.org, friendi.ca, join-lemmy.org, joinmobilizon.org, writefreely.org

F-Droid: Marktplatz für Open-Source-Apps
2,7 Millionen Apps enthält der Play-Store von Google, im alternativen Android-Marktplatz F-Droid sind es nur 5000. Die aber sind alle Open Source, und das jeweilige Datenverhalten wird vom ehrenamtlich arbeitenden F-Droid-Team untersucht. Die großen kommerziellen Apps findet man dort nicht, dafür viele kleine, daten-

sparsame Smartphone-Programme, etwa ein Finanztagebuch, einen Mediaplayer, eine Diktier-App und Hunderte einfache Spiele. Den Marktplatz gibt es nur für Android. Man muss ihn manuell aus dem Netz herunterladen und einrichten. Das Community-Projekt wird von einem selbstrekrutierten, aktuell sechsköpfigen Vorstand geleitet. Es verfügt über keine eigenständige Rechtsperson und ist seit März 2023 formal ein Projekt der niederländischen Stiftung The Commons Conservancy. f-droid.org

GIMP: kostenloses Grafikprogramm
GIMP (für «GNU Image Manipulation Program») ist ein PC-Programm für einfache und komplexe Bildbearbeitung und zum digitalen Zeichnen und somit eine kostenlose Alternative zur kostenpflichtigen Photoshop-Software. Eine Smartphone-App gibt es nicht. GIMP gehört zu den Projekten der digitalen Gegenwelt, die komplett ohne eigene Rechtsperson und feste Strukturen auskommen. Nur die gemeinsame Arbeit hält die Beteiligten zusammen. Einer der Hauptentwickler des Grafikprogramms ist der Buchhändler Michael Natterer aus Wangen im Allgäu. Die Größe der aktiven Community bewegt sich laut Natterer im niedrigen zweistelligen Bereich. Spenden für GIMP nimmt aushilfsweise die US-Organisation Gnome Foundation entgegen. Alternativ bittet das Projekt darum, an drei wichtige Entwickler aus der Community direkt zu spenden. gimp.org

Indymedia: linke Gegenöffentlichkeit im Netz
«Don't hate the media, become the Media» ist das Motto der linken Medienplattform Indymedia, die es in mehreren Dutzend Sprach-, Länder- und Regionalausgaben gibt. Auf denen veröffentlichen linke Gruppierungen verschiedener Strömungen gesellschaftspolitische Analysen, Berichte, Ankündigungen politischer Aktionen sowie Debattenbeiträge. Die einzelnen Ausgaben, die sich Independent Media Center nennen, werden von anonymen, ehrenamtlich arbeitenden Kollektiven betrieben und moderiert. Eine formale Organisation gibt es nicht. De.indymedia, die deutschsprachige Ausgabe, bezeichnet sich als «ein multimediales Netzwerk unabhängiger und

alternativer Medien, MedienmacherInnen, engagierter Einzelpersonen und Gruppen» und verrät nichts über die eigenen Strukturen. de.indymedia.org

KeePass: externes Passwortgedächtnis
KeePass ist ein Passwortmanager für Windows-PCs und Ausgangspunkt für eine große Programmfamilie. Man trägt in das Programm Passwörter ein und kann sie später wieder herauskopieren. Das erleichtert es, unterschiedliche, starke Passwörter für verschiedene Webseiten oder sonstige Zwecke zu verwenden. Der Zugriff auf das Programm ist mit einem Hauptpasswort geschützt. KeePass ist größtenteils ein Ein-Personen-Projekt des Entwicklers Dominik Reichl, der in Metzingen bei Stuttgart lebt und seine Arbeit über Spenden finanziert. Eine Community von etwa 200 Personen hilft bei Übersetzungen und steuert Erweiterungen bei. Auf der Webseite listet Reichl 50 Keepass-Abspaltungen für andere Kontexte auf. Die bekanntesten sind KeePassXC (läuft auch auf macOS und Linux), KeePass2Android und KeePassium für iOS. keepass.info

Matomo: Webseiten-Analyse ohne Standleitung zu Google
Google Analytics läuft auf Millionen Webseiten und sorgt dafür, dass Nutzungsdaten stets auch in den Rechenzentren des IT-Konzerns landen. Matomo ist eine privatsphärenfreundlichere Alternative: Webseiten bauen die Software selbst ein und können damit ebenfalls detailliert auswerten, welche Inhalte wie oft gelesen werden und wie User sich über Klicks auf der Seite bewegen. Bei diesem Modell bleiben die Daten aber ausschließlich bei den Betreiber*innen der jeweiligen Seiten. Die Software, die bis 2018 Piwik hieß, wird von dem neuseeländischen Unternehmen Innocraft Ltd. entwickelt, das kostenpflichtige Zusatzfunktionen für Matomo sowie eine Cloud-Lösung anbietet, bei der die anfallenden Analysedaten in den Rechenzentren von Innocraft ausgewertet werden. matomo.org

MetaGer: nichtkommerzielle Suche aus Hannover
Schon 1996, ein Jahr vor Google, ging MetaGer online. Das Urgestein des deutschen Internets wurde von Wolfgang Sander-Beuer-

mann, einem Mitarbeiter des Rechenzentrums der Uni Hannover, gegründet. MetaGer ist eine Meta-Suchmaschine und mischt die Trefferlisten anderer Suchanbieter. Auf der Ergebnisliste sieht man stets, von wem ein Treffer kommt. Meist ist es Yahoo (und Yahoo wiederum erhält seine Treffer von der Microsoft-Suchmaschine Bing). Auch die über den Trefferlisten eingeblendeten Textanzeigen stammen aus dem Werbenetzwerk von Yahoo, für jeden Klick auf eine Anzeige erhält MetaGer eine Provision. Über ein Bezahlmodell kann man ein Kontingent an werbefreien Suchanfragen kaufen, 1000 werbefreie Suchen kosten beispielsweise 10 Euro. Der Betreiber von MetaGer ist der ehrenamtlich arbeitende Verein Suma e.V. in Hannover. metager.de

Nextcloud: die Do-it-yourself-Datenwolke
Mit Nextcloud kann man eine eigene Datenwolke betreiben, die man selbst organisiert oder in einem frei gewählten Rechenzentrum unterbringt. Das ermöglicht es, von unterschiedlichen Orten aus auf gemeinsam genutzte Daten zuzugreifen. Die Software erstellt auf allen beteiligten Geräten einen Ordner und synchronisiert ihn mit der Cloud. Nextcloud ist das Ergebnis einer der prominentesten und dramatischsten Software-Abspaltungen: Der Vorläufer ownCloud wurde 2010 von dem deutschen Entwickler Frank Karlitschek zusammen mit einem Partner als Open-Source-Business gegründet. 2016 verabschiedete Karlitschek sich überraschend, nahm Entwickler*innen mit und gründete mit der Stuttgarter Firma Nextcloud GmbH ein ebenfalls kommerzielles Konkurrenzprojekt. Beide Unternehmen finanzieren sich durch Dienstleistungen und Zusatzprodukte für die jeweilige Software. nextcloud.com

Nuudel: Termine vereinbaren und mehr
Wann kannst du? Was denkst du? Nuudel ist eine Umfrage-Plattform. Zum einen kann man sie zur Terminfindung nutzen: Man schlägt Terminkandidaten vor und lässt andere auswählen, wann es bei ihnen passt. Zum anderen kann man inhaltliche Umfragen mit verschiedenen Antwortoptionen erstellen. Für jede Umfrage erzeugt Nuudel einen Link. Alle, denen man den Link schickt, können teil-

nehmen, auf Wunsch erst nach der Eingabe eines Passworts. Beim Anlegen einer Umfrage muss man eine E-Mail-Adresse angeben, man kann aber statt einer echten auch eine ungültige Fake-Adresse verwenden. Betrieben wird Nuudel vom Bielefelder Verein Digitalcourage e. V., der Aktivismus und Lobbyarbeit zu digitalen Rechten macht und unter anderem die BigBrotherAwards gegen Überwachung verleiht. Der Verein finanziert sich über Mitgliedsbeiträge und Spenden. nuudel.digitalcourage.de

Öffi: Nah- und Fernverkehrsplaner fürs Smartphone
Von A über B nach C und zurück. Öffi sucht fast jede gewünschte Nah- und Fernverkehrsverbindung heraus. Die Android-App (eine iPhone-Version gibt es nicht) deckt in Deutschland das Netz der Bahn und fast den kompletten Regional- und Nahverkehr ab. In Italien, Belgien, Dänemark, Schweden, Finnland und Polen ebenfalls, in anderen europäischen Ländern teilweise nur den landesweiten, Regional- oder Nahverkehr. Wenn man sich in einer neuen Stadt oder Region befindet, wählt man als Erstes den jeweiligen vor Ort zuständigen Verkehrsverbund aus. Die Öffi-App greift dann auf dessen Daten zu. Sucht man nach einer Route, zeigt die App in einer Balkengrafik die zum gewünschten Zeitpunkt infrage kommenden Verbindungen an. Hinter Öffi steht der Berliner Einzelentwickler Andreas Schildbach, der die App ehrenamtlich entwickelt. oeffi.schildbach.de

Open Web Search: Basis für eine unabhängige Suchmaschine
Genau zwei vollwertige, große Suchmaschinen gibt es im Westen der Welt. Nur Google und Bing (Microsoft) verfügen über einen eigenen Index, ein aktuelles Verzeichnis aller Inhalte. Über einen verteilten Ansatz, bei dem Rechenzentren europäischer Forschungsinstitute gemeinsam das Netz durchsuchen, will die Initiative Openwebsearch.eu einen nichtkommerziellen Index aufbauen. Auf dieser Basis sollen alternative Suchmaschinen entstehen können. Angestoßen hat das Konzept der Geograf Stefan Voigt vom Deutschen Institut für Luft- und Raumfahrt, der den Verein Open Search Foundation in Starnberg gegründet hat (siehe Interview, S. 205). Open Web

Search, ein Zusammenschluss von 14 europäischen Partnern, hat von der EU 8,5 Millionen Euro Fördergelder erhalten, um an einem Modell für einen nichtkommerziellen Web-Index zu arbeiten. openwebsearch.eu

Raspberry Pi: Mini-Computer zu kleinen Preisen
Scheckkartengroß ist der Raspberry Pi, einer der wenigen Vertreter der Digitale-Gegenwelten-Kategorie Freie Hardware. Er besteht nur aus dem eigentlichen Rechenkern. Einen Bildschirm, eine Tastatur, eine Maus und einen Lautsprecher muss man separat anschließen. Dafür ist der Mini-Computer unschlagbar preiswert: Die aktuelle Version 4 kostet 63 Euro, der Vorvorgänger Raspberry Pi Zero 2 W nur 23 Euro. Eine Version, bei der der Computer bereits in eine Tastatur eingebaut ist, gibt es für 90 Euro. Die Mutterorganisation ist die britische Stiftung Raspberry Pi Foundation, die 2021 220 Angestellte und ein Budget von umgerechnet etwa 130 Millionen Euro hatte. Seit Corona-Zeiten hat das Projekt Lieferprobleme. Die Computer sind oft nicht erhältlich, das Raspberry Pi-Team hat aber versprochen, dass sich die Situation bald verbessern wird. raspberrypi.com

Sci-Hub: inoffizielle Wissenschaftsbibliothek
Ein Rabe mit einem roten Schlüssel im Schnabel ist das Symbol der Schattenbibliothek für wissenschaftliche Arbeiten. Solche Papers stehen üblicherweise hinter Bezahlschranken von Wissenschaftsverlagen. Sci-Hub stellt sie kostenlos zur Verfügung, Man gibt die Webadresse einer Bezahlschranke in ein Suchfeld ein, und es öffnet sich die gesuchte PDF. Laut Eigenangaben enthält die Datenbank 88 Millionen Dokumente. Gegründet wurde und betrieben wird die Plattform von der kasachischen Informatikerin Alexandra Elbakyan. Sci-Hub ist illegal, die Gründerin wird immer wieder von Wissenschaftsverlagen verklagt. Die Schattenbibliothek hat aber auch viele Fans, die in Elbakyan eine Kämpferin für einen freien Zugang zu Forschungsergebnissen sehen, die kostenlos verfügbar sein sollten, weil deren Erstellung meist eh öffentlich finanziert wurde.

systemli: Werkzeuge für die linke Szene
Man könnte systemli als Technologie-Dienstleister für die linke Szene bezeichnen. Das Projekt aus dem deutschsprachigen Raum stellt einen bunten Mix von Onlinewerkzeugen für politische Arbeit zur Verfügung: einen Cloud-, E-Mail- und Videokonferenzdienst, Mailinglisten, eine Datenbank für den Messenger Element, eine Textablage mit Selbstzerstörungsfunktion, ein Terminfindungs- und Umfrage-Tool und einen Kurznachrichtendienst für aktuelle Berichterstattung über Demonstrationen. Über seine eigenen Strukturen und die Community-Mitglieder verrät systemli nichts. Laut systemli-Webseite arbeitet das Projekt komplett ehrenamtlich, und alle Entscheidungen trifft das Kollektiv gemeinsam. Auf der Startseite charakterisiert systemli sich als «Unkommerzieller Anbieter für datenschutzfreundliche Kommunikation. Ganz ohne Überwachung.» systemli.org

Thunderbird: E-Mails abrufen und schreiben
Thunderbird ist ein E-Mail-Programm für PCs. Man gibt die Zugangsdaten einer E-Mail-Adresse oder mehrerer Adressen an. Jedes Mal, wenn man das Programm startet, ruft es von da an neue E-Mails ab. Und man kann direkt vom Rechner aus Mails schreiben und abschicken. Mitte 2022 hat das Projekt die Android-App K-9 Mail integriert. Auf der Basis soll eines Tages eine Thunderbird-App für Android und eventuell auch für iOS entstehen. Wie der Firefox-Browser gehört Thunderbird zur US-amerikanischen Mozilla Foundation. Thunderbird hat eine aktive Community und verwaltet und finanziert sich selbst, größtenteils über Spenden. Das oberste Gremium ist der von der Community gewählte Thunderbird Council. Im Jahr 2021 hatte das Projekt 20 Mitarbeiter*innen und Einnahmen in Höhe von 2,8 Millionen US-Dollar. thunderbird.net

uBlock Origin: Hintergrund-Datenströme blockieren
Millionen Webseiten haben mindestens den Analysedienst Google und oft auch die Werbenetzwerke der großen IT-Konzerne eingebunden. Diese im Hintergrund aktiven externen Dienstleister bekommen beim Besuch von Webseiten stets ebenfalls Daten geliefert.

Die Browsererweiterung uBlock Origin unterbindet auf Basis von Filterlisten, dass Webadressen kontaktiert werden, die von Drittanbietern und Datensammlern genutzt werden. Hinter uBlock Origin für Firefox und Chrome steht der kanadische Entwickler Raymond Hill, der das Projekt gegründet hat, hinter der Microsoft-Edge-Version die neuseeländische Entwicklerin Nicole Ashley. Eine Version für den Apple-Browser Safari gibt es nicht. UBlock Origin ist die meistgenutzte Firefox-Erweiterung, in Deutschland haben 8 Prozent aller Firefox-User den Tracking- und Werbeblocker eingebaut. github.com/gorhill/uBlock

VeraCrypt: digitaler Tresor für Inhalte
VeraCrypt verschlüsselt Dateien und Geräte. Das PC-Programm erzeugt einen «Container»: Alles, was darin liegt, wird mit einem Passwort verschlüsselt. Man kann Ordner verschlüsseln, die komplette Festplatte des Geräts sowie USB-Sticks. VeraCrypt ist ein Ein-Personen-Projekt, entwickelt über die Firma Idrix des Pariser Verschlüsselungsexperten Mounir Idrassi. VeraCrypt ist eine Abspaltung des Projekts TrueCrypt, das bis heute ein Mysterium ist. 2014 warnten die anonymen Betreiber*innen von TrueCrypt, dass das eigene Projekt nicht mehr sicher sei. Infolgedessen wurde Veracrypt zur neuen Standardempfehlung für PC-Verschlüsselung. 2016 behauptete ein US-Journalist, der TrueCrypt-Erfinder sei in seinem sonstigen Leben ein global agierender Drogenbaron und Waffenhändler gewesen, der mittlerweile in den USA im Gefängnis sitzt. veracrypt.fr

VLC: Mediaplayer für fast alles
VLC gehört zu den erfolgreichsten Programmen der digitalen Gegenwelt, mit, laut Schätzung des Projekts, 300 bis 400 Millionen monatlichen Usern. Der Mediaplayer, den es als PC-Programm und als App gibt, spielt beliebige Videos, Audiodateien und DVDs ab. Man kann Dateien in andere Formate umwandeln und den eigenen Bildschirm aufnehmen. Der Anbieter der Software ist der Pariser Verein VideoLAN. Der Verein hat keine Angestellten. Die Software entsteht in der Community, vor allem in einer kleinen Corporate Community: Jean-Baptiste Kempf, der langjährige Präsident des

Vereins, betreibt eine Firma mit Open-Source-Geschäftsmodell, das Beratung zur Software sowie VLC-Zusatzprodukte anbietet. Im Unternehmen VideoLABS arbeiten neben Kempf auch andere aktive Mitglieder der VLC-Community. videolan.org

WikiLeaks: geliebte und gefürchtete Enthüllungsplattform
Über ein Klickfeld auf Wikileaks.org kann man Dateien hochladen. Die Whistleblower-Plattform sieht sich als Kämpferin gegen Herrschaftswissen und veröffentlicht interne Dokumente, die ethisch motivierte Geheimnisverräter*innen aus Behörden, Unternehmen und sonstigen Organisationen schmuggeln. Hinter der Schattenbibliothek steht ein Kollektiv ohne eigene Rechtsperson, das seine Arbeit über Spenden finanziert und lange Zeit vom Gründer Julian Assange angeführt wurde. Unter den Leaks waren immer wieder auch Dokumente aus dem US-Regierungs-, Militär- und Geheimdienstapparat. Assange sitzt zur Zeit in britischer Haft. Ihm droht eine Auslieferung an die USA und dort im schlimmsten Fall die Todesstrafe. In Assange sehen Menschenrechtsorganisationen wie Amnesty International einen politischen Gefangenen, an dem ein Exempel statuiert werden soll. wikileaks.org

Wikivoyage: Wikipedia fürs Reisen
Will man einen Urlaub im Internet planen, begegnen einem überwiegend werbliche Inhalte. Wikivoyage ist ein nichtkommerzieller Reiseführer in 25 Sprachen. Auf dem Schwesterprojekt von Wikipedia können alle mitschreiben. Die Einträge zu Städten und Regionen enthalten reisespezifische Informationen: Wie kommt man am besten ans Reiseziel, wie ist der Nahverkehr organisiert, was sind wichtige Sehenswürdigkeiten und welche kulturellen Gepflogenheiten vor Ort sollte man kennen? Wikivoyage ist ein Fork des kommerziellen Reiseführers Wikitravel. Als dieser 2005 von den ursprünglichen Gründer*innen verkauft wurde, spaltete sich die deutschsprachige Community ab und gründete Wikivoyage, unter dem Dach des Vereins Wikivoyage e. V. in Halle in Sachsen-Anhalt. 2013 wurde der Reiseführer ein Teil der großen Wikimedia-Familie. wikivoyage.org

WordPress: Baukasten für Webseiten und Blogs
Mit der Software kann man Blogs und Webseiten anlegen und gestalten. Das schlichte blau-weiße Aussehen lässt sich mit Layoutvorlagen («Themes») individuell anpassen, über Erweiterungen kann man Funktionen hinzufügen. Hinter dem Blog- und Webbaukasten steht das Startup Automattic Inc. des WordPress-Gründers Matthew Mullenweg mit Sitz in San Francisco, das zuletzt mit 7,5 Milliarden US-Dollar bewertet wurde. Automattic betreibt zum einen ein Blognetzwerk. Statt den eigenen Blog selbst zu organisieren, kann man ihn als Unter-Adresse auf wordpress.com anlegen, es gibt zusätzliche Bezahlfunktionen und es wird Werbung eingeblendet. Zum anderen bietet Automattic Premium-Erweiterungen sowie Cloudlösungen für Unternehmen an. Die Markenrechte am Begriff WordPress liegen bei der von Mullenweg gegründeten Stiftung WordPress Foundation. wordpress.org

Kleines Wörterbuch der digitalen Gegenwelt

Community Um Software- und Inhalteprojekte herum bilden sich Gemeinschaften von Menschen, die meist ehrenamtlich mitarbeiten. Zusammengehalten werden diese Communitys durch den Glauben an das Projekt und die Freude an der jeweiligen Software- oder Inhalte-Arbeit. Einige Communitys sind lose Kollektive ohne Strukturen. Andere organisieren sich über einfache bis komplexe Hierarchien und klar definierte Rollen.

Copyleft Der Begriff, eine Verballhornung von «Copyright», steht für ein Prinzip, bei dem auf der einen Seite jegliche Nutzung eines digitalen Gemeinguts erlaubt ist. Wenn Programme oder Inhalte verändert und neu veröffentlicht werden, müssen diese neuen Werke aber auf der anderen Seite zwingend ebenfalls unter eine solche Lizenz gestellt werden. Das soll verhindern, dass ehrenamtliche Entwicklungen privatisiert werden. Lizenzen mit Copyleft werden restriktiv genannt. Permissive Lizenzen hingegen erlauben Abspaltungen und Weiterentwicklungen, die den Usern weniger oder gar keine Freiheiten einräumen. Die am häufigsten genutzte Copyleft-Lizenz für Software ist die General Public License (GPL). Beim Inhalte-Regelwerk Creative Commons kann man Copyleft vorschreiben, indem man das Modul -sa- (für «share alike») verwendet.

Corporate Community In den Communitys einiger Softwareprojekte spielen Unternehmen eine wichtige Rolle. Sie bezahlen Angestellte dafür, zusammen mit ehrenamtlichen Community-Mitgliedern an der Software zu arbeiten. So können sie sicherstellen, dass das Programm fehlerfrei und stabil läuft, und sie können Funktionen, die sie selbst benötigen, einbauen. Unternehmen in Corporate Communitys verdienen mit der jeweiligen Software Geld, da eigene Produkte darauf basieren, oder sie verwenden sie für unternehmensinterne Zwecke. Der größte Beitragende zum Quellcode von LibreOffice ist beispielsweise das britische Unternehmen Collabora, das eine Cloud-Lösung auf Basis der freien Bürosoftware anbietet.

Do-o-cracy Menschen wählen frei nach Lust und eigenem Können aus, woran sie arbeiten. Man widmet sich gezielt Aufgaben, die einen interessieren, oder ist in thematischen Arbeitsgruppen aktiv. Bei Softwareprojekten können das Teams sein, die sich um IT-Sicherheit, um neue Funktionen oder die Kompatibilität mit bestimmten Betriebssystemen kümmern. Bei Wikipedia kann man sich einer von 20 Redaktionen anschließen, in denen zum Beispiel über die Qualität von Artikeln aus dem Bereich Medizin diskutiert wird.

Fork Die Lizenzen digitaler Gemeingüter ermöglichen Abspaltungen: Teile einer bestehenden Community oder Externe nehmen Software oder Inhalte und gründen auf dieser Basis ein Projekt unter einem neuen Namen. Zu Forks (englisch für Abzweigungen) kommt es vor allem im Softwarebereich. Einem bestehenden Programm werden neue Funktionen hinzugefügt oder es wird für andere Geräte, Kontexte oder Zielgruppen angepasst. Das Laien-taugliche Betriebssystem Linux Ubuntu beispielsweise ist ein Fork des technisch sehr anspruchsvollen Debian. Manchmal sind Forks unblutige Revolten. Mit der Projektführung unzufriedene Communitys machen sich selbstständig und wandern ab. Das Bürosoftware-Paket LibreOffice ist eine Abspaltung des ursprünglich kommerziellen OpenOffice, und der nichtkommerzielle Reiseführer Wikivoyage ein Fork des kommerziellen Wikitravel.

Hacker Unter «Hacken» verstehen Mitglieder von IT-Communitys einen kreativen, selbstbestimmten Umgang mit Technik und Software. Man hat Spaß daran, Technologie zu verstehen und sieht es als Herausforderung, Grenzen auszuhebeln und Software oder

Hardware für Zwecke zugänglich zu machen, die ursprünglich nicht vorgesehen waren.

Meritokratie In der digitalen Gegenwelt ist der Zugang zu Macht- und Entscheidungspositionen oft an das Engagement im Projekt gebunden. Wer mitmacht, darf mitbestimmen. Bei Wikipedia beispielsweise werden eigene Änderungen dann automatisch freigeschaltet, wenn man eine Mindestzahl an erfolgreichen Bearbeitungen ausgeführt hat. Kann man noch mehr Bearbeitungen vorweisen, kann man Beiträge neuer Autor*innen zulassen oder ablehnen. Beim Bürosoftware-Projekt LibreOffice erhält man Zugang zum obersten Machtgremium der Mutterorganisation The Document Foundation, wenn man dem Projekt im letzten Jahr länger als drei Monate «nachweisbar Zeit und geistige Arbeit» gewidmet hat.

Open Source Klassischerweise ist der Quellcode einer Software Eigentum und Geschäftsgeheimnis eines Unternehmens. Ist das der Fall, kann man nicht unabhängig überprüfen, was ein Programm tatsächlich auf einem Gerät macht, und man darf es nicht frei nutzen. Open-Source-Software kann von allen für alle Zwecke verwendet und auch weiterentwickelt werden. Da stets auch der Bauplan des Programms veröffentlicht wird, sind unabhängige Stichproben möglich, um zu überprüfen, ob Software sauber ist oder Sicherheitslücken oder gar gezielt eingebaute Hintertüren enthält.

Open-Source-Geschäftsmodell Da Open-Source-Software Gemeingut ist und frei genutzt werden kann, können Unternehmen nicht über den Verkauf von Lizenzen oder über Abomodelle Geld verdienen. Sie müssen sich etwas anderes überlegen. Firmen mit Open-Source-Geschäftsmodell bieten kostenpflichtige Zusatzprodukte an, IT-Support und Beratung zum Umgang mit der Software oder Cloud-Dienstleistungen, bei denen sie im Auftrag von Kunden die Software auf eigenen Rechenzentren laufen lassen. Unternehmen mit Open-Source-Geschäftsmodell sind beispielsweise Automattic (WordPress), Canonical (Linux Ubuntu) oder die Nextcloud GmbH (Nextcloud).

Quellcode Die Bau- und Arbeitsanleitung eines Programms wird in einer Programmiersprache verfasst. Über eine mathematisch-logische Grammatik wird festgelegt, was die Software kann, wie sie bedient wird und welche konkreten Prozesse im Hintergrund ablaufen. Damit dieser von Menschen geschriebene Text von Computern ausgeführt werden kann, muss er mit einem Compiler-Programm in Maschinensprache (auch Binärcode genannt) übersetzt werden. Der ist eine lange Folge von Nullen und Einsen und für Menschen nicht mehr verständlich.

Selbstrekrutierung Nicht immer werden die Machtgremien in Communitys oder in Organisationen transparent und demokratisch über Wahlen besetzt. Manchmal rekrutieren sie sich selbst: Die aktuellen Mitglieder eines Vorstands oder sonstigen Machtgremiums stimmen ab, wer neu dazukommt oder wer gehen muss. Der Vorstand der Firefox Mutterorganisation Mozilla beispielsweise ist selbstrekrutiert, ebenfalls das oberste Community-Gremium des Anonymisierungsprojekts Tor.

Tracking Tracker sind kleine Bausteine in Webseiten und Programmen, die Daten über User erfassen und ausleiten. Tracking ermöglicht privatwirtschaftliche Datensammelei und staatliche Überwachung, die auf solche Informationen zurückgreift. Ein großer Teil der Tracking-Aktivitäten geht von externen Analysediensten und Werbenetzwerken aus, die in Webseiten und Programme eingebaut sind.

Die Sache mit dem *-Sternchen

Wenn mehrere Angehörige einer Personengruppe bezeichnet werden, verwende ich das *-Sternchen. In der Informatik ist dieses Zeichen ein Platzhalter: Es drückt aus, dass an einer Stelle verschiedenste Zeichen stehen können. In einer auf Sprache übertragenen Verwendung bedeutet es: Zu der Gruppe können gleichermaßen Frauen und/oder Männer gehören (die sich als solche bezeichnen) sowie Menschen, die transgender, transsexuell, intersexuell oder nicht-binär sind und mit der Zweiteilung der Geschlechter, wie sie die deutsche Sprache traditionell vorsieht, eventuell nichts anfangen können. Das halte ich für eine faire Lösung. Dabei halte ich mich an folgende Prinzipien: In direkten Zitaten und Interviews behalte ich die Sprech- und Verwendungsweise der jeweiligen Gesprächspartner*innen bei. Setzt sich eine Gruppe klar nur aus Männern zusammen, verwende ich den männlichen Plural. Und bei aus dem Englischen stammenden Wörtern wie User, Developper oder Hacker gendere ich nicht, da das Problem des grammatikalischen Geschlechts im Englischen nicht in der Form existiert. In allen anderen Fällen verwende ich standardmäßig das *-Sternchen.

Danksagung

Ich danke (in alphabetischer Reihenfolge) Alex, Anna, Charlie, Conrad, Dana, Elli, Friedrich, Gerd, Gesa, Klemens, Manu, Marcel, Matthias, Moritz, Pablo, Parsa, Raimar, Ridha, Stefan, Stephan, Tina und Trad für ihre Freundschaft sowie die klugen Gespräche und Anregungen zum Buch.

Ich danke meinen Eltern, die mir trotz aller Widrigkeiten stets viel Liebe und Vertrauen entgegengebracht haben.

Ich danke meinem Gemeinschaftsbüro Journalistenetage und dem Journalistenbüro Schnittstelle für die Durchhalteparolen und für die Möglichkeit, in Ruhe zu schreiben.

Und ich danke dem Heise-Verlag, für den ich Ende 2021 – mit maximalen Freiheiten – eine Artikelreihe über Open-Source-Projekte schreiben und damit eine gute Recherchegrundlage für das Buch schaffen konnte.

Anmerkungen

2. Was ist die digitale Gegenwelt?

1 Siehe «Our metrics» auf https://joinmastodon.org/de/about (abgerufen am 5.7.23).
2 Mastodon: Annual Report 2021, https://www.patreon.com/posts/mastodon-annual-61911077
3 Signal Foundation: Form990-Bericht für 2021 («Return of Organization Exempt From Income Tax»), https://projects.propublica.org/nonprofits/organizations/824506840/202212729349301631/full
4 ProPublica: Nonprofit Explorer, Eintrag zur Signal Foundation, https://projects.propublica.org/nonprofits/organizations/824506840
5 Signal Foundation: Form990-Bericht für 2019, https://projects.propublica.org/nonprofits/organizations/824506840/202013109349300401/full
6 Wolfgang Koch 2022: Reichweiten von Social-Media-Plattformen und Messengern, in: Media Perspektiven 10/2022, online verfügbar: https://www.ard-zdf-onlinestudie.de/files/2022/2210_Koch.pdf

3. Wie organisiert sich die digitale Gegenwelt?

1 Jo Freeman 1970: The Tyranny of Structurelessness, https://www.jofreeman.com/joreen/tyranny.htm
2 Wikimedia Foundation 2018: Community Engagement Insights 2018 Report, https://meta.wikimedia.org/wiki/Community_Insights/2018_Report
3 Dobusch, Leonhard/Quack, Sigrid 2011: Interorganisationale Netzwerke und digitale Gemeinschaften. Von Beiträgen zu Beteiligung? In: Managementforschung 21 (Organisation und Umwelt).
4 Antwort von Mozilla auf eine Presseanfrage für einen Artikel im Dezember 2021 (s. https://www.heise.de/news/Open-Source-Adventskalender-24-Mal-Software-Glueck-6280554.html). Aktuellere Zahlen hat die Mozilla Foundation bei einer Anfrage im April 2023 nicht herausgegeben.

5 Mozilla Foundation: Form990-Bericht für 2021, https://assets.mozilla.net/annualreport/2021/mozilla-fdn-990-ty21-public-disclosure.pdf
6 Signal Foundation: Form990-Bericht für 2021, https://projects.propublica.org/nonprofits/organizations/824506840/202212729349301631/full
7 Antwort vom 17.5.23 auf eine Presseanfrage an Canonical.
8 Ubuntu.com: Project Governance, https://ubuntu.com/community/governance (abgerufen am 5.7.2023).
9 W3Techs: Usage statistics of content management systems, https://w3techs.com/technologies/overview/content_management (abgerufen am 5.7.23).
10 Mozilla Foundation: Independent Auditor's Report and consolidated Financial Statements, Finanzbericht für 2021, https://assets.mozilla.net/annualreport/2021/mozilla-fdn-2021-fs-final-1010.pdf
11 Ebd.
12 Zahlen des Analyseunternehmens Statcounter für Juni 2023: https://gs.statcounter.com/browser-market-share
13 OpenStreetMap-Wiki: Editor usage stats, https://wiki.openstreetmap.org/wiki/Editor_usage_stats#by_number_of_edits
14 OpenStreetMap Foundation: Annual General Meetings/2022/Personnel committee's report, https://wiki.osmfoundation.org/wiki/Annual_General_Meetings/2022/Personnel_committee%27s_report
15 Ebd.: Membership/Statistics, https://wiki.osmfoundation.org/wiki/Membership/Statistics
16 Ebd.: Report of the Directors and unaudited financial statements for the year ended 31 Dezember 2021 OpenStreetMap Foundation, https://wiki.osmfoundation.org/w/images/3/3c/FY2021_Full_accounts.pdf
17 OpenStreetMap-Wiki: DE:Statistik, s. Kumulierte Zahl an Benutzern; Kumulierte Knoten/ Wege und Relationen/ Beitragende, die Knoten bearbeiten oder GPX hochladen.

4. Die Ökonomie der digitalen Gegenwelt

1 Angaben für die Signal Foundation und das Tor Project jeweils Stand 2021, (1a) Form990-Bericht der Signal Foundation für 2021, https://projects.propublica.org/nonprofits/organizations/824506840/202212729349301631/full, (1b) Form990-Bericht von The Tor Project für den Zeitraum: 1.7.2020–30.6.2021, https://www.torproject.org/static/findoc/2020-2021-TheTorProject-PublicDisclosureForm990.pdf?h=65316bf7
2 (2a) Angabe zu Mitchell Baker: Form990-Bericht für Mozilla Foundation 2021, https://assets.mozilla.net/annualreport/2021/mozilla-fdn-990-

ty21-public-disclosure.pdf, (2b) Angaben zu Linus Torvalds: Form990-Bericht für 2019 von The Linux Foundation, https://projects.propublica.org/nonprofits/organizations/460503801/202023189349305492/full; (2c) Angabe zu Moxie Marlinspike: Form990-Bericht der Signal Foundation für 2021 s. Anm. 1a; (2d) Angabe zu Katherine Maher: Form990 der Wikimedia Foundation, Zeitraum: 1.7.21–30.6.22, https://upload.wikimedia.org/wikipedia/foundation/1/14/Wikimedia_Foundation_2021_Form_990.pdf

3 Stand Ende 2022, Wikimedia Foundation: Wikimedia Foundation Annual Plan 2023–2024, https://meta.wikimedia.org/wiki/Wikimedia_Foundation_Annual_Plan/2023-2024/Foundation_Details

4 Aktuelle Angaben auf Wikimedia.de, https://www.wikimedia.de/ueber-uns (abgerufen am 5.7.23).

5 Pavel Richter 2020: Die Wikipedia-Story. Biographie eines Weltwunders, Campus, S. 82.

6 Die kumulierten Zahlen zu den Zuwendungen, die das Tor Project erhalten hat, basieren auf eigenen Berechnungen auf Grundlage der Form990-Berichte und Financial Statements des Tor Projects, s. https://www.torproject.org/about/reports/

7 Hillary Clinton 2010 auf: U. S. Department of State, https://2009-2017.state.gov/secretary/20092013clinton/rm/2010/01/135519.htm

8 Yasha Levine 2018: Surveillance Valley: The Secret Military History of the Internet, Icon, siehe auch das Interview «Warum finanziert die Regierung das?» in der Zeitschrift Konkret 11/2016, http://surveillancevalley.com/media/yasha-levine-konkret-tor-crypto-intel-interview-nov-2016.pdf

9 «Preference is given to organizations and individuals without a history of prior support, …», s. OTF Application Guidebook – Internet Freedom Fund: https://docs.opentech.fund/otf-application-guidebook/our-funds-and-fellowships/internet-freedom-fund (abgerufen am 5.7.23).

10 Zahlen laut Opentech.fund, über die Suchfunktion auf der Webseite kommt man zu Einzelübersichten für die geförderten Projekte, Stand 25.5.23.

11 Kongress der Vereinigten Staaten: Internet Freedom and Operations (INFO) Act of 2022, https://www.congress.gov/bill/117th-congress/senate-bill/3764/text

12 Unter https://www.state.gov/subjects/internet-freedom kann man die Ausschreibungen («Funding Opportunity Announcements») des DRL im Bereich Internet Freedom recherchieren.

13 Tails: Finanzen, https://tails.boum.org/doc/about/finances/index.de.html (abgerufen am 5.7.23).

14 Rand Corporation 2015: Internet Freedom Software and Illicit Activity, https://www.rand.org/pubs/research_reports/RR1151.html

15 Für einen Überblick zum jeweiligen Topf siehe die Förder-Datenbank Cordis der Europäischen Kommission/ für eine Auflistung der geförderten Projekte siehe Übersicht auf NLNet; NGI Zero Core ... https://cordis.europa.eu/project/id/101092990/de, https://nlnet.nl/thema/NGIZeroDiscovery.html; NGI Zero Entrust ... https://cordis.europa.eu/project/id/101069594, https://nlnet.nl/thema/NGI0Entrust.html; NGI Zero Privacy Enhancing Technologies ... https://cordis.europa.eu/project/id/825310/de, https://nlnet.nl/thema/NGIZeroPET.html; NGI Zero Discovery ... https://cordis.europa.eu/project/id/825322/de, https://nlnet.nl/thema/NGIZeroDiscovery.html) (jeweils abgerufen am 5.7.23).

16 Förder-Datenbank Cordis der Europäischen Kommission: Eintrag zu Open Web Search, https://cordis.europa.eu/project/id/101070014

17 Eine Auflistung aller Förder-Runden und aller geförderten Projekte findet man unter https://prototypefund.de/projects/?filter=round

18 Zahlen laut https://metrics.torproject.org/rs.html#aggregate/cc, siehe «Consensus Weight». Der Wert schwankt stark, fast immer ist Deutschland die mit Abstand größte «Tor-Nation». Zum Zeitpunkt der letzten Abfrage am 25.5.23 lag der Wert bei 28 Prozent, in den Vorjahren jedoch meist deutlich höher.

19 Antwort von Mozilla auf eine Presseanfrage für einen Artikel im Dezember 2021 (s. https://www.heise.de/news/Open-Source-Adventskalender-24-Mal-Software-Glueck-6280554.html). Aktuellere Zahlen hat die Mozilla Foundation bei einer Anfrage im April 2023 nicht herausgegeben.

20 Mozilla Foundation: Independent Auditor's Report and consolidated Financial Statements für 2021, s. Kapitel 3, Anm. 10.

21 Ebd.

22 Catalin Cimpanu 2020: Sources: Mozilla extends its Google search deal, auf Zdnet.com, https://www.zdnet.com/article/sources-mozilla-extends-its-google-search-deal

23 Siehe Jan-Keno Janssen 2023: Bing als Standardsuche in Firefox: Microsoft will mitbieten, auf Heise online, https://www.heise.de/news/Bing-als-Standardsuche-in-Firefox-Microsoft-will-mitbieten-9032275.html

24 Signal Foundation, Form990 für 2019, s. Kapitel 2, Anm. 5.

25 Siehe Spiegel online 2018: «Ich habe die Privatsphäre meiner Nutzer verkauft», https://www.spiegel.de/wirtschaft/unternehmen/whatsapp-gruender-brian-acton-ich-habe-die-privatsphaere-meiner-nutzer-verkauft-a-1230252.html

26 Google veröffentlicht Jahres-Übersichten, welche Projekte sich beteiligt haben. Klickt man auf einzelne Projekte, werden alle «Contributors»

aufgelistet, siehe https://summerofcode.withgoogle.com/programs/2022/organizations

27 Siehe https://www.mediawiki.org/wiki/Google_Summer_of_Code/Past_projects und https://wiki.mozilla.org/SummerOfCode

28 Abgerufen am 5.7.23, https://summerofcode.withgoogle.com

29 Verfügbar im britischen Handelsregister, siehe https://find-and-update.company-information.service.gov.uk/company/06870835/filing-history, Dokument «Group of companies' accounts made up to 31 December 2021».

30 The Document Foundation 2021: LibreOffice 7.2 Community is strong on interoperability, siehe Balkendiagramm «LibreOffice 7.2 Code Commits», https://blog.documentfoundation.org/blog/2021/08/19/libreoffice-7-2-community

31 The Linux Foundation, Form990 für Kalenderjahr 2019, s. Kapitel 4, Anm. 2b.

32 Jonathan Corbet 2022: Development statistics for the 6.1 kernel (and beyond), siehe Tabelle «Most active 6.1 employers», Spalte «By lines changed», https://lwn.net/Articles/915435

33 Mathieu O'Neil et al. 2020: ‹Open source has won and lost the war›: Legitimising commercial-communal hybridisation in a FOSS project, in: New Media & Society 23, online verfügbar: https://www.researchgate.net/publication/339834020_%27Open_source_has_won_and_lost_the_war%27_Legitimising_commercial-communal_hybridisation_in_a_FOSS_project

34 Pressemitteilung des Bibliographisches Instituts & F. A. Brockhaus AG, archiviert unter: https://web.archive.org/web/20090308002128/http://www.brockhaus.de/presse/detail.php?nid=12&id=61

35 Als regelmäßig aktiv gelten Autor*innen mit mindestens fünf Bearbeitungen pro Monat, Stand Juni 2023, siehe https://stats.wikimedia.org/#/en.wikipedia.org und https://stats.wikimedia.org/#/de.wikipedia.org

36 https://de.wikipedia.org/wiki/Spezial:Statistik (abgerufen am 5.7.23).

37 Gesamtzahl der Tor-User: https://metrics.torproject.org/userstats-relay-country.html, Tor-User nach Ländern: https://metrics.torproject.org/userstats-relay-table.html

38 Tor Project: Form990-Bericht für den Zeitraum 1.7.2020 bis 30.6.2021, s. Kapitel 4, Anm. 1b.

39 Ebd.

40 Eigene Berechnung auf Basis der Jahresberichte, s. https://www.torproject.org/about/reports

41 Tor Project: Tor Metrics, https://metrics.torproject.org/rs.html#aggregate/cc

5. Die Macht der Lizenzen

1 Volker Grassmuck 2002: Freie Software – Zwischen Privat- und Gemeineigentum, Bundeszentrale für politische Bildung, online verfügbar: https://freie-software.bpb.de/Grassmuck.pdf

2 Richard Stallmann 1985: GNU-Manifest, https://www.gnu.org/gnu/manifesto.de.html

3 Gnu.org: Freie Software. Was ist das?, https://www.gnu.org/philosophy/free-sw.de.html (abgerufen am 5.7.23).

4 Siehe Jürgen Schmidt 2001: Microsoft-Chef Ballmer bezeichnet Linux als Krebsgeschwür, https://www.heise.de/news/Microsoft-Chef-Ballmer-bezeichnet-Linux-als-Krebsgeschwuer-38381.html

5 Dirk Riehle et al. 2013: A Dual Model of Open Source License Growth, in: Proceedings of the 9th International Conference on Open Source Systems (OSS 2013), online verfügbar: https://arxiv.org/ftp/arxiv/papers/1408/1408.5748.pdf

6 Siehe beispielsweise LWNnet 2003: An attempt to backdoor the kernel, https://lwn.net/Articles/57552/

7 Creative Commons: State of the Commons 2017, https://stateof.creativecommons.org

8 Wikivoyage 2006: Neues WIKI Projekt gestartet, https://de.wikivoyage.org/wiki/Wikivoyage:Pressemitteilungen/Start

9 Frank Karlitschek 2016: Big Changes: I am leaving ownCloud, Inc. today, https://karlitschek.de/2016/04/big-changes-i-am-leaving-owncloud-inc-today

10 Frank Karlitschek 2016: Nextcloud, https://karlitschek.de/2016/06/nextcloud/

11 Siehe Björn Greif 2016: Ehemaliger ownCloud-CTO gründet Fork Nextcloud, auf Zdnet.de, https://www.zdnet.de/88271112/ehemaliger-owncloud-cto-gruendet-fork-nextcloud/

12 Siehe https://twitter.com/fkarlitschek/status/738603779155591168 und https://twitter.com/fkarlitschek/status/738604513632739328

13 Anna Kalinowsky 2019: Owncloud vs. Nextcloud: Was ist besser?, https://www.heise.de/tipps-tricks/Owncloud-vs-Nextcloud-Was-ist-besser-4478358.html

14 Mike Saunders im Namen des Vorstands der Document Foundation 2020: Open Letter to Apache OpenOffice, https://blog.documentfoundation.org/blog/2020/10/12/open-letter-to-apache-openoffice

15 Abfrage am 25.5.23 auf google.com über den :site-Suchoperator («site:wikivoyage.org» und «site:travel.org»).

16 Nathaniel Tkacz 2011: The Spanish Fork: Wikipedia's ad-fuelled mutiny, auf: Wired.com, https://www.wired.co.uk/article/wikipedia-spanish-fork
17 Freifunk.net: Community finden, https://freifunk.net/community, Stand Mai 2023.
18 Auskunft der Document Foundation am 15.5.23.
19 The Document Foundation: 2021 Annual Report, https://nextcloud.documentfoundation.org/s/ZffEXTCtBTwo99 K
20 The Document Foundation: LibreOffice 7.2 Community is strong on interoperability, s. Kapitel 4, Anm. 30.

6. Der Umgang mit Daten

1 Edward Snowden 2019: Permanent Record. Meine Geschichte, Fischer Taschenbuch.
2 Johnny Haeusler 2013: Das Internet ist kaputt, https://www.capital.de/wirtschaft-politik/das-internet-ist-kaputt
3 Matti Pärssinen et al. 2018: Environmental impact assessment of online advertising, in: Environmental Impact Assessment Review 73, online verfügbar: https://www.sciencedirect.com/science/article/pii/S0195925517303505/pdfft?md5=a00046994872o3fa32af33e2c4bfda5e&pid=1-s2.0-S0195925517303505-main.pdf
4 Energieverbrauch von Software – Eine Anleitung zum Selbermessen, Aufzeichnung des Vortrags unter https://fahrplan22.bits-und-baeume.org/bitsundbaeume/talk/7BK9WL
5 Firefox Datenschutzhinweis. Gültig ab 1. August 2022, https://www.mozilla.org/de/privacy/firefox (abgerufen am 5.7.23).
6 Joshua Lund 2018: Technology preview: Sealed sender for Signal, https://signal.org/blog/sealed-sender/
7 Moxie Marlinspike 2017: Technology preview: Private contact discovery for Signal, https://signal.org/blog/private-contact-discovery
8 randall-signal (Pseudonym) 2020: Introducing Signal PINs, https://signal.org/blog/signal-pins
9 Signal-PIN, https://support.signal.org/hc/de/articles/360007059792-Signal-PIN (abgerufen am 5.7.23).
10 Felix von Leitner 2021: Wed Apr 7 2021, https://blog.fefe.de/?ts=9e9221ad
11 Signal Foundation: Form990-Bericht für 2021, s. Kapitel 4, Anm. 1a.
12 Signal Terms & Privacy Policy – Effective as of May 25, 2018, Updated May 25, 2018, https://signal.org/legal (abgerufen am 5.7.23).

13 Ooni.org: Reachability of Censorship Circumvention Tools, https://explorer.ooni.org/chart/circumvention
14 Mike Kuketz 2023: AdAway: Werbe- und trackingfrei im Android-Universum, https://www.kuketz-blog.de/adaway-werbe-und-trackingfrei-im-android-universum
15 Ebd. 2021: AdGuard Pro: Tracking und Werbung unter iOS unterbinden, https://www.kuketz-blog.de/adguard-pro-tracking-und-werbung-unter-ios-unterbinden
16 Erhebungen des Analyseunternehmens Statscounter für Juni 2023: https://gs.statcounter.com/os-market-share/desktop/germany
17 Erhebungen des Analyseunternehmens Statscounter für Juni 2023: https://gs.statcounter.com/os-market-share/mobile/germany